EDITORA DO CONHECIMENTO

Auxiliando a humanidade a encontrar a Verdade

33 MAGOS
A fonte do equilíbrio cósmico

33 MAGOS
A fonte do equilíbrio cósmico

Todos os direitos desta edição reservados à
CONHECIMENTO EDITORIAL LTDA.
Rua Prof. Paulo Chaves, 276 – Vila Teixeira Marques
CEP 13485-150 — Limeira — SP
Fone: (19) 3451-5440
www.edconhecimento.com.br
vendas@edconhecimento.com.br

Projeto gráfico: Sérgio Carvalho
Ilustração da capa: Rosana Brolezzi Rosário
Revisão de texto e conteúdo:
Márcia Aparecida de Oliveira
Rosana Brolezzi Rosário

ISBN 978-65-5727-104-9
1ª Edição – 2021

• Impresso no Brasil • Presita en Brazilo

Produzido no departamento gráfico da
CONHECIMENTO EDITORIAL LTDA
grafica@edconhecimento.com.br

Dados Internacionais de Catalogação na Publicação (CIP)
Angélica Ilacqua CRB-8/7057

Guimarães, Maria Teodora Ribeiro
33 Magos: a fonte do equilíbrio cósmico / Maria Teodora Ribeiro Guimarães – 1ª ed. – Limeira, SP : Editora do Conhecimento, 2021.
360 p.

ISBN 978-65-5727-104-9

1. Espiritualidade 2. Antropologia 3. Pesquisa psíquica 4. Física quântica I. Título

21-2615 CDD – 291.1

Índices para catálogo sistemático:
1. Espiritualidade

33 MAGOS
A fonte do equilíbrio cósmico

सत्त्व

SATTVA

Equilíbrio – Luz – Verdade
Princípios que interagem na manifestação da natureza

1ª edição

EDITORA DO CONHECIMENTO

Obras do autor editadas pela **EDITORA DO CONHECIMENTO**

Viajantes
Histórias que o tempo conta

Tempo de Amar
A trajetória de uma alma

Os Filhos das Estrelas
Memórias de um capelino

Apometria Hoje
Autores diversos – Coletânea de artigos

Terra dos Ay-Mhorés
A saga dos últimos atlantes na Terra das Estrelas - o Baratzil

Trilogia – Os Filhos das Estrelas
Coleção Pequenos Notáveis (livro de bolso)

Umbanda um Novo Olhar
O que todo espiritualista gostaria de saber

Egito Eterno
O legado dos deuses

Umbanda de A a Z – vol. II
A umbanda milenar

Doutor de Mim
Não é o tempo que está indo embora. É a sua vida.

Outras obras do autor

Terapia de Vida Passada
Curso de formação de terapeutas – vol. I
Sociedade Brasileira de Terapia de Vida Passada

Terapia de Vida Passada
Curso de formação de terapeutas – vol. II
Sociedade Brasileira de Terapia de Vida Passada

Terapia de Vida Passada
Uma abordagem profunda do Inconsciente
Autores diversos – Summus Editorial

O que faz andar o barco não é a vela enfunada, mas o vento que não se vê.

Platão
Filósofo, escritor e matemático grego

Antes que a alma possa ver, a harmonia interior deve ser alcançada e os olhos carnais se tornarem cegos para toda a ilusão.

Helena Blavastsky
Pesquisadora, teosofista e escritora

Dedico esta pequena obra à minha amiga Rosana Brolezzi Rosário que durante a última década vem se dedicando, incansavelmente, não apenas às discussões cotidianas dos diversos e instigantes temas dos últimos livros, como também ao auxílio técnico de sua elaboração, das mais variadas maneiras.

Dizem que anjos não existem, mas conheço alguns que andam pelo planeta com suas próprias pernas. Eles não só andam como cuidam de pessoas atendendo suas diversas necessidades. Agradeço aos que nunca poupam esforços para me auxiliar, meus amigos Márcia Aparecida de Oliveira, Sonia e Domingos Siciliano e meus colegas Luciano Munari e João Lourenço.

Um especial agradecimento, novamente, às minhas amigas Márcia e Rosana, que se dedicaram a todos os exaustivos detalhes para a realização desta pequena empreitada e a meu amigo José Roberto Aragão, continuadamente partilhando e debatendo novos conceitos através dos anos. Encontros que se renovam a cada existência.

Impossível esquecer de meu editor e amigo de tantas jornadas Sérgio Carvalho, que segue firme no propósito de publicar tão somente obras que tragam algum bem para a humanidade. Sempre disposto a avaliar as solicitações de seus autores, trabalha para que cada livro de sua editora fique ainda mais encantador.

Sumário

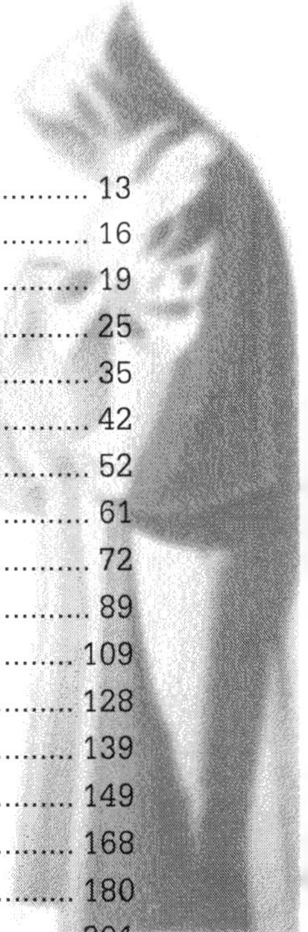

Apresentação

... "Amit Goswami, professor de física quântica da Universidade de Oregon, diz o seguinte: a consciência é a realidade única e final, criadora de tudo, inclusive do mundo material. Ele escreveu um livro muito importante chamado Universo Autoconsciente. Ele diz que o universo tem consciência e existe antes da matéria, sendo a criadora de toda a realidade física. E a existência da realidade física só é possível devido ao seu envolvimento com a consciência. A vida é uma manifestação da consciência. O cérebro, diz ele, não cria consciência, ao contrário, é criado por ela. Na terminologia de Sheldrake, essa consciência do universo seria o campo mórfico total. A soma dos campos mórficos a que tudo e todos estão conectados. Estamos ligados às estrelas, aos planetas e a todo o universo por intermédio de nossa mente.

... A velha ideia de universo sem propósito foi substituída por uma nova física baseada em que todas as coisas são conduzidas em direção de objetivos. Há uma inteligência atuante na natureza. Há um programa criativo que é a própria consciência.

... O mais interessante disso tudo foi ao que chegou um neurologista de renome mundial chamado Carl Priman, da Universidade de Stanford. Ele desenvolveu a teoria que a realidade sensorial é construída pelo cérebro, mas extraída de um domínio além do tempo e do espaço onde só existem frequências. E o David Bohm, físico inglês, discípulo de Einstein, diz o seguinte: o Universo não passa de um mundo de frequências e potencialidades provocando a ilusão de ser concreto. A antiga, velhíssima noção esotérica de que existem outras dimensões de realidade em frequências não perceptíveis. Fritjof Capra, físico que escreveu o livro A Teia da Vida, diz que a realidade não é constituída de blocos de construção, objetos e seres separados e independentes. Ao contrário, nós e o restante do universo formamos uma rede que a tudo interconecta como uma teia. Nossa consciência está conectada com toda a Criação. Em síntese, as mais modernas concepções científicas demonstram que os objetos que se apresentam não existem como tais, pois tudo no universo é energia e frequência vibratória. Coisas e objetos são nada mais, nada menos, que estruturas mentais e somente possuem uma forma quando são observadas por outra estrutura mental. A essência dessa energia é a consciência.

... Reunindo todos esses conceitos nós podemos demonstrar que é possível viajar com nossa consciência, usando um de seus veículos, o pensamento, além do espaço e do tempo e, dessa forma, consultarmos o passado realizando sua leitura. Porque os pensamentos não se encontram num mundo tridimensional, estão em outra dimensão, não sujeitos a espaço e tempo. Atemporais, fora da dimensão que acreditamos ser real. O pensamento está a cada momento atuando em outras dimensões e, na maioria das vezes, nem percebemos.

... E eu não poderia deixar terminar minha palavra aqui sem citar a mensagem do meu mestre Sri Swami Babajiananda, que diz: como se pode notar, as fantasias científicas aproximam-se de forma extraordinária das fantasias teosóficas. Tempo virá, e já se encontra muito perto, que a ciência tornar-se-á novamente esotérica e de um conhecimento único, absoluto. O homem poderá compreender a obra e o caminho gigantesco, admirável, que terá pela frente. Uno, através do conhecimento da grande sabedoria universal, não se sentirá mais um ser separado, mas um todo indivisível. E terá vencido o mal e a dor para, junto com a evolução cósmica, ser um de seus colaboradores. Irá levar sua voz para ser ouvida por toda a humanidade. Não existem raças irmãos, existem almas.

E poderá dizer novamente:
Tenha como templo, o universo.
Como prece, o trabalho.
Como fé, o amor.
E como religião, a caridade."

Roger Feraudy
Teosofista e fundador da Fraternidade
do Grande Coração. Meu mestre.[1]

[1]Palavras retiradas da palestra proferida em 2002 no III Congresso Internacional de Terapia de Vida Passada da SBTVP – Sociedade Brasileira de Terapia de Vida Passada, intitulada "Viagens da Consciência". Veja na íntegra em http://youtu.be/0FleuO-MgCw

Prefácio

Ao nos depararmos com o desconhecido, o impalpável, o abstrato, precisamos ter uma mente aberta para olhar além dos nossos conhecimentos, além de nossas verdades, pois, caso contrário, entraremos no campo do preconceito. Na história da própria ciência encontramos diversos casos de rejeição com o novo, com o ainda desconhecido, por alterarem preceitos enraizados fortemente. No entanto, uma das bases da ciência é superar, substituir conceitos anteriores, criando um avanço permanente onde uma verdade é sempre inferior a próxima que certamente chegará.

Uma realidade, um fato, é mais rapidamente aceito se ocorrem sensações físicas e sensoriais. A eletricidade, por exemplo, é abstrata em sua essência, mas, como produz efeitos físicos, então é aceita apesar de não enxergarmos os elétrons. Todavia, são eles que, em correntes, criam as manifestações físicas. Para a luz temos sensores maravilhosos que estão em nossa visão, mas, e se não os tivéssemos? Ela seria algo impensável de se compreender diretamente. Como entenderíamos a beleza das cores, como reagiríamos se alguém nos falasse que o sol tem um lindo amarelo e as plantas são verdes? O verde, o amarelo, todas as cores são conceitos compreendidos diretamente para os que têm visão, isto é, para os que têm sensores para a luz, os olhos.

Um cego de nascença sabe das cores porque alguém que enxerga lhe disse que elas existem e que os objetos e as luzes possuem cores diferentes. Isto significa dizer que este cego tem a crença que as cores existem, mas não o sentido direto. Um mundo de cegos teria dificuldades para estabelecer a definição de cor, pois encontrariam apenas algumas sensações para a luz. Se ela é forte sentimos o calor em nossa pele, mas não temos a capacidade de sentir se este calor têm cor. O mais provável é que nem mesmo a definição de cor fosse criada nessa realidade.

É muito difícil compreender, classificar ou quantificar fenômenos que não podemos sentir diretamente. Eles se tornam tão abstratos para nós, que sua compreensão e consequente aceitação, se dão apenas através de um processo lento e investigativo.

No fantasioso mundo de cegos seria necessário criar hipóteses que teriam outros elementos não perceptíveis, como uma característica do calor originado pelo sol e que pode ser sentido, em diferentes intensidades dependendo da hora, por exemplo. Talvez a temperatura mais quente pudesse ser relacionada ao vermelho e a mais suave ao azul, entre muitas possibilidades. Para nós é óbvio o que são as cores, mas, para o mundo dos cegos é difícil essa compreensão e talvez até impossível, pela dificuldade de abstração. Alguns podem até começar a crer na hipótese, mas quanto tempo levará e qual o esforço necessário para que as cores se tornem uma verdade naquele mundo de percepções limitadas?

Os que acreditam na hipótese farão todos os esforços para demonstrar este fato, criando instrumentos que transformem as mudanças da luz, isto é, as cores, em fenômenos sensoriais para que todos consigam identificá-las. Porém, ainda assim, estarão longe da realidade do sentimento e da beleza que a luz e suas cores podem oferecer.

Para nossa realidade, os detalhes da criação e como se processam são tão abstratos como as cores para o mundo dos cegos. A ciência é a maneira de clarificar os fenômenos desconhecidos, diminuindo as necessidades de abstração. Aproxima o homem dos conceitos da criação e cada um pode, simplesmente, optar em crer na criação como verdade religiosa estabelecida ou tentar compreendê-la no aspecto filosófico ou científico, mesmo sabendo que esses conceitos também poderão ser superados um dia.

Para angariar ovelhas basta falar o que as pessoas querem ou gostam de ouvir, ou seja, discursos ligados às angústias principais dos homens que, praticamente, são sempre as mesmas, apenas com diferentes roupagens ao longo dos milênios. Não espere isso do livro "33 Magos", mas sim, uma viagem deliciosa por novas possibilidades, novas hipóteses sobre aspectos da criação da realidade universal, abalando por vezes apreciações já fixadas como verdades para muitos, quer sejam elas oriundas da ciência ou de aspectos religiosos. A Teodora consegue, em um texto agradável, jogar uma luz, uma nova possibilidade de compreender a vida em um formato instigante, com histórias envolventes que relacionam eventos ancestrais, alguns já conhecidos na literatura, e seus bastidores, observados através de pesquisa psíquica, com a situação atual de nosso planeta e como a humanidade continua, ao longo de sua longa biografia, muitas vezes, repetindo os mesmos erros.

Que esta nova visão ofertada nos próximos capítulos, com novas hipóteses de quem somos nessa imensidão de multiversos, de como evoluímos e de quem realmente nos guiou até aqui, nos permita ter mais humildade nessa relação com o universo, hoje centrada no homem, para que possamos reescrever nosso futuro assumindo a responsabilidade das escolhas com discernimento. Que as cores da vida possam ser melhor compreendidas por todos nós.

José Roberto Aragão
Físico

Introdução

Quando falamos em humanidade, precisamos lembrar de nosso passado ancestral no planeta. Acostumamos, desde sempre, a imaginar o homem pré-histórico um ser com corpo rudimentar, animalesco, vivendo em tribos perdidas e à mercê das intempéries. Aparentemente abandonados à própria sorte. Todavia, pode não ter sido exatamente assim. Se tirarmos do foco das discussões parte das considerações da antropologia ou da paleontologia, assim como itens da teologia, infelizmente aceitos apenas por figuras pontuais entre os bilhões de seres que habitam o planeta, veremos que, via de regra, nosso pensamento passa ligeiro e distraído sobre as considerações de nossas origens. O homem contemporâneo, aprisionado em seu próprio ego e vivendo numa cultura que o tornou, de forma arbitrária, prepotente e enganosa, o centro do universo, não se preocupa de fato em saber quem é, de onde veio, de que forma estaria ligado à história planetária e do que se trata a vida.

O tempo, bem precioso que, apesar de ilusório pensamos dispor, não costuma ser considerado além de pequenas unidades para frente ou para trás, contadas em meses ou anos e, quando muito, séculos, sendo que estes últimos dificilmente nos interessam. Milênios então, somente toleramos vislumbrá-los em textos místicos ou religiosos. Quando alguém se dispõe a falar da longa história desta nossa jovem humanidade, ainda perdida em emoções primitivas, deve contar desde logo com um certo ar de tédio por parte de seu ouvinte.

Para nós, terráqueos, o tempo contado em milhares ou milhões de anos soa como algo absolutamente desnecessário de discussão ou maior compreensão na luta da vida moderna, ávida de novas e imediatas realizações, de cunho usualmente pessoal. Se nos dispomos ir adiante e tentamos demonstrar, não apenas as origens e o caminhar do homem pelo planeta, mas a associação dessa empreitada à interferência dos homens das estrelas na própria criação e na condução da vida, podemos ser imediatamente cobertos por olhares impacientes ou mesmo de zombaria.

Cientificamente falando, pensar no surgimento da vida na Terra sem conectá-la às inteligências superiores, seria um tipo de insubmissão às leis naturais de causa e efeito, delegando de forma indiferente ao acaso, todo o processo de nossa própria existência. Um enredo extraordinário e ao mesmo tempo dramático que vem, desde seu início no planeta, passando por intermináveis disputas pelo poder, por pestes de todos os tipos, além dos incontáveis dramas causados pelas muitas transformações geológicas e climáticas, incluindo aí todas as consequências decorrentes desses desmandos e cataclismos. Eventos que, de tempos em tempos, ceifaram milhares e até mesmo milhões de vidas na matéria.

No imaginário da maioria das pessoas, pensar na possibilidade da vida ter vindo do espaço sideral, nada mais é que ficção cientifica. E como não lembrar que, um dia, alguém desafiou a sociedade, a ciência e o mercado editorial propondo que os deuses poderiam mesmo ter sido astronautas, e sem entrar em contextos religiosos. Porém, infelizmente, tudo virou história para entretenimento de consumo rápido e descartável. Isso para não falar dos incríveis eruditos da então insipiente Sociedade Teosófica que, desde o séc. XIX, já abordavam esses temas, tidos como mirabolantes por muita gente, inclusive nos dias de hoje. Num momento mais recente, já no crepúsculo do século XX, nosso mestre e decano teosofista Roger Feraudy, através do mecanismo de expansão de consciência, nos trouxe notícias definitivas sobre nossas origens estelares e o destino para nós traçado pelos mestres galácticos, que até hoje velam, amorosamente, por esta humanidade ainda em desenvolvimento.

Nossa história se iniciou fora da Terra, muitíssimos milhões de anos atrás, nos arredores deste mesmo sistema solar que nos abriga. Tudo começou com os embates entre povos de dois planetas, ambos com civilizações de evolução tecnológica impensável e que ocupavam a mesma posição no cosmos, em diferentes dimensões. Também diferiam entre si por conta de uma evolução moral de conceituação oposta, isto é, uma das civilizações vivia através do mais puro amor universal, enquanto a outra se conduzia pelo egoísmo. Todavia, ambas eram compostas por seres extraordinariamente evoluídos, com poderes mentais quase que inimagináveis para o homem da Terra atual, pois já se movimentavam através de conceitos de espaço e tempo sem barreiras.

Como tudo no Universo, quando o equilíbrio necessário entre a luz e a sombra foi quebrado, desencadeou-se brutal tentativa de invasão dos corpos mentais do pacífico povo de um dos planetas. Desde então, por eras sem fim, travou-se em mundos e dimensões diferentes da nossa, assim como no astral da Terra e, finalmente, por milênios no próprio solo do planeta, onde seus resquícios ainda podem ser observados até hoje, incansáveis entrechoques entre o bem e o mal, dando origem inclusive à muitas lendas e enunciados bíblicos, como, por exemplo, a Guerra nos Céus, entre outras coisas.

Na luta que se iniciou por um lugar para a continuidade de suas raças, milhões desses seres vieram, por falta de opção, em diferentes épocas, parar no astral de nosso planeta. Outros tantos vieram degredados de diversos orbes quando o planeta já estava preparado, biologicamente, para recebê-los. Apesar de deserta, a Terra era na época o único planeta do sistema solar capaz de abrigar a vida como a conhecemos, depois de sua regeneração. Mas, não chegaram apenas apátridas e degredados. Para cá também vieram, por amor, além dos missionários remanescentes de diversas demandas cósmicas de eras anteriores e chamados de jardineiros cósmicos, muitos mestres galácticos das mais diversas origens siderais.

A missão gigantesca desses iluminados foi planejar e

construir esta humanidade, mesclada que seria de todos aqueles estacionados em seu astral com os expurgados de outros planetas, todos à espera de novas oportunidades evolutivas. Atuariam direta ou indiretamente. Isto é, se necessário seriam instrutores diretos, usando corpos vibrados na face do planeta, porém, com mais frequência sua atuação seria indireta, usando prepostos humanos com cérebros previamente preparados, com os quais se comunicariam através de portais dimensionais ou, simplesmente, intuindo nas mentes desses líderes locais. No princípio precisariam promover modificações genéticas naqueles seres primitivos para cá trazidos com o intuito de preservar a raça hominal neste quadrante da galáxia, desenvolvendo-os até poder dotá-los do mental no transcorrer de milhões de anos. Estes seres originais não tinham sequer consciência de si mesmos, como os animais, que têm apenas a noção de sua raça. No decorrer de tempos sem fim, eles ficaram conhecidos, em diversas eras, como os homens das cavernas ou pré-históricos. Sua interferência direta no planeta terminaria quando, após o desenvolvimento posterior de senso ético, moral e espiritual do homem terrestre, pudesse esta humanidade se autogovernar.

Tudo começou na Lemúria, o grande continente de Mú, passando depois pela ancestral Atlântida e alcançando as terras para onde migraram aqueles povos, nos grandes êxodos causados pelos fenomenais cataclismos que modificaram geograficamente a face do planeta, mais de uma vez. Os homens da Terra, já nas ultimas sub-raças atlantes, se espalharam lentamente pelo planeta por milhares de anos a fio. Esplendorosas civilizações se desenvolveram com as andanças dos povos pelo planeta. Guiados por tutores siderais generosos, as diversas raças já existentes foram se assentando, através dos tempos nos Andes, na Amazônia, na região do Mediterrâneo, ao longo do Nilo, na região do Mar Morto, nos grandes lagos da América do Norte, na ancestral Indochina, no litoral leste e nordeste do Brasil, assim como em seu planalto central e nas geladas regiões hiperbóreas do norte da Europa.

Seres de Erg, Vênus, Plêiades, Sirius e Orion, especialmente, foram os artífices desta grande aventura humana.

Com paciência infinita e amor inabalável, eram os mestres estelares que voltavam ao planeta, incontáveis eras depois de sua primeira tentativa para fazer aqui florescer uma grande civilização, desaparecida milhões de anos depois em grande cataclismo, programado em função de seu atraso moral. Uma catástrofe que jogou a Terra num isolamento silencioso por um período de três milhões de anos, do qual existem incríveis registros paleontológicos.

Grandes lutas e sacrifícios impensáveis entre os senhores da luz e os das sombras aconteceram, sendo que seus resquícios podem ser sentidos até hoje. Esta humanidade ainda se debate em grandes dramas coletivos, a maioria fruto de convicções de mérito duvidoso. Lutas pelo poder originadas pela ganância ou vaidade e todas tendo por base o egoísmo ainda desmedido de muitos homens. Pobre homem incapaz de reconhecer em si seus próprios defeitos, deixando pelo caminho as preciosas lições de amor e fraternidade trazidas pelos homens da estrelas, aqueles mesmos chamados de deuses um dia.

Esquecidos que temos todos origens semelhantes e estamos aqui pelas mesmas razões, nos digladiamos, usurpamos ou até matamos, usando como desculpa nossas raças, nossas fronteiras, nossas convicções religiosas, nossas cores políticas ou qualquer outra coisa que sirva para ocultar os reais e insanos motivos que se escondem em nossos egos. Somos apenas seres confusos nestas estradas cheias de oportunidades perdidas da existência. E assim foi, desde sempre. Muitos milhares de anos depois continuamos, como crianças inflexíveis, a fazer as mesmíssimas coisas. Enquanto humanidade, muitas vezes, neste caminhar inquieto, tivemos que desaparecer sob o peso das tormentas e tragédias de todos os tipos. Continentes inteiros soçobraram sob o rugir de ventos furiosos e explosões de vulcões, arrastando populações inteiras, enquanto outras terras se soerguiam do fundo dos mares.

Por quantas mais dramáticas mudanças de sua face precisará passar nosso belo planeta azul até que nós, guardiões que deveríamos ser desta terra maravilhosa, possamos parar por um momento e lançar nossos olhos para as estrelas. Vislumbraríamos o trabalho insano dos luminosos seres, que, como irmãos mais velhos que nos criaram, alimentaram e educaram, aguardam pacientemente que sigamos um caminho de mais luz, fraternidade e compaixão. Que cuidemos uns dos outros e compreendamos, um dia, quem sabe, que somos apenas um com o universo, já que a dualidade não existe. Até porque, mesmo ao observador mais distraído, fica claro que nessa repetição inquietante e sistemática de erros antigos, caminhamos, inexoravelmente, para as mesmas consequências.

Enquanto isso, os dirigentes cósmicos, seres ainda mais divinos que os grandes mestres siderais que por aqui passaram, observam o nosso caminhar desde o começo dos tempos. Não julgam ou condenam, como nós humanos costumamos fazer. Entre uma civilização e outra, entre um esplendor e um desaparecimento, apenas observam, com as devidas interferências quando necessárias, tendo como princípio apenas o equilíbrio do universo, onde o bem e o mal não existem.

Maria Teodora Ribeiro Guimarães
Inverno de 2021

1. Hierarquias criadoras – nem anjos e nem demônios

O infinito positivo e o infinito negativo são iguais à integração total de todos os universos, efeitos que são de uma causa única, imutável, imóvel.

Roger Feraudy

Num grande salão, aparentemente oval, não era possível distinguir limites, como teto ou paredes. Uma tênue névoa de cor azulada brilhava e dominava o ambiente, iluminando-o. Não se notavam luminárias ou outros equipamentos do tipo. Ainda assim, a luminosidade parecia envolver a tudo e a todos de forma agradável. Um suavíssimo perfume pairava no ar, despertando sorrisos a cada vez que seu nuance se modificava, como numa dança bem ensaiada.

Podia-se observar vários níveis no salão, como discretas plataformas redondas e de tamanhos variados. Pareciam suspensas por alguma força invisível, pois não havia escadas ou outros meios de elevação à vista. O chão de cada uma delas era quase etéreo e brilhava num tom de azul mais escuro e de maneira um pouco mais intensa que o ambiente, permitindo que suas formas se tornassem aparentes. Tudo nesse lugar parecia rarefeito, quase translúcido, assim como os seres que ali estavam. Todos se vestiam, aparentemente, da mesma forma, pois suas túnicas em amenos tons, nem claros e nem tampouco escuros, também pareciam se transformar, acompanhando o brilho de suas ondas vibratórias.

Não era possível perceber, à primeira vista, se eram homens ou mulheres, mas claro estava a indiferença nesse quesito. Obviamente suas aparências eram harmonicamente vibradas de acordo com suas vontades poderosas. Isto é, poderiam se mostrar como quisessem. De semelhança notava-se os olhares suaves e cordiais, que brilhavam como contas de pedras preciosas e os sorrisos fáceis e luminosos, assim como os cabelos brancos caídos aos ombros em diferentes alturas. Não eram significativamente altos ou baixos, mas todos pareciam esguios e tranquilos. Estranhamente seus pés não eram visíveis, não apenas porque suas leves túnicas desciam de forma a cobrir todo o corpo, mas era como se quase flutuassem naquele ambiente que parecia suspenso no nada.

Em algumas plataformas, aparentemente vibradas pelo pensamento de seus ocupantes, pequenos grupos de três ou quatro, acomodados em poltronas individuais que pareciam girar à sua vontade, pareciam entretidos em conversas. Ocasionalmente, focavam suas atenções em algum tipo de tela que, de alguma maneira, descia do alto como se tivesse sido plasmada naquele instante, para depois subir e se desvanecer como por encanto. Em outras plataformas alguns ocupavam mesas e pareciam absortos no estudo ou conferência de dados em suas telas, de forma individual. Em outras maiores, já que tinham diferentes tamanhos, em torno de grandes mesas iluminadas, alguns grupos examinavam atentamente prováveis informações que provinham delas. De tempos em tempos formas, aparentemente holográficas, surgiam no ar sobre essas mesas, facilitando sua compreensão.

Em alguns desses locais, que pareciam ser de trabalho, vários deles permaneciam apenas num estado de meditação profunda, imóveis e indiferentes à movimentação do ambiente. Se recostavam em algo que lembrava poltronas gigantescas, cujo brilho mudava suavemente de intensidade, acompanhando o que, provavelmente, se passava com eles.

No centro do grande salão, abaixo das plataformas, estavam dispostas em círculo 33 poltronas. O número exato dos elementos que ali trabalhavam. Uma delicada música parecia sair de cada uma dessas poltronas, vazias no momento. O interessante é que uma música não atrapalhava a outra e muito menos a que predominava no salão. Era como apenas fosse ouvida por quem nelas se sentassem. Na verdade, eram suaves vibrações que se tornavam audíveis. Aquele parecia ser o lugar escolhido para o encontro de todos ao mesmo tempo, onde importantes observações eram trazidas de cada um dos grupos e grandes decisões eram tomadas.

Na plataforma mais próxima, quase no mesmo nível do local de reuniões, um deles trabalhava sozinho numa enorme mesa semicircular, repleta de uma infinidade de rolos que, apesar de produzirem luzes coloridas como caleidoscópios, pareciam papiros ou coisa assim. À sua vontade, eles simplesmente se desenrolavam no ar, dispondo seu conteúdo ao trabalhador dedicado. É Sa-Hor, o número 1 do grupo, aquele que coordena as atividades dos demais. Com feições delicadas emoldurando um olhar claro e de serenidade permanente, vibra a aparência de uma pessoa de meia idade. Cabelos brancos ondulados, cheios e um pouco mais curtos que a maioria, emprestam-lhe um ar de suave nórdico.

Bastava um olhar seu para que uma das plataformas flutuantes abaixasse e encostasse na sua. Logo um pequeno e animado grupo se acomodava nas poltronas que pareciam emergir no nada e trocava ideias por ali. Não se tratava de uma ação de autoridade e sim de facilidade, sempre aproveitada por todos quando necessária. Em sua função de liderança, parecia comum que a ele se reportassem com frequência e que sua plataforma fosse uma das mais frequentadas. Comunicando-se mente a mente, não se ouviam sons de vozes naquele lugar. Também não usavam modelos de tempo e, obviamente, muito menos de espaço. Esses conceitos eram compreendidos em diferentes paradigmas.

Imediatamente abaixo dele outros 4 atuam em um mesmo nível, apesar de executarem funções distintas. São eles: Shy-Ham, Chan, Ro-Shan e Badri. E, na sequência, 4 grupos de 7 completam os 33 elementos dentro de uma ordem hierárquica. A natureza se comporta de maneira semelhante a esse grupo. Uma estrutura bem-organizada, naturalmente, mas qual seria sua função primordial? Por qual razão forças dessa magnitude necessitariam de tal estrutura? Não é difícil imaginar que, como em tudo na natureza, as forças precisem interagir entre si para manter uma coalisão do todo. Dentro disso, dentro dessa organização, dentro dessa ordem hierárquica, cada parte tem uma função ou finalidade específica. A união dessas forças cria algo concreto.

Dentro desse arranjo de 33 elementos, como na natureza, as forças se espalham em outros tipos de organizações porque é um caminho natural. A natureza se repete sempre da mesma maneira, com formas e poderes, em diversos níveis. Partindo dessa grande força primordial, todas as disposições posteriores vão se reproduzindo de modo idêntico e formando conjuntos com a mesma estrutura. São diversos planos e dentro disso tudo, um planeta como a Terra, é apenas um pequenino componente na hierarquia do todo, o que é mesmo difícil de ser aceito ou compreendido por esta humanidade. A Terra faz parte de um conjunto, que forma outro conjunto, que forma outro e outro e assim por diante.

Como se pode deduzir, o objetivo básico e primeiro deste grupo, como também o final, é o equilíbrio do universo, particularizado aqui na história deste pequeno planeta. Ou seja, o objetivo é sempre corrigir os eventuais desequilíbrios. Sempre existiram no universo disputas entre o que se costuma chamar de bem e de mal, instâncias que sabemos não existir isoladamente. Desta maneira, toda essa organização considera, exatamente, equilibrar essas forças. Muito mais que simples tutores, eles são os mantenedores do equilíbrio universal.

Todos os seres encarnados em determinado lugar buscam o bem-estar na vida, muitas vezes sem compreenderem seu real significado e grandeza. A felicidade, todavia, que depende do equilíbrio, não pode ser um objetivo por si mesma e sim um caminho. E nunca é atingida buscando-se incessantemente por ela. No universo tudo é sempre um processo dinâmico, nunca uma meta final a ser alcançada. No entanto, a importância da vida é maior que a importância do universo. A finalidade maior da vida é, justamente, enriquecer a grande consciência cósmica que envolve a tudo e a todos. Para que se possa compreender melhor, seria necessário a observação de cada grande momento planetário. Todos os grandes dramas de nossa humanidade que culminaram, inclusive, no desaparecimento de grandes civilizações, nada mais foram que partes de um dinamismo, uma tentativa de encontrar o reequilíbrio perdido por seus próprios desmandos.

Cada um dos quatro grupos subordinados à Sa-Hor têm uma função específica, isto é, cada um deles guarda estreita relação com a sustentação de nossa realidade, a saber:

1. Consciência – a consciência no aspecto do todo, daqui-

lo que é universal e conhecida como a Grande Consciência Cósmica. Este grupo é liderado por Shy-Ham.

2. Tempo – a expressão tempo é aqui usada no conceito de infinitas linhas, onde cada ser percorre uma delas. Este grupo é liderado por Chan.

3. Espaço – esta expressão também é usada de forma diferente e significa onde as leis da física são criadas e regidas, isto é, onde seus princípios são construídos. Sem isso não existiria energia, partículas, estrelas e tampouco o próprio universo. Este grupo é liderado por Ro-Shan.

4. Vida – aqui este termo é compreendido como um conceito de elementos criativos que interagem com a Consciência, isto é, como se fossem microuniversos. Este grupo é liderado por Badri.

No caso de Sa-Hor, o líder, seria ele o exemplo daquilo que mais se aproxima do conceito de Eternidade ou "aquilo que não é". Embora seja de difícil compreensão para os homens da Terra, os 33, que aqui serão chamados simplesmente de magos, apenas existem. Seria bom ficar claro que aqui o codinome "mago" não tem qualquer conotação esotérica, como usualmente acontece. Da mesma maneira, seus nomes são representações captadas apenas para facilitar o entendimento de sua hierarquia e funções.

Na verdade, este termo está sendo colocado na impossibilidade e inadequação de chamá-los de "tutores" ou mesmo de "seres", pois todo ser tem um ego, mais ou menos temporário, usado nas mais diversas apresentações daquilo que chamamos de matéria. E essa matéria pode ser mais ou menos sutil, desde os pesados corpos tridimensionais, comuns em mundos mais atrasados, e submetidos às leis da natureza, como os dos terráqueos e de milhares de outros seres em outros planetas, até os vibrados de acordo com a vontade de cada um em planetas infinitamente mais evoluídos. Neste último caso, já são apresentações ou corpos, digamos, não mais sujeitos em sua maioria, às leis da natureza, sendo capazes de prodígios inimagináveis nos universos manifestados por atuarem apenas através do uso de suas mentes poderosas.

Estes seres evoluídos são capazes de se transportar pelo

cosmos livremente e nele atuar em acordo com as quatro diretrizes relatadas acima. Podem ou não se tornar visíveis, entre outros fenômenos ainda tidos como milagrosos por jovens humanidades, como a nossa. Estes são aqueles chamados de homens do espaço, jardineiros cósmicos ou mestres estelares. Foram eles, que em eras imemoriais, prepararam o planeta para a vida, mais de uma vez, aliás. Depois disso, desenvolveram biologicamente seus habitantes, propriamente dito. E, em sua continuidade, ensinaram e guiaram a raça humana em todos seus passos até agora. Foram chamados de deuses pelos mais antigos habitantes do planeta e na sequência, em épocas mais recentes, ou seja, nos últimos milênios, ficaram conhecidos como grandes avatares. Estes grandes mestres são os que realmente foram, e ainda são, os tutores desta humanidade.

Como não é difícil perceber, existe enorme diferença entre os 33 que chamamos de magos e estes seres celestiais, que chamamos de mestres, nossos tutores. E entre estes últimos e os seres que habitam os milhares de planetas como a Terra, existe um verdadeiro abismo evolutivo. Estamos falando de uma hierarquia cósmica, necessária e impossível de ser ignorada, onde os 33 magos poderiam ser chamados de hierarquias criadoras.

Os mestres, por sua vez, também chamados de homens das estrelas desde tempos ancestrais na história planetária, têm, naturalmente, suas origens nos milhares de orbes evoluídos espalhados por nossa galáxia e além. Talvez tenham até já se mudado para outros lares siderais na atualidade do tempo terrestre. Os missionários que tutelaram a Terra por milhões de anos vieram de lugares como Sírius, Vênus, Plêiades ou Órion, por exemplo, entre muitíssimos outros planetas.

E os magos? De onde vem? Onde estão?

Bem, estas são respostas quase impossíveis de serem respondidas dentro das possibilidades de nossos cérebros físicos, onde decodificamos as informações. Segundo a teosofia, por exemplo, eles teriam completado seus desenvolvimentos em cadeias evolucionárias, as quais serão explicadas mais à frente, muitíssimo anteriores àquela onde nosso planeta está inserido, o que significa dizer, no tempo terrestre, bilhões de anos atrás. Melhor seria, para facilitar o entendimento, se estas hierarquias criadoras fossem compreendidas apenas como conceitos ou níveis de consciência que sustentam, como já foi dito, as realidades manifestadas no universo, como a vida, por exemplo. Realidades manifestadas são aquelas que podem ser observadas no mundo dos fenômenos.

A história e a evolução do planeta Terra foi escolhida, entre milhões de outras, não apenas por nos dizer respeito diretamente, como também por conter interessantes versões explicativas mais condizentes com a lógica do que muitas daquelas teorias encontradas em vários livros de antropologia ou arqueologia. Não se negam os fatos, mas a forma e os porquês de seus acontecimentos podem ter sido muito diferentes do que se imaginou ou concluiu. Trazer luz à relatos obscuros, a maioria perdidos na poeira dos tempos ou modificados por questões presas à matéria tridimensional, se faz necessário, pois tais enunciados já não fazem mais sentido ao homem contemporâneo, ávido por conhecer suas verdadeiras origens e mergulhar fundo em sua consciência, que poderia muito bem ser chamada de alma.

Vida

Em algum lugar os magos refletem sobre o conceito de vida nos universos manifestados. Em planetas mais evoluídos tudo é muito diferente daquilo que os homens da Terra conhecem ou acreditam. Vivendo num mundo onde a maioria de seus habitantes ainda percebe apenas três dimensões e poucos estados da matéria, lhes é quase inimaginável pensarem em planetas onde a vida é essencialmente de consciência e não física. Lugares onde os nativos usam corpos rarefeitos de matéria etérea, digamos, cuja aparência podem vibrar ou plasmar pelo simples pensamento, da maneira que preferirem ou que for necessária para o momento ou tarefa a ser realizada. Existem, apenas nesta pequena galáxia onde a Terra está inserida, centenas de planetas onde o conceito de vida não é restrito a um tempo ou a um espaço, podendo seus moradores se transportarem para outros lugares sem o uso de qualquer ajuda tecnológica, inclusive para outros planetas, apenas pelo poder de sua vontade. Todavia, também existem muitas humanidades ainda em desenvolvimento físico, como a terrestre, que ainda não conseguiram perceber o mundo sob a ótica de uma ilusão passageira, pois seus conceitos de vida são ascendentes e dualistas. Em todas as épocas de seus desenvolvimentos esses povos pressentiam, mesmo que longinquamente, que precisavam se iluminar para chegar à divindade na qual tinham devoção, sem nunca perceberem que sempre foram um com a grande consciência universal. Nos planetas onde esses conceitos já foram esquecidos, os homens compreendem a vida de forma mais leve e perene, sem a eterna preocupação com a morte, por exemplo. No entendimento da unidade, percebem que todos os indivíduos são partes de si mesmo, existindo, como fruto dessa simplicidade, compaixão e solidariedade entre todos os seres. Isso se estendeu ao homem da Terra, entre tantos outros planetas necessitados de ajuda, pois em muitos desses globos evoluídos os habitantes são tão desapegados de si, que se tornaram missionários estelares. Os mesmos missionários que reconstruíram este planeta e depois guiaram os passos das civilizações ancestrais para o desenvolvimento da raça humana até o momento presente. Seres de evolução extremamente adiantada e que permaneceram no trabalho dos grandes projetos terrestres por milhões de anos, da maneira como o tempo é percebido no lindo planeta azul. Seres que abdicam temporariamente, por assim dizer, de seus lares, verdadeiros paraísos celestiais de paz e fraternidade, pois têm como objetivo de vida o amparo às civilizações em desenvolvimento, sem nunca emitir julgamentos sobre as atitudes dos homens mais atrasados, sabendo que tudo se traduz no equilíbrio da natureza. Atuam de acordo com a Grande Lei Universal, mesmo que muitas vezes não tenham sido compreendidos. Todavia, permanecem em suas tarefas, pois a continuação da vida nunca cessa e, além do mais, não esperam recompensas, embora se rejubilem pelos pequenos passos que seus filhos terrestres conseguem dar, com a alegria própria de todos os pais.

2. O equilíbrio do universo - o lado das sombras

O bem e o mal são gêmeos; nenhum dos dois existe "per se", pois cada um tem que ser engendrado e criado pelo outro para vir à existência.

Helena Blavatsky

Enquanto isso, em algum outro lugar, outra organização, outro grupo de 33 também trabalha incessantemente. É o grupo do contraponto negativo. A contraparte necessária para o equilíbrio da vida. Um lugar onde se organizam as forças negativas da natureza. Não são os mesmos elementos, mas a organização é a mesma. Assim como a eficiência. Não são necessariamente bons ou maus, assim como seus atos. Trata-se apenas de uma ideologia de equilíbrio, um modelo que acreditam ser eficiente.

Esse lado negativo, todavia, nada tem de tenebroso ou escuro. Chamá-lo de o lado das sombras serve apenas para caracterizá-lo como oposto ou negativo. Isto é, este lado apenas planeja, cuidadosamente, os grandes cataclismos, as epidemias tidas como impiedosas e as tragédias naturais de todos os tipos, entre outras possibilidades. Tudo aquilo que possa ser compreendido pelo universo como necessário ao reequilíbrio perdido. Perdido por conta, geralmente, dos próprios desmandos dos homens. Costumamos, desde sempre, em nossas humanidades, em nossas civilizações perdidas, identificar o lado das sombras como algo mau. É quase impossível isentá-lo de um ranço de maldade proposital ou de crueldade inquietante.

O mal absoluto, aquele de alta estirpe e poder, provavelmente contaria em suas fileiras com seres demoníacos habitando lugares nebulosos, sujos, trajando negro e cercados por estranhos e repulsivos animais. Recintos fechados, escuros, com muito fogo ou fumaça e odores impensáveis pairando no ambiente, enquanto gritos lancinantes são ouvidos ao fundo. Infernos, umbrais, câmaras escuras cheias de deuses da morte, magos negros ou juízes implacáveis. Enfim, toda sorte de lugares terríveis construídos pelas crenças e religiões em nosso imaginário.

De fato, cada um imagina ou aceita seu inferno particular e nele cultiva seus próprios demônios e medos, de acordo com seus condicionamentos. Entretanto, o local de trabalho destes seres do contraponto negativo, nada tem de sombrio ou ameaçador. De fato, é muito parecido, em sua essência, com o outro lado da balança, o lado da luz. Cabe aqui o adendo que estes também não podem ser chamados de seres, pelas mesmas razões já relatadas, pois, assim como os anteriores, também não possuem egos transitórios. Então, serão aqui denominados igualmente de magos, porém, do lado das sombras.

Outro grande salão sem limites de paredes, tetos ou chão. Outros 33 elementos trabalhando tranquilamente, sozinhos ou em pequenos grupos. Outras tantas plataformas suspensas no ar, outros sons discretos e outros odores agradáveis. Ainda mais iluminado que o salão dos magos da luz, de todos os lados jorrava uma luz branca, fosca e muito clara, sem que sua fonte pudesse ser identificada. Nenhuma névoa pairava no ambiente, mas, ainda assim, não era possível identificar onde começava ou terminava o grande salão. Eram igualmente altos e esguios. Aqui e ali se detinham em discussões animadas e cordiais sentados em volta de mesas giratórias postadas nas diversas plataformas. Ao contrário da disposição do salão anterior, estas estavam colocadas umas ao lado das outras, formando uma espécie de mezanino arredondado, que parecia suspenso no ar em volta de uma enorme mesa, brilhante e semi-retangular, vibrada naquilo que parecia ser um andar inferior. 33 poltronas grandes e confortáveis estavam postadas ao redor da mesa, denotando ser um local de grandes reuniões. Em algum lugar, como numa parede invisível, parecia existir uma espécie de marcador de números, parecido com um relógio ou algo assim.

A tecnologia, digamos assim, das telas que pareciam surgir do nada, das mesas iluminadas e das imagens holográficas que delas brotavam era idêntica à usada pelo outro grupo. Não havia diferença significativa. Da mesma maneira, os magos que por ali transitavam, pareciam se mover pairando sobre um provável chão, como os outros. Não se viam seus pés, também ocultos pelas longas túnicas, que aqui pareciam ser levemente acinzentadas. Além disso, obviamente, também se comunicavam pelo pensamento.

A diferença parecia estar no fato de que as plataformas não se moviam e sim eles mesmos, que apenas apareciam ou se desvaneciam de diferentes lugares de acordo com as necessidades. De fato, todo o ambiente era extremamente agradável. Um local de trabalho com muita organização, simples assim. Não se percebia uma posição clara de liderança, a não ser, talvez, pela disposição das poltronas em volta da grande mesa. Quatorze poltronas estavam colocadas em cada um dos lados maiores e arredondados. Quatro num dos lados menores e retos e apenas uma do outro lado.

Um enorme espaço vazio ocupava o centro da mesa, acompanhando seu contorno, como se ela fosse de banquete. Pairando dentro dele um enorme globo fosforescente e colorido, com continentes, países e mares bem demarcados. Pontos brilhando com fortes luzes amarelas pareciam demarcar lugares onde algum acontecimento estava ou estaria, especialmente, em curso. O globo se movimentava, acentuava ou diminuía seu brilho de forma pontual, de acordo com a vontade daqueles magos. Obviamente sua atenção estava voltada para o planeta Terra, naquele instante em particular, embora a extensão possível de sua atuação não tivesse limites.

Pareciam se organizar da mesma forma, isto é, um coordenador, quatro líderes setoriais e quatro grupos de sete, cada qual subordinado a um setor. Exatamente da mesma forma como funcionava o outro grupo. É quase impossível para o ser humano comum, dentro de seus condicionamentos, imaginar que não existia naquele grupo qualquer preocupação em preparar, por exemplo, catástrofes ou mortes coletivas por maldade, isto é, sem haver qualquer traço de crueldade no cerne da questão. Cordialidade e gentileza eram a tônica de suas conversas e atitudes.

Não se notava, de maneira alguma, qualquer sombra de iniquidade nos assuntos ali tratados. O que havia era apenas comprometimento com uma perfeita eficiência filosófica com o que acreditavam. Um pensamento, uma ideologia comum centrada apenas na necessidade do equilíbrio do universo, a necessidade do movimento, da ação, sem os quais a vida não poderia existir. Como já foi dito, os mesmos entendimentos sobre a vida e demais princípios usados pelos magos da luz. De fato, não é difícil perceber que mesmo aqui, no planeta, nenhum ato nosso é totalmente bom ou mau. Por exemplo, se nos empenhamos em matar cupins que destroem nossas casas ou bactérias que causam doenças, isso parece muito bom, pois podemos estar salvando patrimônios ou vidas humanas. Porém, para essa parte da natureza, para os cupins ou para as bactérias, estamos destruindo, desorganizando, interferindo, isto é, somos maus. Então, não há possibilidade de uma atitude ser universalmente boa. A única maneira de se livrar desse dilema é fazer as coisas sem qualquer interesse, o que não é uma situação simples, pois, em nosso estágio atual de evolução, para vivermos, estaremos sempre matando algo que também está na natureza, como nós.

E se você, por exemplo, não come carne para poupar o sacrifício de animais apenas pela intenção de se sentir bonzinho, seu ato também não é totalmente bom. Estará você esperando por algum reconhecimento por não comer carne? Mesmo que seja da sua própria alma? Isto quer dizer que enquanto houver qualquer desejo ou interesse, o dilema continuará. Isto nos ajuda a entender que nossa avaliação de bem e mal está muito comprometida por nossa própria humanidade. Mesmo aqui no planeta, o que é bom num lugar pode ser mal em outro há poucos metros de distância.

Amor

Em algum lugar os magos refletem sobre as intermináveis fontes de amor nas leis que regem o cosmos. Sa-Hor, como já fez tantas vezes, reúne em seu poder mental todos os governadores das galáxias próximas àquela onde a Terra, além de muitos outros planetas, estão cursando seu desenvolvimento e com eles se comunica. Muitos são os globos onde suas jovens humanidades ainda não conseguem perceber a vida se espraiando por seus vizinhos planetários e muito menos por todo o universo. Sequer conseguem definir a própria vida fora de suas visões ainda muito limitadas, observando-a por parâmetros que percorrem extremos entre o nascer e morrer, com poucas respostas para sua verdadeira essência que não seja a preservação de suas próprias personalidades, das mais variadas maneiras. Sem que notem, todos esses povos estão sendo tutelados, por eras sem fim, pelos dirigentes maiores de suas galáxias e pelos milhões de missionários estelares, dedicados e generosos, que se deslocam incessantemente entre os planetas em seu socorro, especialmente através do pensamento. E todos os grandes dirigentes, como vocês, trabalham de forma contínua e desinteressada, como o imperador dos ergs, Hylion, cuja liderança, esforço e desprendimento desmedidos, propiciaram que a vida humana retornasse à Terra, onde a vaga de vida estava programada para voltar. Entre os seres evoluídos, a todo esse movimento inserido na Grande Lei, onde todos escrevem suas histórias, dá-se o singelo nome de trabalho, que também é fonte do mais puro amor, pois é nascido da compaixão. Na fala de antigo missionário, o trabalho é o próprio amor e nada mais importa. Os homens em evolução nos planetas ainda em desenvolvimento, não perceberam que lhes falta vibrar em gratidão pelas oportunidades recebidas, o que, muitas vezes, torna suas dificuldades quase inúteis, pois pouco aprendem com elas. Se arrastam no aprendizado, pois as lições têm que ser repetidas muitas vezes. Se entregam a sentimentos negativos porque vivem sobre o prisma da necessidade absoluta do bem-estar, o que os faz considerar muitas coisas como ruins, e então, terminam por viver em permanente julgamento sobre o bem e o mal, esquecidos que deveriam celebrar a vida em todos os momentos. Ainda permanecem adormecidos, como gotas efêmeras que olham para todos os lados sob o sol implacável, isoladas, sempre à procura daquilo que avaliam como o melhor apenas para si mesmas, recusando-se a pensar de forma diferente ou a trilhar outro caminho. Não notam, sequer por um instante, que compreenderiam melhor a beleza da vida se mergulhassem no rio, unindo-se às milhões de outras gotas que lá estão, onde, esquecidas de si próprias, desfrutam das delícias do compartilhar universal, trabalhando unidas num só movimento para banhar e fertilizar todas as margens do grande curso d'água, além de se tornarem fonte de vida inesgotável para todos que delas se aproximam. Esse é o verdadeiro amor, ainda incompreensível por muitas humanidades, mas que já é a razão da própria vida para vocês, caros dirigentes galácticos, e para todos os demais missionários que trabalham sob sua carinhosa orientação.

3. Jardineiros cósmicos – os enviados divinos

Quando a mente se fixou uma vez no eu real, acha insensato peregrinar em qualquer outra coisa.
Bhagavad Gita

Há muito, muito tempo, muitos milhões de anos atrás, em algum lugar do universo existia uma avançada civilização. Por milhares de gerações esse povo se desenvolveu até ter como veículo físico um corpo muito rarefeito. O objetivo de seus dirigentes e da maioria de seus habitantes era continuar progredindo até se tornar uma civilização de consciência, isto é, um povo que atuasse apenas pela mente, sem corpo tangível, mas com a percepção da vida.

Ainda não haviam conseguido chegar completamente nesse nível, mas já estavam num ponto onde tinham um grande controle da consciência real. Conseguiam dominar o que acontecia no mundo físico, o que significa dizer que podiam curar a si mesmos, modificar seus corpos e suas aparências, deslocar objetos apenas pela vontade ou ainda desaparecer e reaparecer em outros lugares, entre muitas outras ações que denominaríamos de milagrosas em nosso planeta. Todavia, esse notável desenvolvimento não era uniforme entre todos os habitantes daquele mundo. Impossível mesmo pensar em toda uma civilização caminhando no mesmo ritmo de evolução através de milhares de milênios e chegando todos ao mesmo tempo em determinado estágio. O tempo passou e tornou a passar. Demorou. E, mesmo assim, muitas pessoas permaneceram enraizadas em suas posições, evoluidíssimas aos nossos olhos, mas, sob outra ótica, apenas atrasando a evolução do planeta como um todo.

As razões desse atraso eram muito simples: cada indivíduo teria que quebrar muitos de seus paradigmas, como interesses pessoais, amores, vontades e desejos. Caso contrário não haveria nunca a libertação total daqueles seres. E sempre que o objetivo almejado pelo povo e pelos líderes estava quase sendo alcançado, com a maioria acompanhando o notável processo, em todas as ocasiões ainda sobravam muitas pessoas que não haviam conseguido percorrer o caminho por completo. Pacientemente, os demais esperavam.

Porém, existia uma outra civilização, em outro planeta, que por razões não muito claras, pretendia destruir aquele povo pacífico e evoluído. Possivelmente, eram indivíduos motivados pelo medo pois, apesar de também serem muito poderosos mentalmente, tinham receio do extraordinário poder de consciência alcançado pela outra, julgando-a potencialmente perigosa à sua própria sobrevivência. Sentiam algo parecido com inveja, pois observavam as coisas admiráveis que os vizinhos faziam atuando quase que exclusivamente pela simples vontade, mas também existia temor, porque tais poderes lhes pareciam ameaçadores.

Naturalmente, aquele avançado povo não era em nada belicoso. Não tinha qualquer interesse em dominação, guerras ou qualquer coisa do tipo. Apesar das ameaças sofridas, para eles era claro que não podiam se intrometer na vida de seus possíveis algozes, isto é, não iriam nunca usar a força de suas mentes, digamos assim, para destruir quem quer que fosse. Tinham então que se proteger sem interferir na evolução, crescimento e decisões alheias. Compreendiam, perfeitamente, que aquela civilização agressiva apenas era como eles mesmos haviam sido milhares de anos antes. Contemporizavam, mas, em determinado momento, apesar de tudo, as ameaças se transformaram em ataques verdadeiros e intensos contra seu tranquilo planeta. Perigosas investidas no mundo físico, pois, mesmo que o ambiente fosse pouco denso, as pessoas ainda possuíam corpos e edificações passíveis de serem destruídos. Algumas tragédias aconteceram.

Todos perceberam que para promover uma enorme ação de interferência protetora para todo o planeta, em nível de consciência, seria necessário que todos os seres estivessem ligados num mesmo objetivo, caso contrário essa intervenção no universo poderia não acontecer. Seria muito difícil promover essa atuação gigantesca, se existissem interesses diversos. Se uma só pessoa tivesse um desejo ou uma vontade diferente do todo, isso se tornaria uma possibilidade real podendo, portanto, vir a ocorrer, apesar de milhares de outros seres pensarem diferente.

Então, vendo o desastre iminente e o que eles estavam causando ao impedir a proteção efetiva do planeta, as pessoas que ainda resistiam ao processo de evolução por não quererem renunciar a seus interesses pessoais, deram o último passo e decidiram colaborar. Nesse momento ocorreu uma magnífica proteção em volta de todo planeta, interferindo no espaço físico adjacente à sua órbita, exclusivamente pela vontade daquele povo, agora unido. Salvaram o planeta sem destruir nada e ninguém. E a mesma história se repetiu, não apenas pela galáxia onde se encontra nosso sistema solar, mas por todo o cosmos.

Todavia, aqueles que foram os últimos a se convencerem, se arrependeram de sua própria morosidade, o que pôs em risco sua civilização. A partir daí se comprometeram a levar os ensinamentos para outros planetas. Iriam auxiliar a evolução de outras civilizações. Nasciam aí os seres que foram chamados através dos tempos de jardineiros cósmicos, os semeadores de vida no universo. Caminhantes no universo, levaram seu conhecimento a muitos lugares, incluindo o planeta Terra. Sua capacidade de controle da consciência com suas prodigiosas interferências nas leis da natureza através da vontade, permitiu-lhes influenciar ou estar presentes em toda parte onde houvesse civilizações em lento desenvolvimento. Além disso, prepararam planetas para receber a vida. E essa atuação foi abundante, pois, para eles, poucos dias podiam representar milhares de anos em outros mundos, possibilitando uma ajuda eficaz. Tempo e espaço, na prática, não existiam para eles. Desta forma, aos olhos do homem mais atrasado, esses mestres estelares eram imortais. Muitos foram tidos como deuses.

Para esses seres iluminados, influenciar efetivamente pessoas de diferentes povos ou estar presente em seu meio, era algo relativamente simples. Não precisavam, por exemplo, viajar para este ou aquele planeta, necessariamente, através de máquinas voadoras. Se fosse mais eficiente estarem presentes em corpo físico para alcançar um determinado tipo de pessoas ou de lugar, o faziam influenciando um habitante do próprio planeta. Do ponto de vista dos homens do orbe que estava sendo auxiliado, era apenas um ser vivo extraordinário que estava ali. Um ser que nascia, vivia e morria ali. A mesma lógica.

De fato, de seu lar sideral, eles eram capazes de atuar ativando os neurônios daquela pessoa escolhida que estava nascendo, já que se fazia necessário um cérebro físico, iluminando seu caminho para que aprendesse o processo sozinho. Não comandavam. Iluminavam. Mas era quase como se ali vivessem, com sua sabedoria e bondade. A estes nativos com o cérebro físico influenciado, que detinham desta maneira conhecimento avançado, se convencionou chamar de híbridos. Às vezes, importantes mutações genéticas se faziam necessárias em toda uma geração, para que pudesse nascer um ser com um cérebro privilegiado e passível de ser iluminado desta forma.

Não precisavam, portanto, encarnar no planeta em questão. Talvez nem lhes fosse possível. Apenas iluminavam pessoas especiais daquele povo. Então, o iluminado encarnado, não era necessariamente um ser de outro planeta, mas, como se percebe, também não se tratava de alguém estar em dois lugares ao mesmo tempo. Um poder extraordinário que possibilitava que disponibilizassem ajuda para toda uma civilização, pois, muitas vezes, era mais fácil para os homens ouvirem os ensinamentos através da voz de outros homens locais.

Não é, naturalmente, uma questão óbvia e por isso os registros históricos são muito confusos. Porém, é uma forma de atuar extremamente competente. Muitos avatares que fizeram história no planeta atuaram desta forma. Na verdade, estes mestres até podiam sair de seu planeta para viver, por breves períodos, em outro mundo, mas o faziam em corpo vibrado e, como já foi dito, isto pouco representava em seu tempo. Era outro tipo de atuação, que permitia atuarem em vários lugares ao mesmo tempo e por sucessivas gerações. Os locais até podiam vê-los se fosse preciso e por tempos terráqueos prolongados.

Na Terra ainda não se consegue toda essa iluminação de forma própria, pois a natureza da consciência dos homens do planeta é diferente, com diferentes possibilidades. A civilização do planeta, em épocas ancestrais, estava e ainda parece estar, muito longe de conseguir uma unidade de consciência e interesses. O que esses seres estelares fizeram foi adicionar novas possibilidades sem, todavia, poder determinar qual possibilidade de fato ocorreria.

Movido por conceitos ainda muito dualistas, diferentes de planetas mais avançados, era difícil para este povo nativo pensar, por exemplo, num deus único, longínquo e desconhecido. Algo extremamente desconfortável. No Egito, por exemplo, um dos muitos lugares no planeta onde uma história semelhante se passou e onde os extraterrestres atuaram intensamente por milênios, esse foi um dos conceitos introduzidos, por diversas razões. Apesar disso, tão logo os habitantes foram deixando de ser tutelados, cada um tratou de cultuar seu próprio e prático deus particular, o que auxiliou na derrocada daquela brilhante civilização.

Os seres avançados não podiam determinar os destinos das pessoas e da mesma maneira, não podiam, simplesmente, arrancar a base que sustentava suas crenças. Havia, naturalmente, um aspecto ético envolvido sobre terem ou não o direito dessa intervenção, isto é, se poderiam ou não tirar as pessoas de sua zona de conforto, por mais precária ou enganosa que ela fosse. Além disso, quebrar paradigmas sempre foi difícil e perigoso. Então, se de alguma forma, sem destruir ou violentar, apenas introduzindo novos conhecimentos, conseguiram plantar novas ideias que ajudaram muitas pessoas a se libertar de antigas amarras conceituais, fizeram um grande trabalho.

Os iluminados daquele planeta que sobreviveu graças à unidade, se juntaram a muitos outros, de outras civilizações avançadas que já exerciam sua influência generosa de várias formas e por diversas razões, na mesma missão da semeadura evolutiva no universo. Alguns trabalhavam na evolução física dos seres e outros, como eles, na evolução da consciência, sendo todos chamados de jardineiros cósmicos. De qualquer maneira, a proposta era sempre trabalhar com os objetivos e necessidades observados em cada planeta, fazendo alterações momentâneas nas leis da natureza. E os modelos de atuação precisavam se adaptar ao momento histórico da intervenção para poderem ser eficientes. As formas de trabalho precisavam se harmonizar à vida planetária nas diferentes épocas e lugares. De nada adiantaria aqueles seres avançadíssimos levarem suas verdades ou sua tecnologia, por melhores que fossem, como a atuação através da mente em construções ou curas, entre tantas outras possibilidades.

No caso da Terra, por exemplo, como ensinar essas coisas à indivíduos primitivos que sequer compreendiam do que se tratava a vida? Homens que mal conseguiam sobreviver em tribos errantes, caçando, pescando e coletando o que achavam? E tudo de forma muito precária. E, muitas vezes, sem sequer noção de si mesmos? Não seria nada eficiente. Os terráqueos poderiam aprender apenas de acordo com seu momento e, desta forma, querer ensinar sofisticadas técnicas mentais que interferiam nas leis da natureza e no universo, estaria longe de ser uma metodologia eficaz. Os mestres as usavam em suas interferências geológicas, migratórias ou para deixar grandes marcos de sua passagem pelo planeta, como as pirâmides do Egito, por exemplo.

Como nem sempre o modelo mais perto da verdade ou aparentemente melhor é o mais eficaz, era preciso ajudar a evolução dos homens de forma a trazer benefício a todos. Então, cada grupo de iluminados, de variadas maneiras, e principalmente através dos híbridos, geralmente sacerdotes, foi criando diferentes formas de passar o conhecimento, adequando-os ao instante do planeta. Isso aconteceu não só no Egito, mas em todos os lugares por onde passaram na Terra. O grande desafio sempre foi ter um modelo de conhecimento e conseguir transformá-lo em algo bom para a civilização local, sem falar dele, apenas se utilizando de mecanismos onde pudesse ser mais aproveitável. Existem períodos nos quais determinada civilização está evidentemente limitada em determinados aspectos. Então, uma coisa é sublimar uma ideia e outra é trazê-la para a realidade.

Há muitos milênios atrás, no vale do Nilo, por exemplo, permitiram ser chamados de deuses, pois era o que os homens compreendiam e um assunto pelo qual se interessavam. Construíram obras magnificas que se perpetuaram no tempo e marcando sua presença, sem que um só indivíduo do povo comum se perguntasse como haviam sido feitas ou qual sua serventia. O que escapa muito do entendimento faz com que a maioria das pessoas se desinteresse de buscar as razões. No conceito daqueles homens primitivos o que os deuses construíam ou faziam eram apenas milagres, como deveria mesmo ser normal para um deus. Nada mais que isso. Durante mais de trinta e cinco mil anos prepararam lenta e amorosamente aquele povo antes de entregar-lhe o comando de sua própria existência. A civilização evoluída às margens daquele lindo e verdejante vale já era a mais magnífica sobre a Terra no seu tempo. Seu destino permanece escrito na história.

E, durante centenas de milhares de anos, fizeram o mesmo por todo o planeta.

O tempo e o espaço

Em algum lugar os magos refletem sobre as ilusões que tempo e espaço representam nas humanidades menos evoluídas. Aos olhos da maioria dos homens dos planetas em desenvolvimento, focados absolutamente em si mesmos, ainda não lhes é possível perceber a fantasia desses conceitos, pois são ainda incapazes de compreender suas próprias almas e a consciência cósmica onde estão inseridos. Por não entender com clareza a vida, estabelecem noções de tempo, trazendo para o presente, que é o instante que julgam ser uma realidade palpável, tudo o que pensam, imaginam ou lembram, o que facilmente também se compreende ser apenas uma armadilha da mente. Um simples piscar de olhos, por exemplo, já não existe mais, ficou no passado e só é possível lembrar dele. Dessa forma, as lembranças do que acredita ser o passado ou seus sonhos de futuro são coisas absolutamente abstratas, fazendo parte apenas de um trabalho mental e não da realidade material de seus egos, que pensam incessantemente no tempo, embora trabalhem com ilusórias percepções dele. Acreditam que vivem aquilo que, na verdade, está apenas em suas mentes. Como toda essa noção de passado, presente e futuro depende também de onde estão localizados, é fácil perceber que o espaço também não existe. Na Terra, em seu atual estágio de evolução, é quase impossível para seus habitantes imaginar homens das estrelas amparando sua caminhada pelo planeta, e muito menos pensar em missionários indo e vindo de seus lares siderais, pois, em seu sistema de crenças, seres alienígenas usariam vistosas naves espaciais para viagens interplanetárias e nunca o pensamento. Ainda mais porque jamais foi encontrado um só artefato perdido de alguma delas e os brilhantes cientistas terrestres já comprovaram distâncias quase intransponíveis entre os planetas mais próximos, que requereriam tempos de viagem inimagináveis. Mas, se pudessem extrapolar de seus parâmetros materiais, talvez pudessem imaginar que os missionários que passaram e ainda passam, nesta história planetária de milhões de anos, não ficaram estacionados no planeta, como seria mesmo estranho pensar. Todavia, não é demais lembrar que se o tempo existisse e, em muitos lugares fosse contado como na Terra, trinta mil anos corresponderiam a apenas 10 dias desses iluminados. Tinham tecnologia para usar naves? Sim, é claro, mas isso só serviria para assustar os terráqueos e colocá-los em posição de subserviência, isto é, acentuar a dualidade na qual já viviam, pois eles seriam os inferiores sendo visitados pelos superiores. Este artifício foi usado poucas vezes. Atuavam direta ou indiretamente usando corpos vibrados ou passando por portais dimensionais, sempre pelo poder de seus pensamentos. Conseguiam ainda influenciar humanos com cérebros especialmente preparados ou promover alterações das leis da natureza quando necessário, sem sequer saírem de seus planetas. Fazer modificações dessas leis, como aconteceu com a lei da gravidade, por exemplo, comprovada na manipulação de monolitos gigantescos nas enormes edificações deixadas em muitas partes do planeta ou mesmo as maneiras usadas para levar informações aos terráqueos, só acrescenta argumentos sobre a utopia do tempo e do espaço, que conseguiam facilmente ultrapassar. Não porque para eles algo fosse especial nesse quesito, mas apenas por seu claro entendimento entre ilusão e realidade. Se assim não fosse, só chegariam na Terra usando tecnologia, o que dificultaria por demais a evolução do planeta. Os homens vivem onde seus pensamentos estão.

4. O princípio – Erg, o planeta encantado

> O universo não passa de um mundo de frequências e potencialidades, provocando a ilusão de ser concreto.
>
> David Bohm

Desde tempos imemoriais e impensáveis para o homem da Terra, muitos milhões de anos atrás, planetas com civilizações extremamente adiantadas já pontuavam o cosmos em todas as galáxias, em seus vários planos ou dimensões de existência. A aventura humana começou na mesma região onde se encontra o sistema solar que hoje habitamos. Precisamente entre os atuais planetas Marte e Júpiter, existia um orbe denominado por seu povo de Erg. Num universo paralelo a ele existia outro planeta, conhecido como Morg.

Em Erg viviam seres extremamente evoluídos, de avançado desenvolvimento moral e intelectual. Possuíam corpos muito sutis e quase luminosos. Viviam milhares de ciclos de duzentos anos, imaginando o tempo contado pelos padrões da Terra. Todavia, viviam num mundo, como a maioria dos mundos evoluídos, onde o conceito de tempo é muito diferente e de difícil compreensão pelo ser humano atual, pois é como se ele não existisse. Na verdade, em muitos planetas a finitude do corpo, seja do que for constituída sua matéria, não tem as características que estamos acostumados a acreditar. Estes seres, espalhados por todo o cosmos, podem renovar suas energias eternamente, se assim quiserem.

Em Erg, uma sociedade gentil e igualitária primava pelo trabalho para o bem comum, sem visar lucros pessoais de qualquer espécie. Dotados de mentes poderosas construíam e se transportavam de um lugar a outro, se desejassem, pela simples força do pensamento. Em missões especiais os mais adiantados podiam, facilmente, passar por portais dimensionais e se comunicar também dessa maneira com outras civilizações habitantes de outros planos. Assim como o tempo, também o espaço parecia não existir para aquele povo da maneira como o homem da Terra o compreende nos dias de hoje.

Mesmo podendo se movimentar pela própria vontade, em grandes distâncias ou em grandes tarefas que envolviam muitas pessoas, podiam poupar energia cruzando o espaço sideral em naves de incrível tecnologia. Movidas por energias renováveis indefinidamente, pois eram produzidas por suas mentes, podiam ir a qualquer ponto da galáxia. Poderiam não ser visíveis para civilizações mais atrasadas, se fosse o melhor a fazer. Não eram mais guiados por instâncias superiores, como os dois grupos dos 33 magos, embora continuassem a ser observados com simpatia e interesse. Viviam em perfeito equilíbrio com a natureza e com todo o universo e, desta maneira, não se fazia necessária qualquer intervenção de reajuste.

Os morgs, por sua vez, eram ainda mais evoluídos tecnologicamente que seus vizinhos, embora deixassem muito a desejar na avaliação da parte moral, isto é, entre suas decisões sobre o que seria certo e o que poderia ser errado. Também dotados de mentes poderosas, sequer possuíam corpos físicos. Adensavam um corpo etérico quando se fazia necessário. Viviam em aparente paz, mas, em determinado momento de sua trajetória, seu planeta começou a entrar em involução e era urgente encontrar outro lar para toda aquela civilização. Não demoraram a perceber que o local ideal era o planeta maravilhoso que ocupava exatamente o mesmo espaço do seu, em outra dimensão. Pulsante de saúde e condições ideais para a manutenção da vida, ele refletia o pensamento de seus habitantes, que vibravam em harmonia e amor, o que, naturalmente, era traduzido para toda a natureza.

Estrategicamente, a solução simples era uma invasão das mentes de seus habitantes, pois não queriam causar danos a seu futuro planeta. O plano começou a ser executado, porém, em Erg, as pessoas logo começaram a perceber que algo estava errado, pois muitos cidadãos começaram a ter comportamentos estranhos e não usuais naquele povo generoso e tranquilo. Alguns indivíduos começaram a ser grosseiros, a se irritar e começar discussões impensáveis até então, comportando-se de forma egoísta e alheios ao bem-estar comum.

Tudo isso logo chegou ao conhecimento do governo central, que tratou de investigar tão estranhos acontecimentos, que começavam a se multiplicar por toda parte.

Ao analisar as ondas mentais que envolviam o planeta, os poderosos seres de Erg não tardaram a descobrir de onde vinha a ameaça, assim como os porquês. Conheciam bem seus vizinhos e sabiam do que eram capazes, embora nunca tivessem cogitado que seriam artífices de tão insana empreitada. Ao perceberem que Morg entrava em obscurecimento, não tiveram dúvidas que eles iriam até o fim, o que, todavia, poderia terminar numa tragédia, com o desaparecimento de ambos os planetas. Um ato de loucura inimaginável e, naturalmente, não pretendiam entregar seu belo planeta aos invasores. Porém, não queriam lutar, o que era contra seus princípios. Atitudes como destruir, invadir, ferir ou matar eram coisas impensáveis para a maioria daqueles seres iluminados. Mesmo a morte da matéria pouco representar para eles, a decisão sobre o que fazer foi difícil, pois, com a invasão de mentes continuando, revoltas e tumultos começaram a eclodir por todo o planeta. Nestas alturas, era óbvio que não conseguiriam uma proteção consciencial em torno do planeta, com tantos pensamentos diferentes em toda parte provocando um número imenso de probabilidades diferentes.

Governadores de províncias periféricas brigavam entre si numa interminável discussão sobe o melhor caminho a seguir. O que poderia salvar o planeta e seus já nem tão pacíficos habitantes? Até mesmo algumas, inimagináveis, tramas sorrateiras de traição ao bondoso e iluminado imperador foram percebidas. Nesse ponto, o palácio colocou em votação apenas as duas ações possíveis: resistir e lutar, mesmo ferindo os sistemas de crença da maioria dos ergs ou fugir para outro planeta, já pesquisado e aprovado pelos cientistas como acolhedor para a vida de todos.

O planeta escolhido era Vênus, sem vida hominal nesta altura dos acontecimentos, proporcionando grande potencial de colonização e desenvolvimento. Ao final, sem que houvesse um consenso, urgia que o imperador fizesse valer seu voto de desempate, tal a polarização que havia se instalado entre aquela assembleia de dirigentes, anteriormente tão coesa. Como em toda polarização, seus efeitos poderiam ser devastadores. O nobre ser trouxe para si a decisão final, que foi a de abandonar o planeta, determinando que os preparativos fossem feitos. Gigantescas naves construídas pelo poder da vontade, e estacionadas em docas espaciais, poderiam facilmente acolher a todos os habitantes para o transporte, no momento propício.

No entanto, a incrível tecnologia dos morgs já havia instalado um novo tipo de barreira de antimatéria ao redor do planeta, o que fez os cientistas locais trabalharem febrilmente até conseguirem saber como sobrepujá-la. O plano era fazer com que suas naves pudessem atravessá-la usando dispositivos desenvolvidos pelos brilhantes cientistas locais. Devido à sua sofisticação, todavia, levaria certo tempo para equipar todas.

Enquanto isso a invasão continuava rapidamente e, com ela, os tumultos, inequívocos de mentes aprisionadas. Num segundo momento do processo, os ergs já haviam também construído aparelhos que tiravam os morgs de sua invisibilidade, fazendo com que eles precisassem vir ao planeta e fazer uso de raios paralisantes antes de tomar as mentes. Isso tomou um tempo precioso dos cientistas locais, que também se dedicavam a localizar e libertar muitas das mentes aprisionadas usando outros dispositivos também movidos pelo poder mental. Este embate silencioso e genial se arrastou por alguns ciclos, com as naves de Morg necessitando atravessar a barreira de antimatéria a todo momento para se aproximar das vítimas escolhidas, o que também lhes demandava muito tempo. Mas, de uma hora para outra, apesar dos esforços dos dedicados trabalhadores, quase todo o planeta estava ocupado, restando apenas as montanhas do norte e uma pequena região do sul onde se situava a capital e sede do governo, denominada de Kendom Silá.

Naves morgs pousaram, pela primeira vez, nas proximidades do lindo palácio de cristal que servia de moradia e gabinete de trabalho do imperador, mostrando que o tempo para salvar toda a população tinha se esgotado, pois a maioria das naves continuava sem recursos para a jornada. Sem tempo para mais nada, obedecendo a uma ordem de Gabor, o comandante das armas, várias naves maiores, que já estavam prontas para atravessar o cinturão de antimatéria, zarparam de suas gigantescas docas fora da atmosfera do planeta. Outras menores, que haviam sido usadas para testes, as seguiram, levando o imperador, os principais cientistas com suas equipes e todos os que estavam reunidos no local por força das tentativas últimas de salvar seu planeta. Estas decolaram do chão num breve instante, emergindo dos imensos hangares invisíveis onde se ocultavam em volta do palácio. Os morgs não tentaram detê-los, pois confiavam que sua barreira de antimatéria destruiria todas elas, o que, para sua surpresa não aconteceu.

Já no hiperespaço os ocupantes das naves perceberam uma incrível desestabilização energética e, momentos depois, incrédulos, seus instrumentos de navegação captaram que os planetas haviam explodido, sendo reduzidos a pedaços. Até mesmo a barreira antimatéria havia sido destruída.

Numa delas um dos cientistas auxiliares exclamou em voz alta o que todos já tinham percebido:

– Isto só pode ter sido causado pelo uso do átomo desdobrado. Uma explosão nuclear!

Na nave capitânia, os dois grandes sacerdotes cientistas, Zukov e Agazyr, se entreolharam aturdidos enquanto, mentalmente, faziam um ao outro a mesma pergunta: quem teria sido o autor de tal insanidade? Gabor permanecia sentado em seu posto de comando da mesma nave, imóvel e espantado, enquanto observava através da imensa tela que mostrava o espaço exterior, alguns destroços que boiavam ao longe. A um olhar do imperador, dera ordem para a parada de toda a frota.

Este, por sua vez, havia se levantado de sua poltrona na cabine de comando, onde parte de seus principais auxiliares estavam reunidos. Tendo se aproximado da janela espacial, permanecia mudo frente à visão indescritível do que restara de seu lindo planeta. Apesar de sua longa compreensão da vida e de sua continuidade, seu semblante refletia a profunda dor que lhe oprimia o peito naquele momento. Um momento de constatação da loucura de uma civilização e da aparente fragilidade de outra, ambas magníficas em diferentes aspectos. E ambas destruídas. Um silêncio respeitoso de consternação, quase de prece, pairou entre todos os tripulantes de todas as naves. Todos sabiam que Morg também não resistiria à tamanho impacto, embora seus destroços não pudessem ser visíveis em sua dimensão.

Erg havia sido totalmente destruído, restando como sobreviventes apenas aqueles poucos seres abnegados e sua preciosa carga. Em meio às invasões e ao desfecho inevitável, que pensavam seria apenas o abandono do planeta, 600 casais de homúnculos ainda animalescos, habitantes das montanhas do norte, foram salvos nas naves maiores. Essa região foi ignorada pelos morgs, já que os cérebros primitivos de seus habitantes não os interessavam.

O imperador, em sua infinita sabedoria, pretendia também colonizar o novo planeta e, além de saber que esses homens primitivos, chamados de Thugs, poderiam ser usados pelos morgs em horríveis experiencias, se deixados para trás, sentia-se na obrigação de não deixar desaparecer a raça humana naquele sistema solar. Para sua tristeza, centenas não puderam ser trazidos. Os ergs, há milhões de anos, também estavam entre os missionários e jardineiros cósmicos da galáxia, tendo participado de milhares de missões. Hylion, o imperador, pretendia desenvolvê-los através dos milênios, até sua independência no novo planeta, quando fossem intelectual e moralmente homens superiores.

Com o desaparecimento do planeta apenas 42 ergs sobreviveram. O restante da dizimada população foi conduzida para o plano astral de Vênus. Quanto aos morgs, muitos ficaram presos em Erg, desaparecendo com a explosão. Apenas uma de suas naves teve tempo de escapar da atmosfera do planeta ao perceber as ondas energéticas de calor que vinham do norte e voltar para Morg. Mesmo situado em outra dimensão, o planeta invasor sofreu também os efeitos da explosão e teve sua maior parte física destruída. Todavia, a desorganização de seu astral foi completa, acabando com os corpos astrais de seus habitantes e jogando-os para um estado de vida suspensa, entre os mundos mental e astral do que restara de Morg.

Isto é, como se não estivessem nem vivos e nem mortos.

Os poucos milhares de sobreviventes, encolhidos na porção que restara de seu planeta, incluindo seu imperador Rakasha, nada puderam fazer a não ser observar o eixo do planeta ir, milimétricamente, se inclinando, mostrando sua aniquilação em futuro próximo. Logo perceberam que precisavam encontrar outro globo com plano astral semelhante ao seu para se refugiarem. A solução seria se estabelecerem em um plano etérico, onde poderiam adensar suas vibrações e trazer aqueles retidos em vida suspensa.

O planeta escolhido também foi Vênus.

E assim começou o embate entre morgs e ergs, que, veladamente, dura até os dias atuais.

Vida suspensa

Em algum lugar os magos refletem sobre a dificuldade dos homens comuns em compreenderem conceitos como vida suspensa. Para seres que já estão num estágio de evolução de consciência e não mais física, podendo renovar suas energias à sua vontade, estar em vida suspensa é simplesmente estar à espera de nova oportunidade na matéria, independentemente dessa matéria ser mais ou menos densa ou semelhante daquela com a qual estavam acostumados. Não se trata, portanto, como se poderia pensar, de estar morto da forma que se entende na Terra, mesmo que seus corpos, ainda que muito rarefeitos, tenham sido destruídos. São seres que, em sua maioria, há muito abandonaram a roda das encarnações compulsórias, estreitando seus laços com a grande consciência cósmica. Deixam seus sutis corpos materiais de forma voluntária para integrar-se a ela, apenas quando acham que sua atuação direta de amor pelo universo não se faz mais necessária individualmente. Quando existe um desequilíbrio gigantesco que os arranquem de seus corpo, bruscamente e de maneira aleatória, como na explosão de Erg, por exemplo, permanecem num estado de inconsciência, o que lhes impede de adensar novamente seu invólucro físico. Neste estado, podem ou não ser despertados nos locais onde estão estacionados por seres ainda mais evoluídos que eles, que estejam, naturalmente, de posse de seus poderes mentais plenos. Assim, os mais despertos conseguem, não apenas transitar livremente pelos diversos sub planos da matéria, como até mesmo escolher um deles para ficar de forma mais ou menos permanente, como aconteceu com os líderes dos morgs, que decidiram mudar-se para um sub plano inferior de Vênus quando o eixo de seu semidestruído planeta continuou a inclinar-se de forma terminal. Porém, num confronto mental com outros com os mesmos poderes, mesmo esses podem ser aprisionados em determinado local, como os ergs fizeram com os morgs, ao mantê-los nos sub planos inferiores do planeta Terra. Além disso, também são capazes de transferir seres inconscientes de sub plano ou até mesmo de planeta, como fizeram Hylion e seus companheiros quando tiraram todos que estavam nesse estado de Vênus, tanto ergs como morgs, levando-os para os planos sutis da Terra, onde ficaram estacionados enquanto o segundo projeto de colonização era preparado, aguardando o momento apropriado para reencarnar. Uma grande operação mental foi conduzida para conter os líderes dos morgs por eras, pois desejavam, a todo custo, despertar os companheiros mantidos no estado de vida suspensa, enquanto os ergs compreendiam a necessidade de seus irmãos passarem pelas experiências de corpos mais densos. Posteriormente cada raça enfrentou suas dificuldades na matéria e aproveitou como pôde suas oportunidades.

5. Exílio voluntário - Vênus

Há muitas moradas na casa de meu Pai; se assim não fosse, já eu vos teria dito, pois me vou para vos preparar o lugar.

João 14: 1-3

Vênus termina por se tornar o refúgio das duas raças: ergs e morgs. Os primeiros em seu plano físico e os segundos, muito tempo depois, num plano astral. No princípio, os únicos habitantes desse plano astral, em estado de vida suspensa, foram os ergs mortos na destruição de seu planeta natal. Quando se pretende dizer que os morgs demoraram algum tempo para chegar à Vênus, isso significa alguns milhões de anos no nosso tempo. Para eles algo quase insignificante. Nesse meio tempo os ergs, praticamente, abandonaram seus corpos físicos, pois, mesmo que muito sutis, se faziam desnecessários. Isso lhes permitia uma movimentação mais ágil e nenhum dispêndio de energia. Podiam adensá-los à sua vontade da mesma maneira como os morgs anteriormente o faziam.

Num piscar de olhos, usando apenas técnicas de pensamento quântico, a cidadela de Kendom Silá foi reconstruída, assim como seu belo palácio de cristal. Anteriormente, em Erg, usado apenas como residência do imperador e sede do governo, o enorme palácio servia agora como morada para toda aquela fraterna e evoluída família de 42 ergs. Formada por uma tragédia e unida pelo amor desinteressado por todos os seres do universo, viviam e trabalhavam juntos. Não restava dúvida que o melhor daquela civilização havia sido preservada. Outras grandes construções periféricas, todas plasmadas da mesma maneira, pareciam ser feitas do mesmo material translúcido do palácio. E, como ele, suas linhas eram suaves, brilhando todo o tempo. Além disso, todas as construções emitiam lindas vibrações coloridas que podiam ser percebidas e sentidas mesmo ao longe.

Essas construções serviam às mais diversas finalidades, como, por exemplo, laboratórios de biologia que trabalhavam intensamente com os Thugs, acelerando seu desenvolvimento com mutações genéticas de seu DNA, por exemplo. Eles foram, aos poucos, instalados em diversos lugares do planeta, especialmente preparados para recebê-los e dar-lhes condições de vida, com vegetação abundante, meios de subsistência e abrigo. Estes seres se encontravam, ao chegar, no estágio de evolução dos antigos homens terráqueos das cavernas. Por milhões de anos foram passando por transformações físicas, sendo dotados do mental no momento apropriado. Antes disso, como se sabe, não tinham noção de sua individualidade, isto é, de si mesmos, reconhecendo apenas a própria raça, como o fazem a maioria dos animais em nosso planeta ainda hoje.

Os grandes sacerdotes Agazyr e Zukov, por sua vez, em outros laboratórios em torno do palácio, lideravam turmas de cientistas que trabalhavam na estabilização e melhoria dos corpos suprafísicos do planeta, onde se encontravam, ainda inconscientes, os antigos habitantes de Erg vitimizados pelas ações do átomo desdobrado. Esses corpos suprafísicos não tinham sido abalados pela explosão dos planetas como aconteceu em Morg. Tão somente encontravam-se ainda em fase de formação.

Trabalho difícil, pois isso implicava também no aprimoramento constante dos próprios ergs remanescentes, já que seus pensamentos influíam diretamente nos demais corpos do planeta. E, naturalmente, eram também absorvidos pelas consciências dos Thugs que por lá transitassem em algum momento entre duas existências na matéria. A proposta para o desenvolvimento dessa raça previa o menor índice possível de desacertos éticos e morais, o que viabilizaria uma trajetória reta, sem transtornos como disputas, vaidades, egoísmos, etc. Uma tentativa de acelerar seu adiantamento de forma extraordinária, o que, realmente, acabou acontecendo nos milhões de anos que se seguiriam.

Logo nos primeiros tempos, viajando por outras regiões da galáxia, e tendo contato com outras civilizações que tinham observado os nefastos acontecimentos, o grupo liderado por

Gabor, o dedicado comandante da frota espacial, já sabia que o autor do desatino que havia deflagrado a explosão nuclear tinha sido um dos governadores da região norte. Ratinov era seu nome. O grande imperador atinava, de quando em quando, sobre as coisas que levavam alguém a cometer atos de loucura. Ratinov tinha sido seu grande amigo e assim como os demais, se encontrava também em vida suspensa no astral do planeta.

"Teria ele adquirido um carma?" – pensava Hylion, mesmo sabendo a resposta óbvia para suas indagações.

Em outros edifícios grupos trabalhavam sem descanso no decorrer de tempos sem fim, no aprimoramento moral daquela nova raça. Usavam como uma de suas estratégias, tirar proveito da ingenuidade própria de seu estágio primitivo de desenvolvimento, que os fazia ver os ergs como deuses, ensinando-lhes o que era ou não adequado na grande lei cósmica.

O mesmo aconteceu na Terra por milhares de anos, quando adorávamos deuses de barro, divinizávamos seres de outros planetas ou, simplesmente, oriundos de lugares mais adiantados no próprio planeta. Porém, o desenvolvimento das raças na Terra não se deu de forma linear, como em Vênus. Aqui, muitas civilizações passaram longos períodos em estágios mais atrasados em relação a outras, sendo dominadas ou até mesmo dizimadas sem piedade. A qualquer acontecimento tido como miraculoso prostrávamo-nos ao chão, entre temerosos e curiosos.

Se nos colocássemos na posição de ver o mundo pelos olhos dos Thugs, com seres luminosos aparecendo e desaparecendo à sua frente, também os veríamos como deuses. Deuses que vinham, de quando em quando, para amparar e orientar. Após serem dotados de mente, esse artifício ajudou grandemente o desenvolvimento moral e intelectual da raça, pois estes deuses nunca pretenderam dominá-los, roubá-los ou escravizá-los, como poderia ter acontecido facilmente. No decorrer desse tempo, relativamente rápido sob a ótica desses seres estelares, apesar da impressão de milhões de anos passados em nossos paradigmas, em determinado momento percebeu-se que o mesmo desequilíbrio vibratório sentido em

Erg, na época que antecedeu o início da invasão de mentes, voltava a perturbar as mentes sensíveis dos habitantes de Kendom Silá.

No palácio, a pedido do imperador, todos os ergs estavam reunidos. Pelas paredes translúcidas avistava-se um grande jardim repleto de flores das mais extraordinárias nuances e perfumes. Pequenas alamedas percorriam os canteiros, traçando delicados caminhos onde confortáveis bancos estavam instalados. Árvores dispostas de forma harmoniosa de ambos os lados das alamedas, em muitos pontos, tinham seus frondosos galhos se cruzando sobre elas, formando pequenos túneis sombreados.

Adensando suas vibrações para a reunião, podiam-se perceber os sorrisos amigáveis e as mentes tranquilas daqueles seres, mesmo frente aos recentes distúrbios na atmosfera do planeta. Trabalhadores das zonas de povoamento haviam notado certa agitação de seus protegidos aqui e ali, necessitando a interferência invisível de suas mentes poderosas no sentido de apaziguá-los e até mesmo adormecê-los, temporariamente, em algumas tribos.

Reunidos numa espécie de salão onde se notava um mobiliário simples e ao mesmo tempo confortável, os ergs transitavam por ali e conversavam animadamente em pequenos grupos. Não se mostravam preocupados, como se já esperassem aqueles distúrbios vibratórios, mais cedo ou mais tarde. Além disso, sabiam, exatamente, de onde eram originários. De seus corpos temporários uma discretíssima e harmoniosa luz era emitida, variando sutilmente de acordo com seus pensamentos. Todos esperavam a chegada de seu imperador, que não tardou a acontecer, sendo saudado de forma efusiva e amistosa, como era comum entre os ergs ali residentes.

Hylion demorou-se trocando uma palavra e um abraço com cada um dos presentes, como era mesmo seu hábito fraternal. Com seu jeito calmo e atencioso passeou pelo ambiente trocando ideias com cada grupo, ouvindo de seus progressos com atenção e, como sempre, dando incentivo a todos. Depois de um tempo foram se acomodando nas poltronas disponíveis aguardando a habitual saudação do imperador, que sempre propunha a elevação das mentes em favor de todos os seres do universo.

A palavra foi concedida a Zukov, na explanação sobre os últimos acontecimentos observados no astral do planeta. Trabalhando nesse problema nos últimos tempos, juntamente com sua equipe de cientistas, descobriu que as anomalias eram oriundas de sub planos inferiores. Obviamente elas só poderiam estar sendo causadas por uma tentativa de invasão de seres poderosos, com energias muito diferentes dos planos equilibrados de Vênus. Com incursões secretas àquelas regiões, os ergs, comandados pelo grande sacerdote, logo souberam que, uma vez mais, os morgs se aproximavam de sua raça.

Não era novidade para aqueles seres iluminados que isto aconteceria, mais cedo ou mais tarde, pois bem sabiam o estado lastimável do que havia restado do planeta Morg, com seus sub planos completamente irrecuperáveis. Monitoravam os ciclos para a verticalização de seu eixo e destruição total do que restara, o que sabiam estava prestes a advir. Também não seria surpresa se quisessem se instalar nos sub planos de Vênus, muito propício para uma tentativa de trazer de volta à vida os morgs mantidos em vida suspensa no caos que reinava em seus planos sutis. Nenhum problema haveria se o planeta escolhido fosse outro, pois neste onde os ergs exerciam suas atividades de jardineiros cósmicos, semeando a vida humana no sistema solar, também havia milhares de ergs estacionados em seu astral superior, igualmente em vida suspensa.

Estavam temporariamente inconscientes, enquanto aguardavam o desenvolvimento geológico e fisiológico do planeta Terra, no mesmo sistema solar, onde os 42 ergs sobreviventes também exerciam intensa atividade, auxiliando outros semeadores de vida oriundos de outras constelações, como Órion, Sírius e Plêiades, especialmente. Era comum seres adiantados de vários planetas se unirem em missões para nobres objetivos por toda a galáxia. Seriam enviados para lá no tempo devido para reiniciar sua caminhada. Os ergs não tinham interesse em despertá-los no astral, como pretendiam fazer os morgs com os de sua raça. Seria muito mais eficiente voltarem para um mundo de matéria mais densa para acelerar seu desenvolvimento. Depois, se possível, dependendo do esforço de cada um, todos voltariam para seu lar original em Erg.

Zukov alertou a todos os presentes na reunião que os morgs sobreviventes já estavam instalados no astral mais inferior do planeta Venus e, com certeza, pretendiam tomar todos os outros sub planos para trazer todo seu povo. Rakasha pretendia reinar com tranquilidade ao se estabelecer por lá. Enquanto todos comentavam os detalhes daquela explanação, Hylion permaneceu de olhos baixos, pensativo. Sua postura não demorou a ser notada, fazendo-se um silêncio imediato, levando-o a sorrir e levantar a mão, quase se desculpando. Em sua grandeza não possuía qualquer vaidade ou apego à sua posição de liderança. Continuou a sorrir enquanto se dirigia ao grupo querido que continuava firme a seu redor na missão divina desde o começo daqueles tempos.

– Irmãos do meu coração. Cá estamos novamente às voltas com esta raça que ainda não descobriu o caminho do amor maior. Nem do menor, pelo visto.

Todos sorriram com a discreta brincadeira enquanto o imperador se propunha a continuar.

– Sabíamos que este dia chegaria, como também sabemos que eles não desistirão sem querer lutar.

– Senhores – interrompeu Liver, especialista na altíssima tecnologia das naves espaciais, dirigindo-se a Hylion e Zukov, sentados lado a lado – tenho a impressão de que o sub plano por eles ocupado não nos faz nenhuma falta, pois jamais algum ser deste planeta passará por lá. E tampouco nosso povo em vida suspensa, que ocupa o superior.

Naquela sociedade iluminada todos podiam se manifestar livremente, independentemente de seu posto hierárquico, que, no fundo, representava apenas as tarefas que cada um havia abraçado ao longo da vida e não um poder por si mesmo.

– Tens razão Liver – adiantou-se Zukov – não precisamos dele, mas o problema é que Rakasha jamais se contentará em ficar apenas lá. E para tomar todos os sub planos, só destruindo toda e qualquer vida neles estacionada.

Hylion meneou a cabeça concordando enquanto vários

outros faziam o mesmo gesto, sem perceber. Tinham quase esquecido do caráter predador e ambicioso de seu oponente.

O chefe de armas, Gabor, tomou a palavra.

– Todavia, desta vez, jamais nos venceriam. Informado por nossos altos sacerdotes, que nos pediram ação imediata, agimos imediatamente e eles sequer perceberam, até agora, que já os aprisionamos naquele sub plano. Desta vez, meia dúzia de morgs, despreparados como estão, não seriam páreo para nós, senhor.

– Eu soube dessa brilhante estratégia e vos agradeço pela iniciativa e presteza. E é a mais pura verdade, meu irmão, que agora poderíamos derrotá-los facilmente – declarou o imperador antes de continuar – porém, devemos lembrar de nossos princípios da manutenção da vida e jamais pensar em destruí-la. Mesmo que sejam as vidas desses seres que já nos deram tanto trabalho. Talvez estejam nos proporcionando novas oportunidades? – sugeriu.

Até mesmo Gabor sorriu frente a palavras tão óbvias.

Hylion continuou:

– Renunciamos a nosso belo planeta e poderíamos muito bem abrir mão desse sub plano inferior, caso não suspeitássemos das intenções sempre negativas e desequilibradas dos morgs. Neste caso, milhões de vidas que se encontram no astral do planeta sendo preparadas para encarnarem na Terra em momento apropriado, dependem totalmente de nossa proteção. Não temos o direito de negar-lhes a continuação de sua evolução – suspirou pensativo um momento e concluiu – se Rakasha trouxer os demais morgs e depois iniciar o processo de despertá-los, digamos assim, poderemos não escapar à possibilidade de lutar.

Todos se entreolharam pensativos, como a querer saber o que fazer. Qual seria então a solução para o dilema? Agazyr, o outro sacerdote superior, se adiantou a todos e explanou sua ideia, já muito debatida com Zukov e com os demais sacerdotes responsáveis pelo equilíbrio do astral.

– Não tivemos tempo sequer de expor nosso plano ao imperador, mas é muito simples. Vamos, simplesmente, convencê-los de sua inferioridade e oferecer-lhes o astral da Terra, que já é visitado, em seus diversos planos, por todo tipo de ser belicoso e ignorante. Ao contrário de Vênus, Bhumi, o planeta azul, ainda engatinha em todos os sentidos, e seu desenvolvimento moral será muito demorado devido aos embates entre os diversos povos e raças que lá se encontrarão no futuro. Assim sendo, os morgs não terão nenhuma atuação nefasta em qualquer sub plano que cause grande dano ou que não encontre resistência de outras consciências semelhantes.

Como todos denotassem agradável surpresa com a engenhosidade da ideia, incluindo Hylion, Agazyr continuou:

– Jamais conseguirão invadir algum plano superior do astral e assim, em algum momento, precisarão encarnar no planeta, o que lhes parecerá muito proveitoso, tendo em vista sua incrível superioridade em questões de manipulação mental. Sua ganância pelo poder os fará acreditar que dominarão todo o plano físico da Terra.

– A ideia toda é mais que brilhante meus queridos amigos – comentou entusiasmado o imperador dirigindo-se ao grupo de sacerdotes que sorria placidamente, como se não fosse nada demais.

– Além disso, meu senhor – falou Zukov respeitoso – como bem o disse, sabemos que nossos irmãos de Erg também irão encarnar naquele planeta em algum momento. Continuaremos a nos reencontrar por muito e muito tempo ainda. Isso poderá causar muitos embates, mas também dar a todos grandes chances de reconciliação através das eras vindouras. De qualquer maneira, como a humanidade terráquea estava mesmo sendo considerada com apenas duas raças dominantes, ao contrário do que aconteceu anteriormente, pode ser que o universo esteja nos mostrando o caminho do equilíbrio.

Por todo o ambiente palavras de concordância e animação predominaram. Logo, alguém do departamento do trabalho fraterno se lembrou que urgia revelar esse plano para os missionários de outros planetas que trabalhavam na regeneração da Terra. Em seguida outros de sua equipe se ofereceram para fazer um levantamento para uma reunião com os demais dirigentes do projeto em curso no planeta. O imperador, visivelmente satisfeito, agradeceu o empenho e alegria de todos pelo trabalho e amor desinteressados e se levantou, sendo seguido por todos. Unindo as mãos ao peito recitou:

– Que assim seja meus irmãos queridos.

– Porque assim será – recitaram todos a uma só voz.

E assim foi. Milhões de anos depois esse destino se cumpriria, com os morgs encarnando em formas primitivas no ancestral continente de Mú e os ergs, milhares de anos depois, na Atlântida original, em condições muitíssimo melhores.

Carma

Em algum lugar os magos refletem sobre algumas filosofias terráqueas sobre o carma. Mas, o que seria isso? Para o homem da Terra carma é algo punitivo, ruim, um fardo a ser carregado, muitas vezes por uma ou mais existências. Não param para pensar que aquele ser que aparentemente sofre, pode estar encarnado num lugar ou situação difícil, por exemplo, apenas para despertar a vontade dos demais de serem mais contributivos com o universo ou terem mais compaixão. E não porque, necessariamente, fez o mal. Quando o homem passa pela dor, física ou emocional, pode ou não compreender e crescer. Aproveitar ou não a oportunidade. Nos melodramas individuais, tão valorizados pelos homens mais atrasados, as escolhas podem ter sido através de seus pensamentos, que após ilusórios fracassos em vidas passadas, inconscientemente, decidem ajudar de novo numa próxima ocasião, custe o que custar, pessoas de seu grupo primordial que se desgarraram, por exemplo, queiram elas ou não. De fato, os desejos, os julgamentos, geralmente, são simples desrespeitos pelas escolhas alheias, isto é, atos de prepotência que podem gerar um carma. À grosso modo, na sucessão das passagens dos egos pela matéria, pode-se notar núcleos próximos muito desequilibrados, pois o universo providencia esses arranjos como uma lei natural de atração. O julgamento entre o certo e o errado é difícil, já que todo oposto faz parte de um mesmo equilíbrio. Ele, assim como os desejos, conduzem o ser para seus carmas. Invade ou se deixa invadir pelos desejos alheios, entre outras coisas. Quanto mais o indivíduo deseja, mais ele sofre e se decepciona enquanto vai criando outros carmas, pois é trabalhoso acatar as decisões ou os caminhos alheios. Desta forma, o ser precisa não apenas eliminar o conceito de disputa entre o que julga ser a escolha mais ou menos correta, como desapegar-se e perceber que sempre existe mais de um caminho. Os homens esquecem de suas origens, de suas almas, digamos, e vivem apenas em seus melodramas passageiros, isto é, naquela existência em particular. "Você é mau e eu vou acabar com você". Ou então "Você vai se endireitar de qualquer jeito, não importa o que aconteça ou o tempo que levar". Em ambos os exemplos pode-se notar um velado "Não aguento mais isso", além de coexistirem desejo e julgamento, coisas que na sucessão das existências só vão gerar culpa, raiva, medo ou decepção, prolongando o impasse. Como se observa, a compaixão e o respeito, o agir ou simplesmente o afastar-se, podem determinar o fim de um próximo carma. De qualquer forma, o carma nunca é bom ou mau, ele simplesmente existe.

6. Das trevas para a luz – a jornada terrestre recomeça

Não podes modificar o mundo na medida de teus próprios anseios, mas podes mudar a ti próprio.

Emmanuel

A ancestral história da raça humana ainda passaria por muitos altos e baixos até que civilizações esplendorosas surgissem na Terra. Todavia, em Vênus, graças ao trabalho incessante, objetivo e amoroso dos ergs, toda a raça já havia alcançado níveis altíssimos de evolução. Os Thugs originais haviam se transformado, através de milhões de anos, em seres iluminados, exatamente como seus tutores de Erg. Criados livres de contendas e paixões, praticamente sem percalços, se desenvolveram moral e eticamente em extraordinária velocidade, não sabendo o que era o egoísmo ou o simples desejar, por exemplo. Já se assemelhavam a seus pais estelares em quase tudo, tendo, inclusive, desenvolvido o sentido nato da necessidade de semeadura da vida no universo. A humanidade de Vênus se encontrava, nestas alturas, milhões de anos à frente do desenvolvimento do homem da Terra e, assim como Hylion, que um dia se propôs a adotá-los como filhos queridos e cuidar de suas necessidades, os mais adiantados da raça se propunham agora a fazer o mesmo por outro planeta.

Mesmo fazendo parte do mesmo Sistema Solar, os venusianos estavam muitíssimos ciclos evolutivos à frente da insipiente humanidade terrestre, que ainda se encontrava nos estágios iniciais de seu desenvolvimento, tendo em vista que ainda viviam como os Thugs trazidos um dia de Erg. Os venusianos estavam decididos a continuar o trabalho de seus mentores, que, naturalmente, já compreendiam não serem deuses.

Grande foi o entusiasmo de Hylion e dos demais membros da família erg quando receberam, no grande palácio de cristal, a visita de representantes do grupo que se propunha a cuidar do desenvolvimento da raça humana em Bhumi. Ergs e venusianos, neste momento da história universal, já eram amigos mais que fraternos. Era sempre uma festa quando venusianos chegavam à cidadela de Kendom Silá. Naturalmente, já havia no território, a pedido do próprio imperador, sempre interessado em estreitar laços e tratar a todos como iguais, muitos representantes de Vênus, que ali trabalhavam ou estudavam, se revezando em seus cargos há tempos incontáveis.

Um grupo formado por aproximadamente 25 altos sacerdotes e cientistas da mais alta evolução e tendo à frente um ser quase divino de nome Sanat Kumara, se apresentou ao imperador nos jardins do palácio naquela linda tarde de clima ameno e aconchegante, portando corpos adensados para a ocasião. Os jardins continuavam sempre belos e renovados com carinho pelas mentes poderosas dos cientistas botânicos, tanto de Erg como seus companheiros de Vênus. Em todos os departamentos que administravam os vários aspectos da vida, já havia venusianos auxiliando e até mesmo dirigindo, com muito amor e competência, muitos deles. Todos filhos da mesma grande consciência universal.

O governo central do planeta já tinha sido, há muito, transferido para as mãos dos próprios venusianos, que construíram sua capital na região fronteiriça a Kendom Silá, lindamente nomeada como Daya, a cidade da compaixão. Um lindo planeta, em tudo semelhante a Erg, iluminava e espargia suas fortes correntes energéticas de paz, equilibrando todo o espaço sideral à sua volta. Energia que emanava das mentes poderosas e amoráveis de seus habitantes.

Os ergs, em suas especialidades e, em especial, Hylion, tinham se transformado numa espécie de conselheiros do governo, respeitados e queridos por todo o povo do planeta. Ergs e venusianos trabalhavam em grande harmonia há milhares de anos. Até porque eram todos originários do mesmo planeta e da mesma raça. Mesmo assim, os demais ergs, ainda retidos no astral superior do planeta continuavam inconscientes, aguardando o tempo da encarnação na Terra, cujo preparo estava agora sendo passado para as mãos dos venusianos.

O sumo sacerdote, ativo trabalhador e estudioso cientista

das modificações genéticas das raças que se sucederam no próprio planeta, e em vários outros, ao longo de incontáveis ciclos de vida, foi recebido com alegria pelo próprio imperador. Apesar da austeridade de ambos, não se furtaram a um grande e afetuoso abraço de velhos amigos, como sempre. De fato, os dois sábios costumavam se reunir com frequência para longas conversas em passeios pelos canteiros sempre floridos dos jardins do palácio ou pelos largos passadiços que imitavam madeira, caprichosamente construídos em ambas as margens do rio que dividia as duas cidades. Postes ornamentais com suas luzes coloridas e que pareciam pender do nada, colocados em distâncias variadas ao longo dos passadiços, davam um ar de antiguidade ao parque em volta do rio, onde muitas pessoas aproveitavam momentos de inspiração, alegria e tranquilidade em pequenos grupos.

Durante muito tempo, os remanescentes de ergs e os eleitos de Vênus trabalharam, arduamente, no planejamento para a realocação do homem no planeta Terra. Sabiam que, mais cedo ou mais tarde, nas voltas divinas da grande consciência universal, a atenção do cosmos e a vaga de vida daquele pequeno Sistema Solar estariam totalmente voltadas para o planeta azul, que viria a ser exuberante canteiro para uma nova humanidade. Vale lembrar que os venusianos, seguindo seus pais amorosos, também se preparariam, ao longo dos milhões de anos que viriam, para abandonar seu planeta numa gigantesca operação de mudança para planeta no centro da galáxia, ainda mais preparado para receber a raça L, que estaria alcançando evolução inimaginável.

Além disso, com a vida na Terra sendo implantada, o planeta Vênus também começaria a entrar em obscurecimento, o que não faria nenhuma diferença, até porque já lhes seria desnecessário. Enquanto isso, as primeiras raças dotadas de mental da Terra, isto é, já com noção de si próprias, começariam suas primeiras migrações dentro do planeta, quer em função de cataclismos cuidadosamente gerenciados por seus tutores, quer pelas necessidades de colonização.

Depois das formalidades entre todos, pequenos grupos de amigos, que há décadas laboravam juntos, se formaram espontaneamente em conversas animadas, enquanto o imperador, mais Zukov e Agazyr, convidavam Sanat Kumara e dois de seus principais discípulos, Devi e Arya, para se dirigirem a uma pequena varanda natural formada pelas raízes de frondosas árvores e sombreada por suas copas majestosas. Aproveitando suas formas arredondadas, grandes poltronas foram colocadas em círculo no local.

Ergs e venusianos adensavam seus corpos físicos com aparências semelhantes: muito altos, esguios e quase luminosos. Olhos claros e cabelos soltos. Usavam roupas que pareciam se ajustar a seus corpos, como se fossem algo único. Depois de algumas poucas conversas amáveis sobre a beleza do lugar, coisas que os venusianos faziam sempre questão de pontuar, mesmo que suas construções fossem igualmente belas, Hylion tratou de colocar seus convidados ainda mais à vontade, iniciando o assunto que os havia trazido naquele dia tão especial.

– Sei dos últimos preparativos de tua próxima incursão ao planeta Bhumi, caro Sanat – falou jubiloso e com a afetuosidade que sua amizade permitia.

Depois de um momento em que parecia pensar exibindo um discreto sorriso, o sacerdote meneou a cabeça concordando.

– É verdade, amigo. Como sabes, é chegada a hora de retomar a semeadura da vida na Terra. Depois do aparente fracasso da primeira tentativa, digamos assim, pois, de fato foi muito proveitosa, nossos irmãos de Órion, das Plêiades e de Sírius, além de outros orbes, se retiraram por milhões de anos terrestres, deixando o planeta mergulhado no silêncio – fez uma pequena pausa, para depois continuar – esta é nossa oportunidade de colaborar com o generoso Sistema Solar que nos abriga.

– Lembro-me das primeiras vezes que fomos verificar as condições existentes em Bhumi e voltamos um tanto preocupados com a precária situação natural do globo – disse Zukov, entre feliz e pensativo, aproveitando a pausa do amigo. Feliz, porque as coisas haviam melhorado muito desde então com o árduo trabalho de seres de vários planetas para dar ao planeta condições orgânicas de receber vida humana, e pensativo, ao antever o enorme trabalho que os venusianos teriam pela frente.

Lendo seus pensamentos, Arya sorriu e atalhou:

– Bem, tivestes o mesmo trabalho conosco, caros amigos, e não vos vejo reclamando de coisa alguma.

Ninguém conseguiu segurar um sorriso. O bom humor era uma marca própria da sabedoria daqueles seres iluminados e comprometidos com o amor universal. Como numa orquestra afinada os seis mestres ali reunidos expandiram suas consciências e revisitaram Bhumi. As condições climáticas e geográficas já se mostravam adequadas e milhares de seres, degredados de outros orbes começavam a reencarnar com formas assemelhados aos primitivos Thugs, sem diferenciação de sexo e tampouco sem consciência de si mesmos. Ao retornarem, um breve silêncio reinou, com todos mergulhados nos próprios pensamentos e considerações. Foram interrompidos por Arya, que, alegremente, como sempre, os fez lembrar que tudo caminhava bem e de acordo com as leis do Universo. Depois ponderou:

– Urge nossa monitoração mais próxima do planeta, pois devemos concentrar num só ponto essa população que está sendo arregimentada por nossos companheiros das constelações que por lá já atuaram como jardineiros cósmicos, como bem sabeis. Milhões de anos terrestres se passaram desde o aniquilamento daquela civilização magnifica, mas agora, felizmente, eles voltam para nos ajudar na tarefa.

Frente à grandiosidade da obra que estava à frente dos venusianos, o também sempre bem-humorado Zukov tratou de relaxar o ambiente:

– Sim. Está na hora de vos tornais deuses, amigos – falou provocando novo sorriso do grupo, para depois completar – nós já tivemos nossa cota aqui em Vênus e garanto que, às vezes, de tão chocante, chega a ser assustador ou até mesmo divertido ser tratado como um deus.

– Sim – concordou Agazyr, até então calado – estranhos caminhos a natureza humana percorre na jornada de sua iluminação. A ignorância chega a ser uma benção, transformando seres ainda em estado animalesco, temerosos e humildes, em criaturas quase angelicais.

Devi, sempre o mais recatado, ouvia a conversa ao mesmo tempo que apreciava o jardim e os parques ao longo do rio que eram avistados dali. Um rio não muito largo, mas cheio de alegres corredeiras pontilhadas de grandes pedras, que faziam as águas subirem em pequenas ondas espalhando espuma para todos os lados. Uma linda e brilhante ponte em forma de arco unia as duas margens. Do outro lado Daya se erguia majestosa, com centenas de edificações arredondadas, dos mais diversos tamanhos que, ao contrário da atual Kendom Silá, pareciam suspensas no ar, lembrando o cenário longínquo das cidades do perdido planeta Erg.

Objetos voadores de tipos variados cruzavam os céus em diferentes alturas, na mais absoluta ordem e silêncio, enquanto ao rés do chão tudo o que se via eram enormes bosques com pequenos animais soltos entre as árvores, muitas frutíferas, e arbustos. Parques floridos também podiam ser avistados por todos os lados, com amplos gramados e lagos artificiais. Num deles alguns jovens conduziam pequenos botes individuais que podiam pairar no ar sobre as águas, se quisessem. Mas, é claro que todos queriam navegar e se divertir em algo tão pouco usual. Em plataformas flutuantes, que também se movimentavam entre os cones por onde os botes circulavam, se notava a presença de instrutores atentos dando orientações.

Enquanto isso crianças menores faziam pequenas algazarras correndo pelos gramados em animadas brincadeiras atrás de enormes bolas que pareciam girar sozinhas. As bolas mudavam repentinamente de direção, o que tornava tudo mais divertido. Ou então se desafiavam manipulando ou então subindo e descendo de enormes aparelhos fosforescentes, dos mais diversos tipos, e que mudavam de cor e posição a cada toque ou cada som emitido, para a alegria dos pequenos.

Muitas outras atividades se desenvolviam por ali, envolvendo acaloradas partidas de esportes diversos ou simples piqueniques nas muitas áreas destinadas para esse fim. Outros se distraiam com telas holográficas, onde jogavam algum tipo de entretenimento ou então estudavam em grupos. Pequeninos teatros ao ar livre, com suas conchas acústicas e algumas fileiras de degraus onde se acomodavam pequenas plateias em poltronas interativas, eram dotados de extraordinários recursos de som e imagem, sendo usados para ensaios e apresentações de teatro, dança ou música.

Logo se percebiam aqui e ali, grandes construções coloridas e avarandadas de um só andar, que serviam de escolas, ficando claro de onde vinha toda essa movimentação. Todos os educandários ficavam nesse nível para proporcionar aos alunos, dos mais diversos estágios de educação, o contato permanente com a natureza. Dedicados monitores ou professores estavam por toda parte dando assistência a todos, de forma carinhosa.

Interligados por passadeiras deslizantes e por pequenos vagões suspensos quase ao nível do chão, museus, planetários, aquários, enormes laboratórios e todo tipo de construção voltada ao conhecimento, às ciências e às artes se distribuíam pelos diversos campus escolares. Nenhum edifício tinha portas ou trancas, recebendo os alunos em seus confortáveis anfiteatros e praças. A partir de determinada idade cada aluno podia determinar seus assuntos de preferência e a eles se dedicar especialmente.

Num mundo onde não apenas as construções, mas também o clima era controlado por forças mentais ou por alta tecnologia, ao gosto de seus habitantes, as atividades de ensino não sofriam interrupções naturais que pudessem atrapalhar de qualquer maneira. Em cada região do planeta existiam nichos de natureza afeita aos mais diversos climas, cuidadosamente preservados, como montanhas nevadas ou desertos com cânions e rios caudalosos, não faltando praias maravilhosas de temperatura amena ou ainda pequenas florestas subtropicais. Todos os lugares, desde os parques das cidades até os departamentos de áreas preservadas, estavam à disposição de toda a população, dependendo do que cada um apreciava. Em lugares longínquos existiam alojamentos confortáveis, monitores atenciosos para ensinar a cultura do lugar, especialmente aos estudantes, e guias altamente treinados podiam ser solicitados a qualquer momento. Ou a pessoa podia, simplesmente, descansar, caminhar ou explorar à vontade onde bem entendesse. Desfrutar de atividades de inverno ou tropicais. Como preferisse.

Embora com muitos lugares disponíveis, ninguém se interessava em construir uma casa de veraneio, preferindo sempre aproveitar as instalações disponibilizadas à vontade e conhecer todo o magnífico planeta. Além de mais prático, não se preocupavam em acumular bens ou coisas desse tipo. E podiam voltar a seus lugares favoritos quantas vezes quisessem. Uma humanidade que não conhecia o proveito próprio, o lucro exclusivamente pessoal ou a competição, permitia que seus cidadãos trabalhassem em atividades que lhes eram absolutamente preferenciais e prazerosas. Isto é, ninguém executava funções que não lhe agradasse. Assim sendo, ser um cientista, um missionário, um professor de música ou um observador de pássaros, tinha exatamente o mesmo valor.

Desde jovem cada um ia escolhendo a carreira favorita, independentemente da benfeitoria oferecida. Até porque salários não mais existiam e os benefícios eram de acordo com o que cada um queria ou precisava. O que quer dizer que produtos de lojas de todos os tipos, meios de transporte ou residências, por exemplo, não eram vendidos. Cada cidadão, simplesmente, coletava o que ele ou sua família apreciava ou necessitava. Ninguém estocava nada além de suas prioridades, o que ia desde alimentação até os brinquedos das crianças, passando pelo vestuário ou itens de entretenimento ou de comunicação.

O dinheiro ou outros meios pecuniários, como gratificações ou abonos, além de coisas como contas bancárias, por exemplo, também não existiam naquela sociedade generosa e compassiva. Tudo o que era consumido apenas se contabilizava para controle do provimento, da reposição das necessidades de toda a população. E se o indivíduo tivesse queda para o comércio, por exemplo, poderia, simplesmente, trabalhar nos departamentos de comércio exterior ou auxiliar na gerência de toda essa extensa gama de atividades de provimento interno. Enfim, uma impensável e harmoniosa população que pensava no coletivo, sem pressões ideológicas de qualquer tipo. Apenas porque era o correto a se fazer. Apenas para proporcionar segurança, prazer e bem-estar a todos. Apenas porque qualquer coisa que não fosse ser sensível às dores e necessidades alheias era estranho e até curioso. Apenas porque fazer o bem ou amar a todos sem esperar recompensas era o normal. Simples assim.

Assim como os ergs, seus tutores siderais, os venusianos também já estavam num estágio evolucional onde podiam, há milhares de anos, renovar eternamente suas energias, se assim o quisessem, o que significa que não morriam da forma como entendemos. Além disso, da mesma maneira que seus criadores, também podiam escolher, a partir de determinado momento de suas vidas, dependendo de seus interesses, habitar outros planetas evoluídos. Ou, como muitos, inclusive os que estavam se preparando para cuidar do processo da implantação da vida na Terra, se engajar em atividades missionárias por quase todo o cosmos, dos mais variados tipos.

Suas casas eram vibradas, ou plasmadas, para usar um modelo mais compreensível, de forma mais ou menos permanente, de acordo com o gosto de cada um, um pouco acima da superfície do planeta, pois, como já foi dito, abaixo das edificações residenciais, entre muitas outras, era um espaço dedicado à educação e entretenimento na natureza.

E, reforçando, era uma estranha civilização aos nossos olhos, onde o indivíduo até poderia fazer sua casa nas montanhas ou numa praia qualquer, por exemplo, pois ninguém iria impedi-lo. Mas, para eles, as questões óbvias seriam coisas como: por que fazer isso? Por que atrapalhar a harmonia vibratória do planeta burlando experiências anteriores de bem-estar coletivo? Por qual razão querer apenas para si o que poderia ser aproveitado por todos, mesmo que fosse apenas uma paisagem bonita?

Isto é apenas um exemplo, mas algumas atitudes eram tão impensáveis, tão desnecessárias, que sequer eram cogitadas ou desejadas. Ao contrário dos incontáveis embates terrenos, o egoísmo, entre outros defeitos, não tinha, em momento algum, feito parte da história daquele povo. Orientados pelos ergs desde os primórdios de suas civilizações, jamais incorporaram em seus sistemas de crenças nada que não fosse o amor desinteressado ao próximo e a toda natureza. Compreendiam em sua plenitude a unidade e sua permanência na grande consciência universal.

Suas casas eram apenas confortáveis, mas não grandes. Geralmente em um só piso, como um loft, onde todos os cômodos se agregavam num espaçoso salão central de convivência. Paredes translúcidas deixavam à mostra o exterior e sua estranha movimentação, pois as casas eram interligadas em grupos, à vontade de seus proprietários. Certamente amigos, companheiros de atividades ou de trabalho, ou ainda parentes faziam suas residências ao lado umas das outras, podendo ser, dependendo da necessidade, movidas para outros lugares.

A movimentação do lado de fora era interessante, pois grandes pátios, igualmente pairando no ar por forças etéreas, ligavam as casas entre si, formando amplos espaços para as pessoas caminharem, cultivarem gramados ou jardins com lindas plantas ornamentais ou estacionarem eventuais veículos aéreos. Arranjos com mesas e bancos debaixo de caramanchões floridos serviam para os encontros festivos dos vizinhos ao cair das tardes. Esses pátios também eram usados para as crianças brincarem à vontade, pois parapeitos translúcidos e multicoloridos formados por campos vibracionais delimitavam suas bordas, impedindo qualquer tipo de susto para os pequenos. Apesar de seus corpos serem também vibrados, podendo ou não se tornar visíveis à sua vontade, os venusianos preferiam mantê-los adensados, especialmente em suas vidas particulares ou com as crianças, para facilitar o contato entre todos.

Por toda parte eram milhares de ilhas suspensas de convivência onde, inclusive, novas casas podiam a qualquer momento se unir às pequenas comunidades, num rearranjo perfeito proposto por suas mentes poderosas. Cada uma delas representava um ponto brilhante e colorido no céu, cujo tom dependia dos pensamentos emitidos por seus moradores. Na verdade, os venusianos podiam construir, digamos, o que quisessem, mas se limitavam ao necessário para convívio harmonioso.

Locais de trabalho eram, geralmente, coletivos. Edificações de três ou mais andares abrigavam, de maneira confortável e espaçosa, os diversos tipos de atividades. Dependendo das necessidades, essas construções possuíam grandes salões para possibilitar um intercâmbio fácil entre todos. Em cada um deles cada indivíduo plasmava, a seu critério, as condições para o desenvolvimento de seu trabalho. Quando se precisava de mais privacidade, paredes transparentes, ou não, surgiam simplesmente em volta de cada ambiente de trabalho individual ou de reunião, por exemplo. Assim como nas casas, as paredes translúcidas dos edifícios permitiam uma visão perfeita do lado de fora, propiciando deleite e sensação de ainda maior amplidão. Era como se as pessoas vivessem como os pássaros, usufruindo de sua visão privilegiada e liberdade. Também podiam escolher trabalhar em casa, se fosse possível ou preferissem, o que era comum. A liberdade, aliás, era uma das tônicas daquela civilização.

Os jovens estudantes, ao contrário, eram incentivados a frequentar as escolas, para desfrutarem do extraordinário ambiente criado para eles. Aprendiam as maravilhas de uma socialização fraterna, além de auferirem mais autonomia de ir e vir fora de casa ao circular pelos campus acadêmicos, aproveitando, inclusive, todas as possibilidades de uma vida mais perto da natureza.

De uma forma rotineira, as atividades profissionais afins costumavam, naturalmente, se reunir nos mesmos edifícios. Artes em geral, como pintura ou música, além de outras performances artísticas, possuíam seus próprios departamentos de criação e ensaios. Mídias artísticas de alta tecnologia também se desenvolviam nesses espaços. Ciências biológicas variadas, como botânica ou saúde, ainda eram largamente estudadas, mesmo com as doenças tendo ficado no passado. Os cientistas estudavam sempre novas possibilidades, como em áreas de imunidade e traumatologia, por exemplo. Com tantas incursões para fora do planeta, a bioengenharia estava sempre pesquisando e construindo sofisticados sistemas de manutenção da integridade molecular, absolutamente não invasivos, pois era sempre preciso que os viajantes estivessem preparados para cuidar de incidentes entre civilizações mais atrasadas. Desta maneira, hospitais não mais existiam. Pequenos ambulatórios, digamos, de complexidade incompreensível para civilizações menos evoluídas, equipavam as edificações de trabalho, escolas e espaços públicos, além das naves espaciais.

Aliás, as ciências espaciais de altíssima tecnologia, eram muito consideradas. Novas frotas de veículos para longas viagens pela galáxia e capazes de atravessar barreiras de antimatéria ou diferentes dimensões, estavam sempre sendo estudadas e criadas. Naves de pesquisa com diversos e sofisticados laboratórios ou cargueiros capazes de transportar material para construções de estações orbitais de pesquisa estavam sempre em desenvolvimento nas bancadas dos especialistas.

O cosmos ao redor dos muitos planetas nesse patamar de desenvolvimento era bastante movimentado, tendo em vista os laços de diplomacia, fraternidade e cooperação que envolvia a maioria deles, independente da distância que os separasse. Tempo e espaço estavam absolutamente relativizados entre essas civilizações adiantadas.

Enquanto isso, em Kendom Silá, as últimas reuniões de preparativos para as novas incursões ao planeta Terra, que apenas reiniciava seu desenvolvimento, eram feitas. No palácio de cristal o encontro dos velhos amigos continuava.

– O tempo terrestre é tão relativo que passaremos aos homens de seu futuro a impressão de termos lá permanecido por milhões de anos a fio. Quando, um dia, os terráqueos se derem conta disso, já não pareceremos tão heroicos a seus olhos – comentou divertido Arya, provocando um largo sorriso nos demais.

– Isso quer dizer que deixamos de ser heróis para vós por aqui há muito tempo, não é? – arrematou Zukov, desta vez levando todos ao riso.

Difícil imaginar seres tão fraternos e tão desapegados de reconhecimento, cujo único interesse era continuar a obra da grande consciência universal, ao espalhar e cuidar da vida no universo. Depois de muita conversa e atualizações foi a vez de Hylion, o mais adiantado de todos, comentar com sua brandura habitual:

– Grande é a vossa missão filhos queridos do meu coração – fez uma pequena pausa, para continuar a seguir – o espírito planetário de Vênus tutela com gentileza o da Terra, que a cada dia se transforma um pouco mais, preparando-se para a grande aventura de sua autodeterminação. Milhões de seus anos se passarão antes que o primeiro homem a se auto reconhecer e determinar caminhe pelo planeta.

Seus olhos claros percorreram o jardim atrás do som de um pequeno bando dos pássaros que, alegremente, aterrizara por ali. Sorriu, para depois prosseguir, enquanto todos aguardavam respeitosamente:

– Grande também é nossa gratidão por vossa bondade imensa em permitir que nossos irmãos de Erg, ainda estacionados nos planos superiores do astral deste vosso lar, possam receber condições de prosseguir sua evolução em Bhumi, planeta que tão cuidadosamente sei que preparareis para eles – parou por um momento enquanto seus olhos se encontravam com os de Sanat, continuando a seguir – evolução que permitirá, um dia, que todos os ergs, o que vos inclui, se reencontrem em planeta ainda mais adiantado, no centro da galáxia. Sem essa vossa obra missionária, isto jamais aconteceria.

Um singelo sorriso iluminava os rostos dos seis seres divinos que ali se reuniam, unicamente por amor a todos as criaturas.

– Além disso – continuou o imperador – milhares de imigrantes degredados de vários orbes, como, por exemplo, os das estrelas gêmeas da Constelação do Cocheiro, também aguardam pela oportunidade de um novo recomeço em sua caminhada evolutiva. Os iluminados mestres de vários dos planetas que a compõe muito vos auxiliarão nesta jornada, assim como os de muitos outros lugares.

Agazyr ouvia seu líder com seu semblante plácido, como sempre. Em sua pausa tomou a palavra para lembrar a todos de um problema antigo:

– E não podemos nos esquecer dos morgs, caros amigos, há muito já estacionados no astral da Terra e que, mais cedo ou mais tarde, também precisarão renascer no planeta. A maioria renascerá em condições precárias de evolução física, na mesma época em que novas colonizações serão retomadas por antigos jardineiros cósmicos. Retornarão à vida na matéria densa no mesmo estágio que os antigos Thugs, trazidos de Erg, estavam ao aqui chegar.

– Sim, mas ao contrário do que nos aconteceu, que tivemos condições de evoluir unicamente por amor e para o amor, na Terra isso não se dará sem percalços variados. Sabemos que milhares de anos depois de seu renascimento, no devido tempo, ergs e morgs começarão a se defrontar novamente – atalhou Devi, para terminar com uma profecia – e poderão causar, em diferentes épocas, o aniquilamento de várias civilizações.

Todos ficaram pensativos, mas sem preocupações ou sofrimento, pois tudo aquilo era apenas parte de um enredo maior na história do universo. Um melodrama que se repetiria ainda dezenas, centenas ou, quem sabe, milhares de vezes por todos os cantos de todas as galáxias. Um desses melodramas coletivos civilizatórios, onde milhões de melodramas individuais se realizariam, estava apenas por recomeçar em Bhumi, o lindo planeta azul escolhido para uma nova germinação de vida no Sistema Solar que abrigava Vênus e já tinha abrigado Erg na mesma região.

E assim recomeçaria a aventura terrestre do homem originário das estrelas. Uma nova oportunidade amorosamente planejada por seus tutores siderais.

Vagas de vida

Em algum lugar os magos refletem sobre o que os homens modernos, em seus estudos recentes chamam de vaga de vida, é algo que sempre existiu no universo manifestado. Vaga de vida nada mais é que a passagem da possibilidade de vida pelos globos, independentemente do tipo de matéria do qual eles se compõem, onde fica estacionada enquanto a natureza floresce. Por natureza compreenda-se todo tipo de vida, do vegetal ao hominal. Existem muitos tipos de planetas com matérias extremamente rarefeitas e quase impensáveis para o homem da Terra, acostumado à sua densa matéria tridimensional. São mundos diferentes dentro das chamadas cadeias de evolução planetárias, que, por sua vez, pertencem aos esquemas de evolução, que são milhões por todo o universo. Cada planeta está inserido em um esquema que é parte de um conjunto de doze esquemas, cada um com sete cadeias evolucionárias. Na cadeia atual da Terra, por exemplo, apenas Marte e Mercúrio fazem parte dela, pois mesmo estando nos mesmos sistemas solares, nem sempre os planetas estão interconectados em sua evolução. Como se sabe, Vênus, embora orbitando o mesmo sol, faz parte de outro esquema de evolução, assim como os restantes planetas conhecidos desse sistema. Bhumi ainda se encontra na quarta cadeia evolucionária de seu sexto esquema, que é onde a vaga de vida está estacionada, pois ela ilumina apenas um globo por vez em cada esquema de evolução. Cada cadeia comporta sete planetas e, além disso, a vaga de vida passa sete vezes por cada um deles, o que demanda muito tempo, na visão humana. Na atual cadeia terrena, ela já passou por três planetas e entre eles está Marte, que, como todos os que já passaram nesta longa trajetória, entrou em obscurecimento em algum momento. E o próximo, que está sendo preparado pelos missionários para receber parte desta humanidade, é Mercúrio. Como se vê, entrar em obscurecimento nada mais é que terminar a passagem das vagas de vida por um planeta, como aconteceu com Vênus, por exemplo, quando seus evoluídos habitantes tiveram que deixá-lo e partir para Colope de forma consciente, o que não acontece em planetas mais atrasados. Na história terrestre já se sabe também que a vaga de vida já passou várias pelo planeta, estando lá estacionada pela quarta vez, o que significa dizer que antes do primeiro Projeto Terra, que foi abandonado depois que a humanidade começou a se autodestruir, causando os três milhões de anos de silêncio antes do início do atual projeto há mais de vinte milhões de anos atrás, a vaga de vida já havia passado pelo planeta duas vezes. Os terráqueos podem ter uma ideia mais clara do tempo contado dessa maneira, o que lhes permite compreender a longeva biografia do planeta e suas possibilidades na continuação da vida. Para facilitar essa conta basta acrescentar que cada vez que a vaga de vida passa pelo planeta ela escoa sete raças raízes e sete sub-raças de cada uma, sendo que as primeiras, como a lemuriana, levou milhões de anos, sendo seguida pela atlante e assim por diante. O tempo vai diminuindo conforme elas passam e já estamos na quinta, a ária. Conforme as raças passam, os indivíduos vão se espiritualizando, digamos, e suas condições de vida melhorando. Portanto, é possível imaginar, mesmo que longinquamente, que o ser humano terá já no próximo planeta, um pouco mais rarefeito que o atual, para não falar nos planetas da próxima cadeia. É também possível imaginar a distância que separa os terráqueos da notável evolução dos mestres e missionários que os ajudaram através de eras sem fim. Nada acontece por acaso na universo, pois ele é regido por leis que atendem suas necessidades de equilíbrio na grande consciência cósmica.

7. Tempos ancestrais – o continente lemuriano

As escolhas que fazemos provocam uma seleção natural das pessoas que nos acompanham. Muitas nos deixarão, pois não se identificarão com o ser que nos tornaremos.

Pe. Fábio de Melo

Depois de passarem milhões de anos, sob o paradigma com o qual medimos o tempo, presos em vida suspensa no astral da Terra, a maioria esmagadora dos antigos morgs começam a encarnar na Lemúria, o ancestral continente de Mú. Naquela época, cerca de 18 milhões de anos atrás, milhares de degredados de outros planetas também chegavam em levas migratórias em busca de novas oportunidades. Estes são conduzidos por seres adiantados de várias constelações, interessados unicamente, no adiantamento das raças no planeta. Assim como os venusianos, são também jardineiros cósmicos. Entre eles estão os habitantes das Plêiades, Órion e Sírius, que um dia, num futuro longínquo, auxiliariam, de forma generosa e definitiva, os líderes mais adiantados da Terra na condução de seus povos.

Originários especialmente dos mais diversos pontos em torno de nosso sistema solar, assim como os morgs, estas criaturas em grande atraso moral, encarnam todos como hermafroditas, isto é, sem distinção de sexo. Da mesma forma, não eram dotados do mental, isto é, não tinham sequer consciência de sua própria existência. Dispersos por alguns lugares do planeta, será trabalho dos missionários de Vênus concentrar e cuidar de todos no continente lemuriano, o que poderá favorecer sobremaneira seu desenvolvimento, já que reiniciam sua caminhada hominal partindo quase que do zero.

A Lemúria era um imenso continente que se expandia do Oceano Índico até o Oceano Pacífico, englobando outras terras mais ao norte que não são mais banhadas por mares hoje em dia, como partes da Mongólia, Tibet e Nepal. O sopé do Himalaia era cercado por água naquela época e o continente

Lemuriano por ali passava, descendo do Deserto de Gobi, na Mongólia, seu ponto mais setentrional. Do Nepal ele se dirigia para a Índia, abrangendo sua parte nordeste, descendo ao sul até o Sri Lanka, já no atual Oceano Índico, do qual ocupava a maior porção. Do antigo Ceilão descia até as primeiras porções do Círculo Polar Antártico, margeando a costa da África até Madagascar, antes de se dirigir à região polar, seu ponto mais meridional.

Sua fronteira ao sul seguia em direção à Ilhas Fiji, englobando a atual Austrália e já no Oceano Pacífico, todas as ilhas da região no caminho até a Ilha de Páscoa, ocupando cerca de dois terços do grande oceano. A fronteira ao norte voltava até as ilhas da Polinésia e de lá seguia para as Ilhas Salomão e depois para a Indonésia, passando por Papua-Nova Guiné, antes de se dirigir novamente ao norte até a região da Mongólia. Nesse trajeto acabava ocupando vários países asiáticos, como Vietnã, Camboja, Tailândia, Mianmar e grande parte da própria China, em sua metade à leste.

Muitos desses lugares outrora ocupados pelo grande continente de Mú, foram cobertos pelas águas quando de seu desaparecimento, voltando posteriormente em outras grandes mudanças geológicas, como quando a Atlântida emergiu das águas do Oceano Atlântico. Mares surgiram, como o mar interno da Amazônia, ou mudaram de lugar. Montanhas se sobre-ergueram dos vales e litorais desapareceram em diversos períodos geológicos diferentes em função dessas acomodações do planeta. Mudanças que, naturalmente, também causaram desaparecimento de civilizações ou seu êxodo para outras regiões.

Hoje em dia pode-se observar muitas ilhas de solo vulcânico, como a Ilha de Pascoa, por exemplo, espalhadas de norte a sul por esses oceanos. Como a Lemúria submergiu também em função de formidáveis explosões vulcânicas, muito do que restou de seus altos picos, permanece nas mesmas condições de lava petrificada, numa lembrança vivida dos terríveis acontecimentos que por ali aconteceram.

Milhões de anos depois da chegada dos primeiros seres humanos, quando do advento de formidáveis cataclismos que causarão o afundamento de uma parte da Lemúria, mudando novamente a face do planeta, os fraternos amigos estelares de ergs e venusianos retornarão para auxiliar numa nova etapa, quando esses degredados, já portadores de mente, com sexo diferenciado e formas humanas, iniciarão seu êxodo para novas encarnações na antiga Atlântida e depois para outras regiões do globo.

Da mesma maneira que os atuais venusianos foram um dia levados por seres de Erg, em estágio primitivo e quase animalesco de sua evolução, para Vênus onde depois alcançaram extraordinário desenvolvimento moral e intelectual, estes atuais degredados na Terra tinham agora as mesmas possibilidades. Iniciaram sua trajetória como homens das cavernas e seguiriam daí para um futuro que poderia ser de luz ou de sombras, pois não teriam as mesmas condições de um desenvolvimento sem percalços, como os Thugs. Confrontos, disputas pelo poder, problemas de caráter e interesses diversos fariam parte do cotidiano das diversas raças que se desenvolveriam no planeta.

Todos os missionários celestiais das constelações envolvidas no projeto sabiam o que os esperava, pois em cada lugar do universo uma diferente história é escrita a cada momento. O homem da Terra teria todas as oportunidades e, um dia, ao se autogovernar, definiria seu próprio destino.

Enquanto essa longa caminhada se desenvolvia no solo generoso de nosso planeta sob o olhar atento dos primeiros 250 missionários venusianos que se reuniam em torno de seu líder compassivo, Sanat Kumara, estes primitivos terráqueos eram monitorados nos mínimos detalhes. Não havia qualquer intensão de comando ou posse, como se poderia pensar. Apenas um inimaginável amor desinteressado, algo até hoje tão raro no seio desta humanidade atual. Lentas modificações genéticas eram introduzidas, cuidadosamente, pelos cientistas, buscando o aprimoramento do futuro homo sapiens, aquele que um dia governaria o planeta e se autodeclararia, quase que inocentemente, no topo da cadeia evolutiva entre toda a natureza.

Como sabemos, para os homens das estrelas, milhões de

anos tinha aspecto muito diverso, possibilitando que viessem ao planeta em turnos, dependendo da função de cada um, de tempos em tempos. Tanto poderiam vir com suas naves, dependendo dos equipamentos necessários, como poderiam passar por portais dimensionais ou ainda, simplesmente, se deslocar pelo simples poder de seu pensamento, tendo em vista sua perfeita compreensão que tempo e espaço não existiam, como já ficou provado pela física quântica dos dias atuais. É, obviamente, um engano pensar que este primeiro grupo de dedicados cientistas e sacerdotes tenham passado 18 milhões de anos estacionados na Lemúria. Iam e vinham de seu lar sideral com a mesma facilidade que nos deslocamos para um trabalho em cidade próxima.

Estabeleceram sua base e seus laboratórios na própria Lemúria, num local que ficou conhecido pelos teosofistas do século XIX de nosso calendário gregoriano como Ilha Branca. Muitos laboratórios de altíssima tecnologia, a maioria ainda incompreensível para nós, foram instalados. Laboratórios de biologia celular e genética, entre muitos outros, assim como facilidades de pesquisa foram construídos e mantidos por tempos incontáveis. Além disso, grandes edifícios à guisa de enfermarias, onde as extraordinárias acomodações eram individualizadas por paredes translúcidas, também foram providenciados para o repouso e observação dos indivíduos em períodos de pós-operatório. Os venusianos necessitavam, de quando em quando, aplicar procedimentos cirúrgicos usando, por exemplo, raios de diferentes tipos de energias para transformação genética.

Na maioria das vezes aqueles seres ainda primitivos sequer percebiam o que estava acontecendo, pois mesmo com o uso de métodos absolutamente não invasivos e indolores, eram adormecidos ou sedados pelo poder do pensamento dos cientistas, antes e depois de cada ato, para que não restassem lembranças ou traumas incompreensíveis. Depois de um período eram devolvidos à natureza de onde haviam sido retirados e que estava sempre totalmente preparada para que nada lhes faltasse, ou então realocados em regiões ainda mais propícias a seu desenvolvimento momentâneo.

Do alto de plataforma flutuantes, que deslizavam entre os leitos de forma silenciosa, os biólogos, geneticistas, cirurgiões, entre outros cientistas, não apenas observavam e anotavam os parâmetros captados das máquinas colocadas em cada aposento e que emitiam sinais coloridos em suas telas, como faziam medições clínicas e examinavam individualmente cada ser ali colocado. Com o carinho devotado a um irmão menor, desdobravam-se em atenção a todos. Na posição central de cada enfermaria pairava uma espécie de mezanino, de onde atarefados colaboradores tinham uma visão ampla de 360 graus de todo o ambiente. Dali todos os indivíduos eram monitorados remotamente e as amostras coletadas eram selecionadas e enviadas para os laboratórios maiores, além de haver espaço para pequenas reuniões e debates.

Visava-se sempre o aprimoramento da raça, que embora caminhasse lentamente, estava dentro do esperado. De qualquer maneira, o trabalho era incessante, pois, além de serem tratados, a princípio, um a um, a partir de determinado momento de sua evolução eles foram se multiplicando e, mesmo que de forma ordenada, o número de indivíduos foi aumentando sempre. Aliás, como deveria ser mesmo. Apesar de todos os cuidados, também acontecia uma seleção natural da raça causada por incidentes dos mais variados tipos, pois, apesar de adequada à sobrevivência, tratava-se de uma natureza selvagem, estando todos sujeitos à inclemência eventual do clima, brigas pelo alimento e pelo acasalamento, além de outros desgastes eventuais, entre muitas coisas. Os venusianos não interferiam grandemente nesses aspectos de forma proposital, de maneira a incentivar, nas diferentes fases, coisas como a busca por abrigo, pela busca do sustento daqueles então caçadores-coletores, pela formação de grupos de autoproteção, pelo autocuidado, pelo desenvolvimento da identificação da própria raça, etc.

É interessante supor que as dificuldades dos venusianos no desenvolvimento de uma raça humanoide aqui na Terra foram muito maiores que as dificuldades encontradas em Vênus pelos ergs, também em virtude da origem sideral dos seres que aqui se reuniam para o recomeço de sua trajetória. Ao contrário dos Thugs, todos originários de Erg, por aqui aportaram seres dos mais diversos orbes, com os mais diferentes graus de desenvolvimento intelectual, tecnológico e moral em seus planetas de origem. Era natural que se estranhassem e acontecessem distúrbios variados desde o princípio, pois cada um estava conectado às próprias origens dentro da grande consciência cósmica.

Milhões de anos depois os esforços daqueles semeadores de vida são recompensados, tendo os homens da Terra se desenvolvido biologicamente de forma extraordinária, passando de suas primitivas formas animalescas para muito próximo das que conhecemos hoje em dia. Nas últimas sub-raças lemurianas, há mais ou menos 1 milhão e 500 mil anos atrás, foi possível concluir a divisão dos sexos em todos e alguns milhares de anos depois os indivíduos puderam ser dotados do mental, da capacidade de terem noção de si próprios e não mais apenas de sua raça. Neste momento histórico desta humanidade, o desenvolvimento intelectual começa a se acelerar de forma admirável.

Há um milhão de anos, formidáveis cataclismos, também programados e controlados pelos poderosos homens das estrelas, começam novamente a acontecer e, uma vez mais, notáveis modificações da face planetária ocorrem. A primeira parte da grande Lemúria afunda, fazendo com que as primeiras sub-raças atlantes surjam naquela que será chamada de Terra Mãe, a Atlântida, após os ancestrais lemurianos serem levados para o novo continente. Na mesma época, milhares de novos degredados, em estágio melhor de desenvolvimento, são trazidos para ali também encarnar pelos mesmos jardineiros cósmicos que trouxeram os seres mais primitivos milhões de anos antes. Trabalhadores de Sírius, Órion e das Plêiades, entre outros, retornam ao planeta nesta nova fase de colonização.

Morgs de condições intelectuais melhores do que aqueles que foram levados para a Lemúria também começam a encarnar na Atlântida e logo se tornam conhecidos como os senhores das sombras. Existia neles a parte da consciência que determinava os caminhos de seu povo, com ética limitada e padrões morais duvidosos. Milhares de seus conterrâneos haviam evoluído para a raça humana e por ali também já se encontravam, além da maioria dos demais degredados das primeiras horas.

Tanto os morgs comuns quanto estes degredados de outros planetas, todavia, mesmo tendo tido um desenvolvimento cuidadoso, não conseguiram a evolução dos antigos Thugs e, desta maneira, chegavam às suas primeiras encarnações atlantes com um espírito ainda um tanto ingênuo, não tendo a perspicácia necessária para um enfrentamento com os morgs mais evoluídos, antigos e ardilosos, que ora também encarnavam no planeta. Nos primeiros cem mil anos todos esses degredados conviveram de forma relativamente pacífica, mas, depois desse tempo, os morgs retomavam lentamente sua consciência ancestral de dominação e poder, fazendo com que, uma vez mais, uma reunião de emergência acontecesse em Kendom Silá com o propósito de resolver o problema. Da mesma maneira que os ergs tinham feito ao perceberem sua presença maléfica no astral de Vênus, era preciso agora, ao menos, igualar as forças na Terra, como bem tinha sido profetizado por Devi, milhões de anos antes.

No grande salão do palácio de cristal em Kendom Silá a movimentação era grande, pois todos estavam presentes desta vez: os 42 ergs que cuidaram do desenvolvimento da raça humana em Vênus e alguns de seus filhos queridos, os 250 venusianos responsáveis pelo projeto Terra. O salão se expandia de acordo com as necessidades e, rapidamente, todos puderam se acomodar nas poltronas colocadas em círculos sucessivos sobre quatro fileiras de pequenos degraus cintilantes, especialmente plasmados para a ocasião, o que possibilitava que todos tivessem uma perfeita visão da mesa circular postada ao centro. Ao redor dela sentaram-se os mesmos seis seres divinos que dirigiam o projeto desde o princípio: o imperador Hylion, o alto sacerdote Sanat e os sacerdotes cientistas Agazyr, Zukov, Devi e Arya.

Depois dos cumprimentos gerais de boas-vindas o imperador tomaria a palavra, como era esperado. Todos se calaram a esperar, respeitosamente. Com seu habitual sorriso estampado nas feições amigáveis, percorreu todo o ambiente com o olhar de pai amoroso, incutindo na mente de cada um dos presentes uma saudação de fraternidade infinita e um convite à meditação.

Pairou no ambiente uma notável vibração de amor que percorreu a alma de cada um daqueles seres celestiais, tirando de cada um o mais puro sentimento de amor e gratidão por aquele ser divino, que de maneira nenhuma precisaria ali estar. Emanadas pelo amor fraterno, discretíssimas notas musicais se dissipavam no ar transformando-se em luzes tênues de cores diversas, dependendo de sua sonoridade, embalando a todos de forma indescritível. Como sempre nessas reuniões, deu-se o tempo necessário para que cada um expandisse a própria consciência e percorresse seus caminhos pelo cosmos à sua vontade. E depois voltasse quando achasse por bem.

No decorrer de todo o tempo que se passara desde sua chegada a Vênus, Hylion, o grande mestre galáctico, havia se transformado no dirigente não apenas de todo o sistema solar que abrigava Shukra, como Vênus era conhecido, e a Terra, por exemplo, entre muitos outros planetas, como os diversos orbes das constelações que também labutavam como jardineiros cósmicos por toda parte, mas de toda a Federação Galáctica e seu Grande Conselho.

Momentos mais tarde, ele tomou a palavra:

– Meus amigos queridos, meus irmãos, filhos do meu coração – abriu a reunião provocando lágrimas jubilosas nos olhos de todos que ali se encontravam. Depois continuou:

– Que magnífica tarefa realizastes em nosso lindo planeta azul. A Bhumi está reservado um brilhante futuro, que dependerá, exclusivamente, das ações de sua humanidade. Todavia, nada disso seria possível sem vossa intervenção amorosa e de nossos irmãos de Órion, Plêiades e Sírius, também aqui presentes. Sem esquecer todos os demais missionários de outros planetas que pontuam suas ações quando solicitados e de forma tão generosa.

De fato, ali se encontravam 12 representantes de cada um dos planetas por ele citados. Pelas Plêiades quem liderava o grupo era o venerável Melchisedec, companheiro de longa data do imperador, desde os tempos em que o Erg ainda não havia sido destruído. Ele ainda trabalharia com seus discípulos por tempos sem conta na Terra. O chefe da delegação de Sírius era o missionário celestial que se dispunha a continuar o trabalho na Terra ainda por milhares de anos, orientando os líderes locais das mais diversas maneiras, o grande mestre Payê-Suman. E quem conduzia o grupo de Órion, conhecido como Seir, era Hórus, o mestre sideral que ainda participaria da introdução de dinastias divinas no planeta, esperando o tempo em que os povos pudessem se autogovernar.

– Como todos sabem – continuou o imperador – conforme a programação de nossos irmãos venusianos, o povo egresso do planeta Morg encarnado na Terra, já começa a dar seus primeiros passos conscientes. Não no sentido de terem noção de si mesmos, o que já ocorre há milhares de anos, mas no perigo que representa voltarem a despertar para suas origens planetárias, isto é, reencontrarem suas tendências negativas, perenes e atávicas, num momento que ainda não se preocupam com as necessárias modificações de caráter.

Frente ao silêncio feito pelo imperador, o divino Sanat Kumara tomou a palavra, para complementar a situação:

– Sim, de fato, todos sabíamos que milhares de anos nem sempre são o suficiente para transformações mais profundas no caráter de uma raça ou de humanidade. Estávamos preparados para este dia que sabíamos iria chegar – meneou a cabeça acompanhando um breve e contido sorriso de professor amoroso, para depois continuar – mas, não posso negar que nunca perdemos as esperanças de que poderíamos pular esta fase – completou.

Sua fala provocou sorrisos amigáveis e quase divertidos de todos. Era quase como se uma aposta tivesse sido feita e todos tivessem perdido alguns tostões. Mas, certamente, não era novidade para ninguém que o desenvolvimento de uma humanidade, onde estão incluídos seres de traços, sabidamente, maléficos e indiferentes ao sofrimento alheio, não poderia ter o curso relativamente manso e seguro como o que aconteceu com os pacíficos Thugs. Eles sempre estiveram sozinhos, isto é, sem contaminações de qualquer sorte durante sua caminhada para a luz.

E o iluminado ser, ele próprio um ancestral Thug, como de resto todos os habitantes do lindo planeta da estrela mais brilhante do quadrante, continuou placidamente:

– Maravilhosa foi a jornada de meu povo, guiada com tanta maestria e amor por nossos irmãos de Erg. Tão esplêndida que ousamos, num breve lapso de pensamento, pretender que assim fosse com os terráqueos – sorriu novamente e depois, tendo o sorriso desaparecido de seu semblante, concluiu – no fundo, nossa ilusão foi sempre tentar poupar esses novos humanos das tantas dores que os esperam. Dores que nós, praticamente, não experimentamos.

Depois de breve meditação, concluiu:

– As dores provocadas pelas separações, pelas lutas fraticidas, pelas frustrações e fracassos recorrentes. As dores das perdas, dos desamores, da arrogância desmedida, da vaidade e, principalmente, do egoísmo – silenciou por um breve momento e depois falou – esta jovem humanidade caminhará tropeçando em seus próprios passos, como já vimos acontecer em tantos lugares no cosmos. Tantos serão seus enganos e desacertos nos próximos milhares de anos, que no fim, lutará para não desaparecer.

Desta vez foi o bom Zukov que lembrou:

– É verdade meu irmão querido, mas terão também muitas oportunidades de vitória, além de mestres desvelados a guiar-lhes os passos pelas centenas de séculos que sobrevirão no tempo da Terra – Zukov parou e pensou por alguns instantes, como se antevisse o futuro – o egoísmo dos morgs se alastrará como uma centelha de fogo pelo planeta, enquanto a generosidade dos pacíficos ergs fará sempre um contraponto de amor. Essas duas raças dominantes gerarão muitos povos e se miscigenarão, o que trará, até certo ponto, uma estabilidade. E, se possível for, o equilíbrio que o universo nos cobra a cada momento. Toda dor aparente se dará em nome desse equilíbrio.

E foi Agazyr que completou:

– Não podemos nos esquecer dos degredados de tantos outros orbes que também já alcançaram o mental e que poderão pender para qualquer um dos dois lados, trazendo grandes desequilíbrios momentâneos, demandando novas intervenções. De qualquer maneira, esses degredados não serão, num primeiro momento, os influenciadores dos acontecimentos. Serão seguidores, ora entusiasmados, ora perplexos e ora amedrontados. Ainda demorará para que decidam por si mesmos com alguma sabedoria.

Enquanto todos meditavam por alguns momentos em todos aqueles sábios e tão conhecidos assuntos, uma brisa suave invadia o ambiente, entrando por uma extraordinária parede que havia desaparecido, abrindo o salão para os jardins, à guisa de janela. Com ela um suave perfume de flores silvestres, cultivadas com carinho nos jardins do palácio, envolveu cada um dos presentes, que não puderam conter expressões de alegria.

– Neste primeiro momento – continuou Agazyr depois que todos saíram do brevíssimo êxtase provocado por aquelas manifestações singelas da natureza – sabemos que os morgs estarão sozinhos, pois os ergs, que, aliás, já se encontram no astral superior de Bhumi, depois de passarem pelos sub planos de Vênus, ainda demorarão mais de 100 mil anos terrestres para começar a encarnar – depois de um sorriso sereno, continuou – neste período os morgs precisarão de muita intervenção dos mestres siderais envolvidos neste projeto para não colocarem tudo a perder precocemente.

Melchisedec, até então um ouvinte respeitoso, como sempre dando a todos lições de humildade, se adiantou, falando em nome de todos os missionários das Plêiades:

– Lá estaremos meus irmãos, cuidando e provendo nossos irmãozinhos mais jovens, através de intervenções na matéria. Se necessário plasmaremos corpos visíveis ou, se possível, com intervenções indiretas, através de intuição para os mais adiantados e receptivos líderes locais, pois, como todos sabemos, o bem e o mal não existem. Haverá tempo que nos chamarão de avatares ou deuses. A cada povo o que for melhor no momento – respirou por um momento antes de continuar:

– Como disse nosso velho amigo Agazyr, a maioria dos degredados ainda são neutros e cuidaremos para que se contaminem o menos possível com o pensamento e ações dos morgs. Esta será outra missão difícil, pois, os homens, distraídos que são, se deixam facilmente levar por palavras doces e melodiosas, sem notar que também são enganosas.

Esperou por alguns instantes com o olhar perdido, como se visualizasse o que acabara de dizer, para depois recordar:

– Gostaria de lembrar-vos de tantos milhões de anos atrás, quando realizamos este trabalho pela primeira vez, no então Projeto Dinastias Divinas, que foi o primeiro e que tão bem conhecestes, meus caros. Naquela época, nós, os semeadores vindos das constelações próximas de Bhumi, tivemos êxito apenas relativo – respirou e passou o doce olhar pela pequena plateia, antes de continuar – extraordinária humanidade floresceu, mas não conseguiu se perpetuar pelo acúmulo de enganos quando passamos às suas mãos os seus próprios destinos – meneou a cabeça levemente, como o mestre que se lamenta pelo atraso do aluno.

Aproveitando o silêncio do mestre das Plêiades, que parecia observar novamente os acontecimentos relatados, Hórus, o sempre determinado e gentil mestre de Seir, tomou a palavra, como a auxiliar o companheiro, ora entretido com os próprios pensamentos:

– Toda uma humanidade precisou desaparecer para que o planeta pudesse se recuperar e se preparar novamente para esta nova empreitada. E, com ela, todos os seres viventes da natureza também foram extintos. O que se dará novamente – profetizou antes de prosseguir – talvez não em escala planetária, mas, com certeza, civilizações inteiras, nos mais diversos estágios evolutivos desaparecerão pelas mais diferentes razões. Eu mesmo, com sabeis, estarei envolvido numa das mais esplendorosa de todas, que surgirá e terá seu declínio às margens de um dos maiores rios do planeta, numa região chamada de Kemet, a Terra Negra.

Parou de falar e sorriu na direção de seus companheiros de Órion, talvez vislumbrando o lindo vale que abrigaria os locais e tantos seres estelares que lá estariam em auxilio daquele povo, para depois continuar:

– Nesta programação, e em tantas outras que ocorrerão pelo planeta, como podeis observar meus caros amigos, o antigo projeto das Dinastias Divinas será novamente ativado. Homens do espaço serão vistos como reis e deuses ao mesmo tempo.

Calou-se e refletiu por mais um momento, continuando depois a discorrer sobre os acontecimentos ancestrais:

– Lembro-me como se fosse ontem a difícil decisão de terminar para depois recomeçar. O vaticínio dos grandes mestres galácticos da Federação, como nosso querido governador aqui presente – falou se dirigindo à Hylion – foi de que se autodestruiriam de qualquer maneira nos milhares de anos que se seguiriam, e com muito sofrimento. Poderiam, inclusive, dado ao extraordinário avanço tecnológico que já tinham conquistado, expandir eventual e renovada belicosidade por outros orbes. Recordo-me que não houve tristeza, mas tivemos que admitir certa consternação. Éramos muitos jardineiros missionários e foi de nosso querido Payê-Suman, aqui presente, a profecia final – falou sorrindo e olhando para o dulcíssimo mestre de Sírius, que lhe sorriu de volta.

Aliás, essa sua característica, de sorrir sempre, combinava perfeitamente com a figura discreta de ancião bondoso, que mantinha desde sempre, e com sua sabedoria ímpar.

– Também me recordo amigo, e muito bem. É como o pai que precisa repreender o filho travesso. Sabe que é preciso, mas o coração fica apertado. Nem todas as crianças são de fácil manejo – falou Payê-Suman enquanto dirigia um olhar maroto para os muitos venusianos ali presentes, que não tiveram como disfarçar um largo sorriso de satisfação. Sabiam ser eles os filhos aplicados, que jamais deram trabalho a seus pais.

Hylion e os demais ergs também abriram seus sorrisos, amorosos e agradecidos pelos filhos maravilhosos que criaram. Um momento de genuíno amor fraterno inundou o ambiente, enquanto o divino ser de Sirius retomou a palavra:

– O que foi avaliado, se pudéssemos reunir as razões para tão gigantesco acontecimento em poucas palavras, seria a grande quantidade de lugares de onde vieram os degredados na época. Chegaram dos mais longínquos pontos do quadrante, cada grupo com seus costumes, seu sistema de crenças e história própria. Tal diversidade atrapalhou bastante o direcionamento no amor desinteressado, como aconteceu em outros lugares onde os jardineiros foram mais bem sucedidos, como em Shukra, por exemplo – falou, calmamente, antes de fazer pequena pausa.

Payê-Suman, no futuro, seria visto como um ser santificado e perfeito em várias civilizações da Terra. Mesmo que todos ali soubessem que sua aparência de idade avançada fosse apenas plasmada, o respeito e o amor por ele era demasiado puro e verdadeiro, com todos bebendo de sua experiência e de seu saber sempre que a ocasião se apresentava.

– Nesta nossa nova aventura terrestre – continuou – que já dura dezoito milhões de anos locais depois do planeta ter sido recuperado para a vida, como sabeis, a proposta foi concentrar em apenas duas raças a maioria dos habitantes do planeta: os morgs e os ergs. Sabíamos que poderiam acontecer polarizações, como não é raro nesses casos, mas teríamos um conjunto menor de variáveis para lidar – estancou um momento, como se buscasse a melhor explicação – isto é, teríamos o branco e o preto, a luz e a sombra, o positivo e o negativo, o bem e o mal bem delineados, digamos, e se completando, como o próprio equilíbrio do universo – depois de nova pausa concluiu:

– Sabemos que a vida na matéria é apenas uma ilusão, mas as almas precisam de oportunidades dentro desse sonho para aprender, justamente, essa lição. E cá estamos novamente, no alvorecer destes dias gloriosos que certamente virão, para o júbilo de todo o cosmos e da grande consciência universal. Uma brilhante humanidade está sendo gestada e, em alguns milhares de anos terá crescido o suficiente para se espalhar pelo planeta e se autodeterminar.

Houve um silêncio agradável e demorado, apenas permeado pelos sons suaves e harmoniosos que invadiram o ambiente. Eram tons vibrados pelos corações exultantes de todos. Enquanto isso o mestre parecia se recolher em si mesmo, dignificando a assembleia ali presente com um cumprimento generoso e, ao mesmo tempo, agradecido. Com a cabeça baixa em reverência e as mãos unidas ao peito declamou:

– Que assim seja, irmãos queridos do meu existir.

– Porque assim será – repetiram todos, felizes e emocionados.

A seguir, o antigo imperador de Erg retomou a palavra, também sorrindo:

– Vejo que estamos todos realmente satisfeitos com o ponto que já conseguimos chegar nesta árdua tarefa. Continuaremos juntos ainda por muito tempo meus queridos irmãos, mas, quando chegar a hora deste grupo fraterno se separar, isto se dará apenas momentaneamente, pois, como sabemos, não existem distâncias – se referia talvez à partida dos ergs para outro planeta. Hylion fez uma pequena pausa enquanto circulava o olhar tranquilo pela pequena assembleia ali reunida, que ouvia com atenção, para depois continuar:

– Um dia, quando o homem da Terra souber de sua origem cósmica, isto é, quando puder compreender que ele também foi um dia um ser estelar e que para as estrelas voltará no devido tempo, não importando os percalços, as voltas e contravoltas que tiverem acontecido em sua trajetória, perceberá a inutilidade de suas raivas, desatinos e egoísmos. A inutilidade do querer só para si, assim como seu desejo impiedoso de poder. A inutilidade do tempo perdido ao se achar sempre certo e de querer, a qualquer custo, determinar o curso da vida alheia.

O alto dirigente galáctico sorriu de leve e suspirou profundamente, como a se lamentar de comportamentos idênticos de outras humanidades. Com humildade, logo se corrigiu, quase se desculpando:

– Mas, não vamos exigir demais. São apenas crianças na eternidade. Pequenos grãos ainda perdidos na poeira dos tempos. Sequer sabem quem são, não é mesmo? Estas descobertas maravilhosas se darão um dia. Na Terra ou em outro lugar. De fato, não importa muito, pois a estrada é uma só. Como estamos agora vendo acontecer com os egressos de planetas tão adiantados, como Morg e Erg, entre outros, que têm uma longa caminhada pela frente, ao final, todos faremos parte da mesma Consciência Universal.

E continuou:

– Assim como a Terra um dia foi por vós preparada, meus

filhos, para receber todos estes seres necessitados de um pouso seguro, outros planetas também estão no mesmo processo, em diferentes cadeias de evolução – falou enquanto lançava um olhar de pai afetuoso para os venusianos ali presentes.

Sempre sorrindo, o grande imperador concluiu:

– A grande Terra Mãe, que um dia será chamada de continente perdido da Atlântida, vos espera meus amigos – desta vez se dirigia a todos os missionários ali na assembleia e a todos que acompanhavam a reunião de seus planetas, cujos rostos eram mostrados nas telas vibradas por todos os lados do salão. Na verdade, milhares tinham participado de toda a empreitada até então e agora acompanhavam a fala dos mestres, não só em Vênus, como também em pontos mais distantes do quadrante e além.

Depois de um breve momento enquanto observava, com alegria, os rostos sorridentes que se multiplicavam nas telas, ele continuou:

– Na Lemúria o trabalho incessante do desenvolvimento das raças, num estágio já mais avançado, também continuará até o desaparecimento total do grande continente de Mú, em alguns milhares de anos. Novos missionários de vossos planetas estarão chegando a todo momento e quando algumas das grandes migrações dos povos começarem, um seleto grupo de Vênus aportará no planeta e auxiliará, por demasia, nesse quesito.

Abriu os braços como a aconchegar cada um de seus filhos, para terminar a seguir:

– Oh! Que grande era se inicia para esta jovem humanidade. Quantas raças e civilizações maravilhosas se desenvolverão. Cada ser encarnado em Bhumi terá milhares de oportunidades de conquistar seu retorno às estrelas.

Hylion se levantou, sendo seguido por todos. As luzes brilharam em tons ainda mais aconchegantes enquanto novos aromas maravilhosos inundavam o ambiente, trazendo um sorriso de esperança renovada a cada um dos participantes da seleta reunião. Seres reunidos apenas por amor, sem esperar jamais nenhum tipo de recompensa que não fosse a certeza da contribuição ao universo.

Unindo as mãos espalmadas ao peito, ele declamou:

– Ide meus filhos, que esta é a vontade da grande consciência cósmica à qual todos pertencemos e na qual todos trabalhamos em nossos pequenos jardins.

– Ide e fazei acontecer as oportunidades para nossos irmãos, como um dia foi feito por cada um de nós.

– Ide e vos regozijei com as próprias oportunidades que vos estão sendo apresentadas. Servir e passar é o objetivo da vida no universo.

Os três mestres siderais, Melchisedec, Hórus e Payê-Suman, além dos mestres de Erg e Vênus, Agazyr, Zukov, Sanat Kumara, Devi e Arya, se adiantaram no momento que o mobiliário que os servia desapareceu. Unindo suas mentes e respondendo à oração do imperador, também juntando suas mãos ao peito, recitaram a uma só voz:

– Que assim seja, grande mestre Hylion, nosso governador galáctico.

– Porque assim será – responderam todos os demais, assumindo a mesma postura respeitosa.

Melodramas

Em algum lugar os magos refletem sobre os milhares de planetas que o universo contém, sendo lógico que seus habitantes estejam em diferentes estágios evolutivos em todas suas formas de apresentação. Os seres são um com a consciência, mas originários de diferentes lugares e situações, e dependendo de sua natureza, trazem em sua evolução suas tendências inatas, como se cada um fosse conectado a um diferente jardim. Jardins onde se juntam seres com as mesmas afinidades e trabalham todos para um mesmo objetivo, mesmo que em funções muito diferentes. Desta maneira, os seres têm como consequência de suas atividades, enquanto conectados à matéria, a percepção de seus melodramas, que podem ser individuais, familiares, civilizatórios ou até mesmo planetários. Os homens da Terra, por exemplo, vivenciam apenas melodramas e não a vida em si, se envolvendo e julgando os melodramas alheios, sem nunca chegar na sua própria essência, na sua alma, porque vivem na ilusão de conceitos de tempo e espaço lineares, sendo-lhes difícil essa compreensão. Todavia, também é comum, em determinados momentos, que o indivíduo passe a observar, digamos assim, os diversos jardins à sua volta, começando a desenvolver interesses diferentes de suas conexões originais, podendo terminar por se corromper com as conexões dos outros, o que não significa, no entanto, que o jardim alheio esteja errado. Ele pode apenas se tornar mais afim com uma determinada situação quando ela consegue despertar-lhe a ideia de benefícios mais interessantes, mesmo que para isso precise abandonar seus planos iniciais e seus companheiros de jardim. Ainda assim, não existe caminho certo ou caminho errado. Existe apenas o caminho de cada um, porém, se as pessoas que se desviam tentam manter seu status com a conexão original, já trabalhando em outro jardim, não são mais compatíveis com seu grupo. Teorizam que pertencem àquele jardim, mas já estão em outro. São almas insatisfeitas. Um dos problemas é quando os companheiros, que se frustram ao observar isso tudo, tentam trazê-lo de volta ao caminho que julgam ser o mais correto, criando uma disputa sem sentido que pode perdurar por muitas vivências, pois cada ser precisa de liberdade para escolher sua própria jornada. Para a evolução de todos naquele determinado jardim, tentar demover alguém de suas decisões só os faz entrar por caminhos alheios, o que pode criar outros melodramas ou consequências. Porém, essa isenção é difícil, pois o homem atua mais através dos conflitos, sem perceber que seus defeitos atuais podem ter sido criados por suas passadas pelos jardins alheios, o que, volta e meia, o atraem para eles uma vez mais. Ninguém é cem por cento bom ou mau. Ter ou não desejos não permite, por si só, avaliar bondade ou maldade. Na verdade, não é difícil imaginar que, na realidade, não pode existir o universo se não existirem adversidades, pois então não haveria movimento e, se não existe movimento, não existe nada. Não existiria matéria, pois o universo é feito de movimento. Qualquer objeto que os homens identifiquem como sólido, como uma pedra ou uma mesa, por exemplo, tem átomos em movimento. Se não se movimentassem ambas se desfariam. Desta maneira, se todos fossem cem por cento eficientes no bem, eternamente, o mundo parava, estagnava e teria que começar de novo. Quando apenas existir a probabilidade de uma só coisa acontecer, ela acontecerá e mais nada, ou seja, tudo estagnou. O movimento começa quando a Lei maior que rege o cosmos se movimenta. Nesse momento acontece o positivo e o negativo, o bem e o mal, etc. e todos são corretos para a Lei. Basta olhar as histórias dos jardineiros cósmicos ou dos ergs, cujas aparentes tragédias alavancaram as magníficas humanidades venusiana e terráquea. Como se pode notar o mal ou o errado são apenas relativos e o ser humano precisa aprender não só a reconhecer até onde pode ou deve interferir nas decisões alheias sem se prejudicar com isso, como também perceber que, mesmo para seus melodramas individuais, tudo é temporário, isto é, tudo passa.

8. Entre a luz e as sombras – a Terra Mãe

Neste mundo não existe verdade universal. Uma mesma verdade pode apresentar diferentes fisionomias.

Dalai Lama

Nesse meio tempo, uma grande sub-raça atlante emerge, se sobressaindo e iniciando, em alguns milhares de anos, as primeiras grandes migrações pelo planeta. Dotados de grande avanço intelectual e espiritual para a época, serão conduzidos pelos mestres das estrelas, conforme programação cuidadosa, para terras distantes. Terras que, no futuro, se situarão em outros continentes. Não custa lembrar que, nessa época, a grande Atlântida era praticamente interligada a África, a Europa e as Américas, ocupando quase todo o espaço que, no futuro, conteria o oceano Atlântico.

Grandes civilizações surgem nos Andes, na região hoje conhecida como Peru e na futura América do Norte, na região de Nazca, no México. Além disso, outro grande grupo se dirigirá para terras às margens do Mar Mediterrâneo e que ficarão conhecidas originalmente como Caldéia, onde depois se desenvolverá a poderosa civilização da Babilônia e parte do Império Bizantino. No futuro, já na idade moderna, a região fará parte do chamado Oriente Médio. Em alguns milhares de anos, nos Andes, essas migrações darão origem aos Tiwanakus e às civilizações pré-colombianas e depois, no futuro, aos Incas. Será fundada a grande cidade de Twantisuius.

Enquanto essa grande movimentação se dá pelo planeta, os morgs encarnados na Atlântida vão, lentamente, como era esperado, se impondo aos povos locais originários de outros orbes. Dotados de inteligência extraordinária e sagacidade ímpar, logo vão se organizando em grupos praticantes das mais variadas práticas magísticas, como esses fenômenos quânticos eram chamados naquela época e nos milhares de anos que se seguiriam. Se tornam poderosos, assustando e dominando, até certo ponto, os outros atlantes, mais ingênuos e neutros. Com o tempo esses morgs serão conhecidos como magos negros, acelerando a necessidade de instalação do processo de equilíbrio pensado em Kendom Silá, milhares de anos antes. Isso somente será alcançado quando os ergs começarem a encarnar no planeta. A chamada magia negra toma conta da grande cidade das Portas de Ouro, a maior e mais importante da Atlântida e por alguns milhares de anos dominará as ações na Terra Mãe.

Dando início ao projeto Disco de Ouro, visando justamente o equilíbrio entre as raças na Atlântida, um grupo de 25 venusianos, liderados pelo Grão Mestre Aramu-Muru, funda nas terras que restaram do primeiro grande cataclismo na Lemúria, os primeiros Templos da Luz, para impedir, energeticamente, o avanço dos morgs, o que se dará apenas quando os próprios habitantes, então dominados, entrarem nessa luta. Essa força energética emana de um grande disco de ouro salvo das explosões que destruíram Erg, milhões de anos atrás. Trata-se de um poderoso catalisador de energias usado na sustentação auxiliar da vida, que por ora os ergs, generosamente, doavam ao planeta Terra. Por muitos milhões de anos este disco permaneceu em Kendon Silá, guardado cuidadosamente no Palácio de Cristal. Trazido agora para o primeiro Templo da Luz, estrutura invisível aos olhos dos homens da época, seu guardião passa a ser Aramu-Muru, que o usará da mesma maneira que o fizeram os 42 ergs originais. Seu vórtice energético permite ao usuário adiantado a visão clara de uma consciência universal expandida para observação do presente, assim como das ilusões do tempo conhecidas como passado e futuro.

Vinte e cinco mil anos depois, em novos cataclismos, essa parte restante da Lemúria afunda, causando novas e enormes transformações geológicas no planeta, inclusive destruindo a maior parte da cidade de Twantisuius e da civilização dos Tiwanakus, nos Andes, entre outras das primeiras migrações atlantes. Os 25 venusianos dão continuidade à preparação da chegada dos ergs estacionados no astral da Terra, transferindo para a Atlântida os Templos da Luz e o Disco de Ouro que estavam no continente de Mú. Nos milhares de anos que se seguirão eles se transformarão em templos iniciáticos, onde o povo local será treinado, em futuro próximo, a combater as práticas magísticas e predadoras dos morgs.

Finalmente, mais de cem mil anos depois dos morgs mais adiantados terem encarnado em Bhumi, os ergs começam a encarnar no planeta, surgindo então as Academias Iniciáticas, originárias dos Templos da Luz. Nessas academias começarão a surgir os chamados magos brancos, todos ergs, onde desenvolvem rituais para combater a magia negra e começam a educação do povo já existente no planeta para auxiliar nessa tarefa. Para aquela insipiente humanidade, qualquer fenômeno estranho ou inexplicável era tido como milagroso ou então como um ato de magia.

Na mesma época, completando a programação civilizatória estabelecida pelos jardineiros cósmicos para o Projeto Terra, novas levas de migrações colonizadoras com degredados em estado moral muito atrasado, vindos das estrelas gêmeas de Capela, na Constelação do Cocheiro, começam a chegar no planeta. Além deles, muitos outros chegam de constelações próximas, um pouco mais evoluídos. Todos são trazidos pelos mesmos grupos de trabalhadores de Órion, das Plêiades e de Sírius.

O fenômeno que se segue, previsto pelos missionários estelares, é a identificação entre ergs e estes últimos degredados, enquanto os morgs se identificam com os atrasados de Capella, como não podia deixar de ser. O equilíbrio necessário começa a ser estabelecido. A partir daí, o que passou para a história foram os ergs encarnando como os filhos da luz e os morgs como os irmãos das sombras. E, de fato, cada raça fez jus ao codinome. Centenas de milhares de anos depois, ao longo do tempo e com o advento da era cristã, depois de grandes embates entre eles, a grande maioria dos ergs terão retornado ao seio de seu povo nas estrelas, enquanto a maioria dos morgs continuam por aqui.

Estes acontecimentos se dão a partir de setecentos mil anos atrás e nessa época o grande líder dos morgs, Rakasha, e seus 28 seguidores, até então aprisionados no astral inferior da Terra são libertados e reencarnam na Atlântida, o que, em futuro próximo, promoverá um recrudescimento de ódio, maldades e magia. Rakasha nasce em Lanka, a principal cidade do então Império Central do continente atlante. Um novo fôlego para os morgs comuns que se encontravam no planeta já há milhões de anos. Assim como para os demais da mesma raça, mais adiantados, mas encarnados há pouco mais de 100 mil anos e que há muito trabalhavam na magia negra em sucessivas vidas. O que não podiam prever, no entanto, é que, por muito tempo, esse líder e seus seguidores mais próximos, estariam sendo monitorados pelos venusianos do grupo de Aramu-Muru, como não podia deixar de ser.

Porém, na mesma época, alguns ergs iluminados do grupo original, por amor absoluto ao povo de Bhumi, também permanecem no planeta, preocupados com as futuras ações dos morgs, agora que seu grande comandante voltou. Mesmo sabendo que essa ação poderia atrasar sua partida para o novo planeta de sua raça, não hesitaram em ficar renunciando a seu paraíso nas estrelas. Da mesma maneira, alguns missionários das constelações próximas, que sempre participaram deste grande projeto, também haveriam de continuar no globo em ocasiões diversas, quando a situação assim o exigisse, especialmente na condução dos povos em novas grandes migrações.

Nesse meio tempo, Hylion e o restante dos ergs sobreviventes da explosão que destruiu seu planeta natal, deixam Vênus e se dirigem para o planeta Colope, no centro da galáxia, há milhares de anos sendo preparado para recebê-los e aos demais ainda encarnados na Terra num futuro distante. Existem poucas palavras que pudessem descrever Colope. Um orbe muitíssimas vezes mais sutil que Vênus e os demais globos das constelações de onde vieram os outros jardineiros cósmicos, como Órion, Plêiades ou Sírius, por exemplo. De lá ele zela pelos ergs que permaneceram no planeta e por toda a humanidade terrestre. Se mantém em contato permanente com os demais mestres galácticos ainda em serviço no planeta e observa os acontecimentos além do tempo e do espaço, da posição que se poderia chamar do eterno presente. Outros astros também demandam sua atenção, de todos cuidando e interferindo através de seus prepostos estelares, outros missionários e jardineiros espalhados pela galáxia.

Entre os ergs na Terra nessa época, oriundos do grupo dos 42 e que não precisariam estar, encontra-se o altíssimo sacerdote cientista Zukov, numa demonstração sem precedentes de desprendimento, desapego e amor fraterno. Além dele, alguns familiares próximos ao imperador também tinham decidido ficar. De fato, o grande governador galáctico não aprovou a permanência de nenhum deles, achando desnecessário essa intervenção tão direta, mas, naturalmente, respeitou, mesmo sabendo que corriam riscos de se comprometer com o planeta. Mas, sabendo também que tudo na vida não passa de um instante de aprendizado, onde a emoção, mesmo o amor desinteressado, muitas vezes, fala mais alto que a razão.

Pouco antes desses acontecimentos uma reunião acontece em Vênus nos preparativos finais dos ergs para deixar Shukra para sempre, como há muito estava programado. Um último encontro no solo do planeta entre os dirigentes máximos do Projeto Terra, selou os próximos passos e os destinos temporários desta humanidade. Sanat Kumara, Devi, Arya, Zukov, Agazyr, além do próprio Hylion se despediam, contando também com as presenças dos excelsos mestres estelares Melchisedec, Payê-Suman e Hórus.

Depois de milhões de anos de trabalho incessante no lindo planeta azul, também os 250 venusianos originais começavam a deixar o planeta nas mãos cheias de sabedoria do segundo grupo de missionários liderados por Aramu-Muru, também presente na breve reunião que se seguiu. O sábio adepto de Vênus, Aramu-Muru, se fazia acompanhar de seus discípulos mais adiantados, que muito ainda trabalhariam no planeta nos milhares de anos que se seguiriam. Eram eles os irmãos Thamataê e Kalami. Thamataê terminaria por ficar muito tempo no planeta, no futuro, para auxiliar de forma mais direta a humanidade e teria sempre a seu lado, como instrutor, o venerável Payê-Suman, que também se mantinha em corpo vibrado por épocas incontáveis e participava de vários projetos.

Kendom Silá se prepara, cheia de júbilo em seu belíssimo

palácio de cristal, para a nobre reunião. As cores das flores nos jardins pareciam ainda mais vivas, os aromas da natureza mais sutis e o canto dos pássaros ainda mais melodiosos naquele dia tão especial. Crianças venusianas correm pelos jardins numa excursão escolar, fazendo aqueles grandes mestres abrirem seus sorrisos ao acompanhar as brincadeiras da varanda onde estavam instalados. Professores afobados correm atrás delas, abanando as mãos em cumprimentos apressados àqueles seres bondosos, que alegremente retribuem os acenos. Na grande varanda de onde se avistava a bela ponte que ligava Kendom Silá a Daya, os doze sábios foram se acomodando, entre cumprimentos e abraços afetuosos de velhos amigos. Protegida do suave sol da tarde por um caramanchão de lindas flores de múltiplos tons, especialmente o lilás, por onde alguns raios teimosos insistiam em passar sem causar qualquer incômodo naquele clima controlado e ameno, a área era enorme e por ela se espalhavam poltronas e mesas baixas.

Colocadas em círculo, doze das poltronas foram preparadas para aquela singela reunião. Outros pequenos grupos de auxiliares destes mestres também se reuniam aqui e ali, espalhados ao longo do ambiente florido e convidativo, onde conversavam calmamente, mas de forma animada e feliz. Paredes quase invisíveis e que pareciam mais uma discretíssima vibração colorida, separavam os grupos, dando alguma privacidade, deixando passar apenas os aromas do jardim e a brisa da tarde. Era como se uma grande festa estivesse para começar, tal a quantidade de sorrisos espontâneos que brotavam de todos os rostos.

Os mestres estelares se sentaram e aproveitaram por alguns momentos o cair da tarde, com o sol avermelhando todo o horizonte e formando uma verdadeira pintura da natureza. Hylion interrompeu o breve êxtase com uma exclamação animada e abrindo os braços, como era de seu costume:

– Bem-vindos irmãos de meu coração. É com alegria imensa e esperanças renovadas que aqui chegamos.

Todos sorriram e responderam à recepção de seu grande líder galáctico. Entre aqueles seres já não se pensava mais em raças, fronteiras, divisões. Coisas como meu ou seu, eram impensáveis. Eram apenas seres viventes dentro da grande consciência cósmica do universo. Conhecedores e entusiastas da noção superior da unidade, trabalhavam apenas para o bem comum, que, nesse caso, atingia todo o quadrante da galáxia onde se situavam e além.

E o imperador dos ergs iniciou a breve reunião com um sorriso brando estampado em sua face, que se fez acompanhar por suas doces palavras:

– Os tempos são chegados meus queridos companheiros e, em breve, deixaremos este maravilhoso planeta que nos acolheu, para sempre. Tanto nós, criados em Erg, como mais tarde também vós, criados aqui em Vênus, somos irmãos e seguiremos todos para o mesmo lugar no tempo devido. Como sabeis, a vaga de vida estará aos poucos se transferindo para a Terra e este lindo orbe entrará em obscurecimento. Isso se dará em algumas centenas de milhares de anos, mas, assim como nós, deveis estar preparados – fez uma breve pausa percorrendo com o olhar cada um daqueles missionários, para depois continuar:

– Deveis estar preparados para o melhor – sorriu alegremente para depois acrescentar – assim como todos os ergs encarnados e que um dia partirão de Bhumi em direção às estrelas, vós também deveis partir de Shukra com o mesmo destino – sorriu novamente olhando os amigos de Vênus ali presentes, um por um – e muitíssimo antes deles. Que felicidade será este grande reencontro.

Fez outra breve pausa e continuou:

– É de vosso conhecimento, inclusive porque todos aqui presentes já estiveram lá, até diversas vezes, no preparo para esta mudança de endereço – não pôde conter um largo sorriso com a própria piada – que me refiro ao planeta Colope, no centro desta galáxia.

Na sequência, ninguém conseguiu resistir ao riso depois do comentário anedótico de Hórus:

– Então, isto quer dizer que vais mudar de casa, meu senhor? Como faremos para vos encontrar daqui para a frente?

Zukov, que também nunca perdia uma boa brincadeira, atalhou:

– E olhe que ele vai para longe, amigo. Creio que nosso imperador cansou apenas de vós, pois prometeu, neste momento, levar apenas os ergs que fizeram sua evolução aqui em Vênus, conhecidos mais como venusianos.

Todos riram, mostrando claramente que evolução tecnológica e, muitíssimo menos, evolução moral, nada têm a ver com seriedade desmedida ou frieza. Ao contrário. O amor fraterno, ao unir em torno de um só propósito os seres, tornava-os também apenas um, trazendo alegria, espontaneidade e regozijo. A felicidade de um era a de todos.

O belíssimo planeta Colope vinha sendo preparado, há milhões de anos terrestres, para receber os egressos de Erg, que viriam aos poucos, respondendo às suas conquistas evolutivas e sua criatividade. Também a humanidade de Vênus, filha da mesma raça L, seguiria para Colope no momento que seu planeta entrasse em obscurecimento. Ninguém pode esquecer que os atuais e avançadíssimos, em todos os sentidos, anfitriões, foram um dia homens das cavernas, trazidos de Erg para colonizar Vênus e colaborar na perpetuação da raça humana. Cuidados com desvelo, atenção e amor infindáveis, transformaram-se em formidáveis e generosos jardineiros cósmicos.

Hylion logo retomou a palavra:

– E, naturalmente, não poderíamos nos esquecer de nossos irmãos dos demais orbes que tanto nos ajudam – falou olhando com ternura infinita para os mestres de Sírius, Órion e das Plêiades – muito tempo ainda passará antes que também abandonem seus planetas maravilhosos e partam para Zangadahr, a Terra da Luz, o lindo planeta abençoado que evoluiu extraordinariamente e cuja humanidade se prepara, generosamente, para poder recebê-los um dia. A vaga de vida se deslocará, totalmente, de nossos ancestrais planetas para outros mais jovens, como Bhumi.

O imperador fez pequena pausa e meditou por alguns instantes, como estivesse a se lembrar de algo. Depois continuou:

– O melhor de tudo é observar como a Grande Consciência Universal, em sua sabedoria infinita, sempre conspira para a realização dos sonhos justos. Como Zangadahr, o enorme planeta das duas luas, também está situado no centro da galáxia, não nos livraremos um dos outros. Seremos vizinhos – falou brincando e feliz.

Todos abriram largos sorrisos e foi o sábio das Plêiades, Melchisedec, que tomou a palavra:

– Quanta ventura nos espera meus irmãos queridos – profetizou alegremente, para depois, com um olhar maroto, fingindo desânimo, completar – e quantas tarefas! Estar perto de vós, ergs, é sempre sinônimo de uma trabalheira sem fim, pois nunca se aquietam.

Ninguém se furtou a uma gostosa risada, até porque era verdade. Brincadeiras à parte, todos ali presentes sabiam que as brilhantes civilizações dessas constelações poderiam partir a qualquer instante rumo a seu novo lar próximo de Colope. Mas, o amor fraterno que transbordava de suas almas cheias de compaixão pelos homens da Terra, e de outros orbes primitivos, há tantos milhões de anos, não permitia que se desligassem dos destinos desses planetas. Muitos missionários ainda passariam por aqui antes que os dias de despedida chegassem.

Desde os tempos imemoriais do grande Projeto Dinastias Divinas, de onde esplendorosa civilização surgiu e desapareceu, assim como toda e qualquer vida no planeta, deixando Bhumi mergulhado em silêncio por milhões de anos, jamais se afastaram completamente. Nesse período, planejavam e executavam, juntamente com seus companheiros estelares de outros globos, como os ergs estacionados em Vênus, a reorganização vital do planeta para nova tentativa de semeadura de vida, o que começou novamente há 18 milhões de anos atrás.

O venerável Payê-Suman, que muito ainda caminharia pelo solo sagrado da Terra, em diferentes lugares e missões, e que tinha participado desta grande aventura humana desde o primeiro momento, se manifestou:

– Como bem lembrais, meus amigos, no novo continente surgido à oeste da Atlântida com os cataclismos de 300 mil anos atrás, na mais alta montanha de uma gelada cordilheira, nosso Aramu-Murú e seus discípulos conduziram os sobreviventes de migrações anteriores a fundarem um grande império. O povo que para lá havia migrado foi quase que totalmente dizimado quando o resto da Lemúria soçobrou. E lá, esta nova safra de venusianos que substituiu o grupo precursor de nosso querido Sanat, labuta há milhares de anos na condução de novas e brilhantes civilizações. Para este cerro espetacular, que será um dia chamado de Andes, foi levado o Disco de Ouro trazido de Erg.

O venerável mestre de Sírius se deteve por alguns instantes, como a rever os trágicos, mas indispensáveis acontecimentos. É difícil para o homem moderno imaginar que eventos de tal magnitude não sejam naturais, e sim, orquestrados pelos homens das estrelas visando o adiantamento moral, espiritual e intelectual das raças terrestres. Neste instante os olhares dos dois mestres se cruzaram: Sanat Kumara e Payê-Suman. Um sorriso fraterno uniu aqueles seres únicos. Ambos sabiam que a jornada continuaria nos milhares de anos que estavam por vir. Cada um de uma maneira. De certo modo o mestre de Sírius trabalharia orientando os venusianos, além de outras raças, como os descendentes dos ergs, diretamente no planeta e o mestre de Vênus faria o mesmo indiretamente, como um supervisor geral do Projeto Terra.

Depois continuou seu pequeno discurso:

– Após novos cataclismos no grande continente de Aztlan, que acontecerão necessariamente, quando então a Terra Mãe se despedaçará, duas grandes ilhas surgirão a partir de suas terras altas.

O celestial mestre de Sírius se deteve um instante, como a vislumbrar os acontecimentos, enquanto todos esperavam respeitosos. No silêncio que se fez, quase se podia ouvir o ruído longínquo das águas rodopiantes do tão conhecido rio que separava Daya de Kendom Silá batendo nas rochas ao longo de seu percurso. Depois seguiu:

– Milhares de anos depois uma nova e brilhante civilização emergirá nas selvas tropicais aos pés dessa grande cordilheira. Espetacular conjunto de cidades surgirá em torno do novo mar interno desse continente, que um dia será chamado de América do Sul, formando um novo império. E, uma vez mais, o Disco de Ouro será transferido, desta vez para as terras que serão chamadas, no porvir, de amazônicas.

Parou por um momento seu vaticínio, como a observar o futuro e sorriu:

– Poucas dezenas de milhares de anos depois, com novos cataclismos à vista, os missionários cósmicos correrão a conduzir os povos novamente em novas levas migratórias. Grande movimentação humana se dará no planeta. Como sabeis amigos, eu e outros missionários participaremos de toda essa circulação das raças. Eu próprio estarei à frente deste projeto em diferentes momentos, especialmente naquele que, um dia, será conhecido como Projeto Terras do Sul – suspirou ao antever o maravilhoso trajeto dos corajosos atlantes pelo globo.

Depois, olhando ternamente para o adepto venusiano Aramu-Murú, continuou:

– E vós, querido amigo, com seus dedicados discípulos, é que abristes os caminhos para grande parte dos povos da Atlântida migrarem para o continente que será chamado de novo mundo, assim como outros mestres o fizeram para outras partes do planeta.

Fez pequena pausa, sempre sorrindo, como se já estivesse à frente do tempo. Depois concluiu, enquanto todos o ouviam, embevecidos com sua sabedoria e bondade:

– Muitas lutas. Novas civilizações surgirão desse esforço conjunto impulsionado, unicamente, por amor à vida. Oh! Que dias gloriosos virão para essa jovem humanidade.

Apesar de seu incrível adiantamento, o sempre respeitoso Aramu-Murú, assim como todos os habitantes de Shukra, considerava todos aqueles seres celestiais como seus irmãos mais velhos e no casos dos ergs, como seus pais. Os próprios venusianos, um dia, seriam também considerados como pais da raça terrestre, por seu empenho inacreditável. Jamais abandonaram, nem mesmo por um só momento em todos esses milhões de anos que se passaram, os filhos de Bhumi. E por eles velam até os dias atuais, apesar de terem deixado a interferência direta no planeta há pouco mais de um século. Apesar disso, existe o planejamento de retornar se a necessidade surgir. Tudo dependerá do caminhar do homem sobre o solo do planeta.

Thamataê, Kalami e Aramu-Murú, que já participavam de todo o melodrama terrestre desde o princípio do último milhão de anos, e que aqui ficariam até o fim do Projeto Terras do Sul no século XX da era cristã, escutavam Payê-Suman contritos, mas felizes por servir.

O adepto de Shukra pediu licença e tomou a palavra por um breve momento:

– Assim como vós, meus senhores – falou respeitoso dirigindo-se ao velho amigo estelar de Sirius e aos demais trabalhadores ainda empenhados diretamente na tarefa – todos os de meu povo optaram por ficar, apesar dos corações apertados ao ver a partida dos ergs para Colope.

Respirou fundo, como a acalmar as próprias emoções e depois continuou:

– Sabemos que o tempo e o espaço não existem e, desta forma, continuaremos todos juntos. Mas, não negamos que o olhar dentro dos olhos de nossos entes tão queridos, além das telas mentais, por exemplo, é muito melhor – sorriu brandamente.

Hylion sorriu compassivo, estreitando o filho num abraço espiritual que a todos comoveu.

A partir daí, com a partida definitiva da maioria dos ergs pioneiros para Colope, a história seguirá como o planejado milhões de anos atrás, nessa nova tentativa de trazer a vida ao lindo planeta azul. Começa a segunda fase das Dinastias Divinas, projeto abandonado depois do fracasso da primeira tentativa de colonização do planeta conduzida pelos seres das mesmas constelações, que retornaram para retomar a tarefa. Como já foi visto, após a semeadura de vida no sistema solar, o que incluiu Venus, por exemplo, esses jardineiros cósmicos construíram majestosa civilização na Terra, que, no entanto, desapareceu em função dos desacertos de seu próprio povo. Como tudo na vida, quando os erros são demasiados, especialmente os gerados pelo egoísmo dos homens, muitas vezes é preciso terminar para recomeçar do zero. No caso de civilizações inteiras, geralmente em acontecimentos planetários gigantescos, creditados ingenuamente ao destino ou ao desejo de uma divindade.

Sempre em função de acontecimentos climáticos previamente orquestrados, os atlantes se espalharão pelo planeta, sendo cada caravana migratória conduzida por um grupo de missionários das estrelas. Mestres siderais que, uma vez mais, apenas por amor fraterno, voltavam para ajudar o progresso dos homens e que seriam considerados divinos em várias das insipientes civilizações nas diferentes épocas. Zukov levaria o povo de Lanka para o norte do continente da Atlântida antes que este se partisse e sobrassem somente algumas poucas pequenas ilhas, além de duas maiores. Em região determinada pelo sacerdote cientista de Erg e que seria, no futuro, conhecida como Ruta, uma das grandes ilhas sobreviventes, seria o local para onde seguiriam, principalmente, os remanescentes de ergs e morgs, com seus magos da luz e das sombras em eternas disputas.

Em Ruta encarnou um grupo especial de pouco mais de duas centenas de ergs com adiantamento acima da média, dos quais muito se esperava. Ficaram conhecidos como família espiritual. Trabalharam e ajudaram muito realmente, mas, com o tempo, como eram mais esclarecidos que a maioria, muitos fizeram escolhas livres, onde preponderou seus desejos pessoais acima de tudo, o que lhes proporcionou carmas, digamos, que prendem muitos deles ao planeta até hoje. Todavia, neste momento da humanidade, muitas encarnações isoladas ou em grupos depois, a maioria deles está prestes a retornar a seu povo nas estrelas, diferentemente de algumas dezenas um tanto mais seduzidos pelas vantagens que seu adiantamento lhes proporcionava no planeta, que se rebelaram e se perderam de seu grupo irmão há milhares de anos. Esses grupos se organizaram, conscientemente ou não, nas chamadas encarnações gêmeas, quando encarnavam nos mesmos lugares e em épocas próximas, permitindo que seu trabalho fosse mais coeso, eficiente e produtivo.

As mais produtivas passagens pelo planeta de um desses grupos se deram nos seguintes locais:

– Atlântida (em Ruta)

– Himalaia (entre Tibet e China)

– Andes (entre os sobreviventes da civilização dos Tiwanakus)

– Brasil (no litoral do Espirito Santo, na Terra das Araras Vermelhas)

– Brasil (nas terras altas do Espirito Santo, na Terra dos Ay-Mhorés)

– Egito (durante a transição da 2ª. dinastia divina e a 1ª dinastia terrestre)

– Canadá (entre os Iroqueses da região dos Grandes Lagos)

– França (durante a Revolução Francesa, em Paris)

– Brasil (séculos XX e XXI, especialmente em estados do sudeste e sul)

Entre uma e outra encarnação gêmea, onde tentavam reencontrar o caminho perdido das estrelas, o que ainda não conseguiram, se dispersavam pelo planeta para novos aprendizados ou distrações nas ilusões da matéria.

Milhares de anos depois da partida dos ergs da família espiritual para o novo mundo, para terras que seriam conhecidas no futuro como América do Sul, um dos mestres iluminados de Seir, que seria marcado pelos gentios como Thot, levaria parte das sub-raças atlantes remanescentes em Ruta, os semitas originais e algumas raças de pele escura, para o então verdejante vale do rio Nilo, em Kemet, as Terras Negras. Terras que, no futuro, seriam batizadas como Egito e Etiópia.

Ali, Hórus, o mestre das Plêiades e seus discípulos, construiriam, lentamente, a fantástica civilização egípcia, que entraria para a história recente da humanidade como uma das mais fantásticas e adiantadas. Uma das mais famosas dinastias divinas tomaria lugar no grande vale e deixaria para sempre marcada a presença dos homens das estrelas na Terra. Legados arqueológicos fenomenais e gigantescos, podem ser encontrados, não apenas em todo o vale, mas nas mais diversas regiões do planeta. Alguns, inclusive, se encontram ainda submersos, como as ruinas do Império Paititi, na Amazônia, desaparecido com o fechamento do antigo mar interno. Outra parte dos semitas seguiria para a região do atual Mar Morto, onde existem hoje alguns países árabes e Israel, guiado por Karttikeia, de Erg, que havia permanecido, com Zukov e outros ergs, trabalhando no planeta.

Outros, de raça vermelha, seriam conduzidos para o norte, onde, em futuro longínquo, depois de longas migrações, dariam origem aos originais povos da região polar da América do Norte, os inuítes, conhecidos hoje como esquimós. Essa raça, originalmente nômade, se estabeleceu em torno da região ártica de vários países. Também deram origem aos indígenas de pele vermelha um pouco mais ao sul, que se espalhariam em centenas de tribos diferentes. Um desses povos ficaria marcado como o grande povo Iroquês, fixado nas margens dos grandes lagos, situados hoje nas fronteiras do Canada. Os mestres Skyros e Milarepa, da constelação fraterna de Ursa Maior, há milhares de anos auxiliando os venusianos em Bhumi, se encarregaram dessa obra monumental, entre outras.

Como se percebe, os povos foram separados por etnia para facilitar seu assentamento nos diferentes lugares do planeta, o que favoreceria seu progresso. Na Atlântida original as principais raças eram a negra e a vermelha, esta última conhecida como Nhengatú. Muitos outros grupos de nhengatús já haviam migrado para os Andes e para a região de Nazca, milhares de anos antes dessas migrações para o norte, em cataclismos anteriores.

E milhares de anos depois da partida dos ergs para Colope, guiados por Payê-Suman, muitos outros migrarão para o Brasil, na Amazônia, onde florescerão as grandes cidades do Império Paititi, às margens de seu Mar Interno, desaparecido posteriormente em função de outros cataclismos. Será o início do Projeto Terras do Sul. Também se dirigirão para a região do Piauí, onde nascerá a famosa Itaoca, cujas ruínas podem ser vistas até os dias de hoje, conhecida como a Cidade das Pedras. Ali algumas das últimas lutas entre magos brancos e negros foram travadas, com a vitória final sendo liderada pelo mestre de Shukra e discípulo de Aramu-Murú, Kalami.

Finalmente, também guiados por Payê-Suman uma última leva migratória dos povos de pele vermelha seguirá para o litoral do Espírito Santo, onde uma magnífica e duradoura dinastia de reis atlantes dará origem, em futuro longínquo, às raças dos silvícolas brasileiros. Muitos dos evoluídos 250 ergs que tinham seus reinos em Ruta passaram por essas grandes civilizações. Essa migração ocorrerá após seu grande líder Zac ser orientado diretamente pelo venerável de Sírius, numa interferência direta desse missionário, que o convence da iminente destruição da Terra Mãe, o que realmente veio a acontecer. No Brasil nascerá então a famosa Terra das Araras Vermelhas, que será contemporânea dos povos remanescentes do Império Paititi que, à época, já haviam se transferido mais para o sul, na região da Serra do Roncador, onde hoje existe a cidade de Barra do Garça, no Mato Grosso.

Também acontecerão as andanças da raça de homens de peles claras e desenvolvidas na Atlântida, para as regiões geladas hiperbóreas do planeta, até o norte do continente hoje conhecido como Europa. Melchisedec, das Plêiades, orientou grandes migrações dessa raça para a região do Mediterrâneo, onde, no futuro, grandes povos surgiriam, como os persas e os caldeus, com suas impressionantes civilizações. Outros, de raça amarela, ainda foram levados para o extremo oriente, por mestres como Milarepa e para a região da Indochina, pelo mestre Rama, de Sírius.

Por toda parte o planeta vibrava com a vida semeada pelos jardineiros cósmicos e com o desenvolvimento dos povos surgidos com o auxílio dos mestres estelares de toda a galáxia. Nenhum dos seres celestiais citados agiu de forma solitária. Centenas deles participaram em cada etapa, trazendo seu amor, seu trabalho e sua sabedoria infinita e generosa aos homens da Terra. A grande aventura terrestre começava a tomar a forma esperada pelos mestres galácticos, sob a supervisão permanente e paternal de Hylion, entre 100 e 50 mil anos atrás. Os homens, sem perceberem, deixavam lentamente de serem tutelados pelos seres estelares, aqui e ali, iniciando a caminhada que moldaria seus próprios destinos até os dias de hoje, onde, infelizmente, os embates entre a luz e as trevas ainda continuam.

Teriam os homens das estrelas tido sucesso nesta segunda empreitada? Sim ou não? Teria a importância da realização sido apenas relativa ao caminho percorrido por cada ser que por aqui passou? Ou o propósito estaria na contribuição de cada um com a grande consciência universal, onde todos podem colaborar de forma criativa e participar, dependendo somente de sua intenção?

Sacerdotes

Em algum lugar os magos refletem sobre as razões dos mestres siderais serem, geralmente, chamados de sacerdotes ou estarem nessa posição entre os homens ancestrais. Para os homens do espaço, tudo tem a ver com a alma, com a unidade, isto é, com sua perfeição, com amor fraterno, incluindo a ciência. Desta maneira, todo o conhecimento, através das diversas eras, passavam por eles, geralmente híbridos ou até mesmo em corpos vibrados, que os distribuíam de forma consciente e equilibrada. De fato, sua posição sacerdotal nada tinha a ver com religiosidade, embora os terráqueos, que viviam, e ainda vivem até os dias atuais, em modelos dualistas, não se apercebessem disso e os tivessem como seres divinos. As pessoas não se interessavam em buscar as razões dos fenômenos tidos como mágicos acontecerem, pois simplesmente os definiam como obra de alguma divindade. Os missionários estelares precisavam passar aos atrasados habitantes do planeta, além de conhecimentos de todos os tipos, modelos diferentes sobre o significado da vida e de que forma o fariam? Tentando explicar seus complexos entendimento da vida no universo? Naturalmente isso não seria eficiente, pois não seriam compreendidos. Simplesmente não falavam de seus modelos, apenas se utilizavam de mecanismos onde esse modelo funcionava melhor e era sempre através da religiosidade insipiente das populações. Na verdade, sempre existiu o chamado fundamentalismo religioso e, como sempre, a intensão dos mestres não era destruir crenças e sim construir novos paradigmas que pudessem libertar os homens de seu atraso e de suas amarras. Não precisavam contar suas verdades, pois, naqueles momentos históricos, o melhor era utilizar metáforas ou milagres, por exemplo, o que era muito eficiente, pois trazia o amor e o progresso como objetivos finais e beneficiavam a todos. Cada mestre ou avatar criou o modelo adequado para o momento de sua influência entre os homens da Terra. Houve um grande progresso evolutivo por causa dessa estratégia. Naturalmente também sempre existiram seres das sombras travestidos de sacerdotes, e com poderes e conhecimentos parecidos para, até certo ponto, também subjugar as leis da natureza e até mesmo seduzir usando as mesmas técnicas, porém, com objetivos diferentes, ou seja, visavam o proveito próprio, como o poder ou os ganhos financeiros. Vantagens diversas. O que facilitava esse tipo de intervenção desses sacerdotes, sem dúvida, além das crendices diversas e próprias das diferentes épocas, foi o fato de que por muito tempo terrestre, seus habitantes eram providos da mesma paranormalidade dos povos originais da maioria dos planetas, fazendo com que não houvesse barreiras com os mundos suprafísicos, o que adiantava sua evolução. No entanto, foi preciso conferir-lhes um impedimento sutil protetor, que terminou por ser uma simples camada energética, pois os mais cultos e espertos entre eles, entre eles os sacerdotes mal-intencionados, começaram a abusar dessa qualidade dos homens para promover alterações nas leis da natureza em benefício de si mesmos. Como sempre, os homens criam empecilhos para sua própria evolução. De qualquer maneira nunca existiu um modelo único e ideal de abordagem para todos os povos, o que, aliás, acontece até hoje no planeta. Porém, é compreensível a busca dos seres pelo consolo da dor através da dualidade de suas crenças, e isso sempre foi respeitado. Em algum momento os terráqueos perceberão que talvez o que os aproxime mais rapidamente da unidade com a grande consciência cósmica seja o que já conhecem por universalismo, que nada mais é que amor não dogmático.

9. Os donos da Terra – a longa e interminável disputa

> Onde o amor impera, não há desejo de poder; e onde o poder predomina, há falta de amor. Um é a sombra do outro.
>
> Carl Jung

Depois da partida de Hylion e da maioria dos ergs de primeira hora para Colope, os que ficaram retidos no astral da Terra em vida suspensa por tempos incontáveis desde a explosão de seu planeta natal, começaram a encarnar na Atlântida. Eram mais de três milhões de seres que retornavam à matéria num ambiente ainda primitivo e muito diferente daquele no qual viveram em sua magnífica terra natal. E logo se depararam com seus arqui-inimigos, os belicosos e orgulhosos morgs. Também muito numerosos, já tinham milhares de anos de experiência no planeta, mesmo tendo encarnado inicialmente no desaparecido continente de Mú, em condições ainda muito mais precárias. A Lemúria foi naufragada nas águas profundas à leste da África, onde hoje se encontram os Oceanos Índico e Pacífico, em eventos cuidadosamente preparados para propiciar, não só o novo passo reencarnatório na evolução dessa raça, como seu reencontro com os ergs.

A esse contingente enorme de novos humanos juntam-se os egressos das constelações de Órion, Sírius, Plêiades e Cocheiro, entre outros. Encarnam numa posição quase de neutralidade, isto é, não são nem bons e tampouco maus. Apenas não conseguiram acompanhar o extraordinário desenvolvimento moral e espiritual de seus evoluídos planetas. Degredados em massa para novas oportunidades, são também muito numerosos, representando aproximadamente, um terço dos encarnados no planeta, formando uma proporção equânime com morgs e ergs. São aqueles que, no futuro, se tornariam o fiel da balança.

Como se pode observar, por toda a galáxia seres são realocados visando não apenas um reinício de caminhada, mas uma conveniente ação de conscientização dos valores que deixaram de lado de forma infantil e, na maior parte das vezes, egoísta. Valores da grande consciência universal, que priorizam a unidade, o amor fraterno e a compaixão. Quando não conseguem atingir esse objetivo depois de centenas ou milhares de oportunidades, seu afastamento do seio de sua família estelar pode representar um momento de saudade e de reflexão, que lhes permite encaminhar melhores decisões no futuro.

Estaríamos nós, habitantes do século XXI nos aproximando da mesma situação? A maioria dos teólogos, dos teosofistas, dos líderes religiosos e outros pensadores, dizem que sim. Haveria um novo lugar no cosmos preparado para receber aqueles de nós que forem ficando para trás nos quesitos apresentados acima? Sim, porque, os valores cósmicos, éticos especialmente, não mudaram nada nestes muitos milhões de anos de andanças do ser humano pela galáxia. Continua-se sempre buscando um homem compassivo, fraterno e generoso. Em contrapartida, uma parte da humanidade ainda se arrasta no mesmo lamaçal de ignorância de quando aqui chegou, perdida nos grilhões do proveito próprio.

No reencontro de ergs e morgs na Terra Mãe, encontram-se ambas as raças em pé de igualdade quanto à inteligência e conhecimentos. Todavia, enquanto os morgs tiveram que suar muito ao longo do caminho, passando por corpos e condições de vida animalescos até chegar ao melhor da raça hominal da época, para então, quando já dotados do mental, serem capazes de começar a relembrar-se de muitas coisas. Das artes às ciências, incorporadas em suas almas egressas de planeta mais adiantado, os ergs vinham tranquilos, sem que nenhum embate ou sofrimento tivesse sido necessário.

Estes ergs não tinham ainda tido a ventura de retornar a seu povo nas estrelas, pois, simplesmente haviam se acomodado ou distraído, permitindo que os morgs tomassem conta de suas mentes, o que terminou causando a destruição de seu belo planeta. De qualquer maneira, ao não laborar pelo bem comum, mesmo que fosse apenas tomando conta de si mesmo, o que todos tinham condições de ter feito, ganharam, por assim dizer, um carma. Não no sentido punitivo, mas de aprendizado necessário. Não eram, absolutamente, maus, mas também foram, de certo modo, egoístas, ao não se dedicarem ou não se comprometerem com a ajuda que seu povo, como um todo, necessitou na época. Na nova terra poderiam fazer enorme diferença, como fizeram realmente, no estabelecimento de leis fraternas, mas também não demoraram a se deixar levar pela sedução do súbito poder conquistado. Ao perceberem que eram seres superiores, em vários sentidos, especialmente em relação aos degredados das constelações próximas, o que os tornava poderosos, muitos daqueles ergs comuns sucumbiram aos desejos do ego, inúmeras vezes, tornando sua passagem pelo planeta mais demorada do que seria necessário.

Por sua vez, os cerca de 250 ergs mais adiantados que encarnaram apenas em Ruta, quase quinhentos mil anos depois das encarnações dos milhares de conterrâneos que os antecederam, já chegaram usufruindo da espetacular civilização ali instalada com a ajuda do missionário Zukov, entre muitos outros. A maioria deveria retornar rapidamente para o seio de seu povo nas estrelas, agora em Colope, mas, donos de inteligência superior, até mesmo em relação aos demais ergs, muitos também sucumbiram aos próprios desejos, encarcerando-se ao planeta por outros tantos milhares de anos. Vários dos que não conseguiram ainda voltar, mesmo que cheios de boas intenções, uma minoria, formaram, como já foi mencionado, uma espécie de família espiritual. Vão se reencontrando aqui e ali ao longo das diversas vidas, dividindo-se em pequenos grupos, tentando se ajudar e promover o retorno ao lar, o que, para grande parte deles, está prestes a acontecer. Enquanto isso não acontece, trabalham para o bem comum da humanidade nas mais diversas áreas. Os mais despertos têm plena consciência disso tudo e já laboram sem esperar recompensas. Trabalham apenas por amor ao próximo, unidos aos propósitos da grande consciência universal.

No entanto, fora desta família, outro grupo se perdeu completamente, aliciado pelos morgs ou pelas maravilhas possíveis no planeta, todas à sua disposição. Foram, com o tempo, frente às enormes facilidades encontradas, se tornando grandes líderes, pois se perceberam dotados de poderes ou inteligência superior aos demais humanos. Através dos tempos, nunca pouparam vidas ou sofrimentos alheios para conquistar seus objetivos de poder, especialmente. Esqueceram nos porões de suas almas os motivos que os trouxeram para cá, assim como a maravilha que sua raça representa no cosmos e as responsabilidades dela decorrentes. Neste século que nos acolhe não é difícil perceber quem é quem ou, minimamente, quais as origens cósmicas de cada ser em evidência em cada fronteira, em cada território deste nosso lindo planeta azul.

Sim, porque os descendentes de toda a semeadura promovida pelos homens celestiais, formam a grande massa comum da humanidade. Que vive, luta, sofre, ama e é mais ou menos feliz ou infeliz. São apenas os seguidores, sem grande ou mesmo sem nenhum poder de manejo ou de decisão sobre as próprias existências, facilmente manipulados por grandes inteligências sem que se apercebam disso. Isso, naturalmente, não os exime de responsabilidade, pois poderiam lutar ou espernear mais, quem sabe. Nem que fosse consigo mesmo, contra seus próprios defeitos. Porém, uma característica do homem mediano é jamais se afastar de sua zona de conforto, onde toda a felicidade e os possíveis sofrimentos são conhecidos e estão sob seu controle. Ou ele acredita que estão. Pensa, erroneamente, estar no comando da situação em que sua vida se concentra.

Todavia, no lado oposto, todos aqueles que, de alguma maneira, são expoentes, fazem seguidores aqui e ali, capazes de mudar as mentes dos indivíduos ou os destinos do planeta, com ações diretas ou indiretas, são alguns dos muitos ergs e morgs originais remanescentes, em novas vestimentas, assim como muitos dos demais degredados das constelações vizinhas. Para o bem ou para o mal são extremamente ativos. São dirigentes, são grandes líderes religiosos ou os que comandam exércitos para fazer a guerra ou para promover a paz, ou então, mais simplesmente, são os que pregam e ensinam ideias de amor ou de ódio. De qualquer modo, formam um contingente de milhares de seres cujas origens estelares se perdem no tempo, transitando pelo planeta livremente, construindo ou destruindo.

Qualquer observador atento poderá perceber essas características e essa movimentação, pois vivemos num curtíssimo espaço de tempo delimitado por nosso calendário gregoriano, onde as histórias dos povos desta era cristã são facilmente estudadas. Especialmente as que dizem respeito ao caráter dos que disputam o poder, o que sempre aconteceu, cada um em sua época.

Se andarmos um pouco mais para trás veremos faraós cheios de compaixão, como Narmer, o primeiro faraó humano, que tentou implantar um modelo monoteísta e governou amorosamente para seu povo, apesar dos permanentes embates contra as forças das sombras. Ou Akhenaton, por exemplo, que tentou reintroduzir o mesmo modelo do Deus único e terminou morto pela sanha de poder de alguns sacerdotes da mais alta hierarquia, como os de Tebas, no baixo Nilo, justamente os que deveriam defender o amor, a fraternidade e o próprio rei, tido como filho de Deus.

Como seres de índoles tão diferentes habitam o mesmo planeta e ao mesmo tempo? É o que comumente nos perguntamos hoje em dia quando olhamos para a história mais antiga da humanidade. Mas, nem precisamos ir tão longe, pois, há menos de um século, grandes guerras massacraram milhões de indivíduos em diversas partes do planeta. Quem eram essas pessoas que promoveram tantos genocídios? A resposta parece bem óbvia.

Ainda assim, continuamos juntos até hoje, morgs e ergs, entre outras raças estelares, porque todos precisávamos de novas oportunidades. Há quem tenha se agarrado às sombras, mas, a maioria, apesar de acomodada, parece preferir a luz. De qualquer maneira, mesmo que a maioria de nós sejamos apenas descendentes, ter um pouco mais de percepção do que realmente acontece ao nosso redor, de quem somos realmente, de nossas origens cósmicas e o que fazemos aqui enquanto humanidade, pode nos auxiliar a tomar melhores decisões. Todas essas coisas continuam a acontecer ainda hoje, pois, alguns continuam a achar que ainda são os melhores ou os mais espertos, isto é, ninguém jamais vai conseguir enganá-los ou derrotá-los. Não importa quantas vezes se esfregue a realidade em seus olhos, fazem de conta que não é com eles ou, mais simplesmente, não ligam. Além disso, gostam de dar ordens e de determinar como as coisas devem ser. Não se importam em causar eventuais sofrimentos a seus semelhantes. Seres ainda notadamente endurecidos e indiferentes, que em tudo lembram a personalidade dos egressos do planeta Morg.

E, pensando nisso, estariam ainda alguns daqueles morgs mais importantes, que aqui chegaram com Rakasha, entre nós? Sim, possivelmente, seria a resposta mais coerente. Até porque, para onde iriam no cosmos enquanto permitirem que o ego se sobreponha a tudo o mais? E se olharmos de um ângulo oposto, veremos outros tantos, até mais numerosos, que parecem preguiçosos ou acomodados. Indivíduos que se deixam comandar em troca das migalhas de paz de espírito que lhes são atiradas e que continuam a viver suas vidinhas sempre com uma desculpa na ponta da língua para sua inércia. Estes, é claro, nos lembram os ergs comuns, que em nada contribuíram para salvar seu lindo planeta, pois estavam por demais ocupados cuidando apenas das próprias vidas.

Como se percebe, pouca coisa mudou no íntimo de muitíssimas almas desde sua chegada como integrante das raças dominantes no planeta até os dias de hoje. No fundo, de alguma forma, muitos continuam ou aprenderam a só pensar em si mesmos, isto é, a serem egoístas. Ao final das contas, essa postura pode ser tanto de arrogância e prepotência, como de acomodação. É claro que essas posições eram inevitáveis entre povos com diferenças ancestrais, mas ajudou o desenvolvimento do planeta propriamente dito, pois trouxe um equilíbrio de energias nos primeiros tempos. Equilíbrio que proporcionou extraordinário avanço nas civilizações em todas as áreas e instâncias de nossa humanidade.

Hoje em dia, todavia, nada disso faz mais sentido e os fundamentalistas, ainda muito apegados às suas raízes estelares, só atrapalham. Não ajudaram muito quando a caminhada prosseguia com muitos percalços, muitíssimos milhares de anos atrás e ainda atrapalham nestes últimos séculos. Felizmente, a grande maioria dos antigos ergs e morgs, assim como seus descendentes, auxiliados pelos seres mais simples e sem tantas paixões oriundos das constelações próximas, já cursam uma trajetória de fraternidade e são a maioria no planeta.

Mas, nos tempos ancestrais da antiga Atlântida, como planejado, morgs e ergs facilmente se tornaram os donos da terra e os embates se concentravam, especialmente, em disputas escondidas nos porões dos templos da luz ou das sombras. Grandes feiticeiros agiam seguindo ordens de governantes, quando não eram eles próprios os mandantes. Por trás de tudo sempre o desejo de poder, de vantagens e privilégios. Quando a magia negra cresceu sem controle na grande cidade das Portas de Ouro, a antiga Ramakapura, a maior de todo o império atlante na época, alguns dos ergs do grupo dos 42 que deveriam partir para Colope e que por aqui ficaram por amor aos homens da Terra, precisaram entrar em ação, o que não lhes foi difícil. Os efeitos espetaculosos que na época eram tidos como magia negra, nos dias de hoje seriam fenômenos compreendidos facilmente pela ciência da física quântica. Mesmo com a encarnação do antigo imperador dos morgs, também em condições já muito favoráveis na evolução das raças, os embates continuaram equilibrados por muito tempo.

Com a encarnação maciça dos ergs comuns, rituais de magia branca foram desenvolvidos nos Templos Iniciáticos da Luz, que haviam sido transferidos para a Terra Mãe. Os chamados magos brancos surgem, na verdade mestres estelares em corpos vibrados e orientam esses ergs no domínio de suas mentes para cessar o contato descontrolado com os mundos extracorpóreos, fenômeno que os morgs já dominavam. Com o tempo essas medidas começam a equilibrar as ações novamente e a luta parte para o plano físico. Guerras, escaramuças e embates de todo tipo se multiplicaram durante tempos sem conta, sem nunca, todavia, abandonar o plano da luta através dos procedimentos de magia.

Os adiantados de ambas as raças conseguiam, facilmente, a comunicação com outras consciências vivas em outros planos de existência, acessando importantes informações do astral e de outros sub planos. Estas capacidades facilitavam as artimanhas de poder e os crimes na calada da noite cometidos por magos negros, seus reis e seguidores ou então as estratégias de defesa dos magos brancos e os governantes aliados. Uma luta sem fim.

Quando se fala na Atlântida, há ainda quem pense que tudo se resumia a cidadelas atrasadas com pequenas vilas em volta, talvez. Na verdade, tratava-se de uma imenso continente onde, quinhentos mil anos depois da chegada dos ergs, aqueles retidos em vida suspensa, já abrigava muitos reinos, povos e civilizações bastante desenvolvidas, cuidadosamente orientadas pelos seres das estrelas. Eram todos atlantes, originalmente, apenas por terem seu lar terrestre naquelas enormes terras de vegetação farta e luxuriante situada entre os futuros continentes americano e africano. Nessa época diversas sub-raças já haviam surgido, especialmente a negra, chamada de Tlavatis e a vermelha, que ficou conhecida como Toltecas, na qual a maioria dos ergs encarnou. Posteriormente surgem aqueles de pele mais clara, que no futuro seriam chamados de Árias.

Os Tlavatis, mais tarde, seriam também conhecidos como Etíopes, e migrariam para o norte e centro da África, enquanto os Toltecas seriam chamados de Nhengatús e migrariam para muitas regiões do globo. Até hoje, no norte do Brasil, por exemplo, pequenas vilas de povos indígenas originais da terra ainda falam o idioma nhengatú. Os Árias, a sub-raça branca, foram aqueles levados para a região norte do Mediterrâneo, de onde viriam a colonizar todo o futuro continente europeu, incluindo suas regiões árticas.

Nessas regiões hiperbóreas se encontrariam em algum momento com alguns povos nhengatús, que seguiam para o leste em direção ao estreito de Bering. Lá chegando os nhengatús se instalariam ao redor dessa região, onde seus descendentes permanecem até hoje em locais como a Sibéria e o Alasca, sendo conhecidos, genericamente, como esquimós. Muitas de suas tribos continuariam a jornada rumo ao sul, descendo pelo continente americano através de milhares de anos até se instalar nas terras frias ao redor dos Grandes Lagos, na região hoje fronteiriça entre Estados Unidos e Canadá. De lá, com o tempo, se espalhariam por toda a região centro-sul e oeste desses países da atual América do Norte, especialmente a mais meridional. A longeva permanência dessa raça nas terras setentrionais provocou mudanças em seus DNAs, tornando os olhos mais fechados e oblíquos, provendo uma proteção extra aos efeitos devastadores dos raios ultravioletas nessas regiões geladas.

Como se pode observar eram várias sub-raças na Terra Mãe, que deram origens a civilizações próprias, com costumes e crenças próprios, além de terem também seus próprios governantes. Chefes tribais, grandes governadores e reis existiam por toda parte no continente. E foram muitos desses líderes os escolhidos para serem intuídos, entre outras formas de comunicação, algumas até mais diretas, com os instrutores vibrando corpos físicos temporários, para tirarem seus povos do continente de forma organizada, quando cada cataclismo programado para acontecer se aproximava.

E assim aconteceram, durante milhares de anos, as grandes migrações atlantes, sempre tendo à frente dedicados missionários oriundos das estrelas na sua condução.

Colapso quântico

Em algum lugar os magos refletem sobre os milagres feitos pelos mestres estelares no planeta Terra. Como os homens comuns logo perceberão, o que os antigos chamavam de milagres e muitos ainda chamam, a ciência do planeta já sabe que se trata apenas de colapsos quânticos, isto é, fenômenos que modificam ou interferem nas leis da natureza. São flexões na Grande Lei, aquela que rege o cosmos. Os grandes avatares que passaram pelo globo movimentaram toneladas de pedras ou, simplesmente andaram sobre as águas, por exemplo, invertendo as leis da gravidade. Promoviam alterações na Grande Lei, momentâneas ou não, cujo conjunto é conhecido pelos físicos modernos como equação quântica. Os egos, as individualidades passageiras dos homens, digamos, que também são chamadas de mônadas quânticas pelos cientistas, precisam desses modelos mais simples ou milagrosos para compreenderem melhor como funciona seu existir dentro de suas limitações atuais, e até para entenderem a própria vida. Isto se dá porque a região de seus cérebros onde estão gravadas as percepções do mundo exterior, que são as unidades básicas de memória e permitem o reconhecimento das coisas desse mundo, ainda é limitada e não compreende determinados fatos, necessitando de simplicidade. Porém, na verdade, não existem milagres e tampouco essa separação entre este ou aquele ser, por exemplo. Além disso, seu atual estágio evolucionário ainda o faz viver num mundo de ilusão e dual. Como se vê, os grandes mestres e avatares dominavam com facilidade os meandros dos fenômenos tidos hoje como científicos.

10. O fim dos tempos – as duas grandes ilhas

O medo surge, simplesmente, porque você não está vivendo na vida – você está vivendo em sua mente.

Sadhguru

Enorme programação continuava em curso na Terra. Passados dezoito milhões de anos depois da chegada dos primeiros venusianos, com Sanat Kumara sempre liderando as migrações de seres de planetas diversos no ultimo milhão de anos, os missionários cósmicos continuavam firmes em sua tarefa gigantesca. Milhões de seres degredados de constelações próximas, assim como milhões de morgs e ergs também já tinham encarnado no planeta, em diversas épocas e estágios de evolução, tanto física como mental. Lembrando que as primeiras levas começaram sua caminhada no planeta em estado absolutamente primitivo, isto é, em formas selvagens e sem noção de si mesmos. Cada grupo de acordo com sua necessidade e, principalmente, desenvolvimento moral. Aproximadamente dez milhões de indivíduos oriundos de outros orbes haviam chegado. E, a partir deles, outros milhões de humanos, descendentes destes seres estelares também já circulavam pelo planeta.

Há duzentos mil anos as migrações já se concentravam apenas dentro do planeta, com civilizações inteiras se movimentando em função dos grandes cataclismos que continuavam a acontecer. O globo terrestre continuava a mudar sua face, aparentemente num estágio de acomodação geológica, o que, todavia, sabemos ter sido obra de engenharia mental dos condutores dos povos visando acelerar sua evolução. Dedicados missionários tinham auxiliado no surgimento de grandes civilizações, muitas já desaparecidas na poeira dos tempos. Nessa época, povos pré-incaicos, pré-colombianos e mediterrâneos, todos de grande esplendor, já dominavam suas terras, além daqueles que ainda resistiam na própria Atlântida.

Mais ou menos no mesmo período o grande continente de Aztlan começa a sucumbir, definitivamente, aos novos cataclismos que continuam a moldar o ambiente planetário, trazendo oportunidades para alguns povos, mas também destruindo civilizações. O continente se despedaça e soçobra nas águas do atual Oceano Atlântico. Suas partes remanescentes mais importantes terminam por formar duas grandes ilhas.

Aos olhos desavisados do homem moderno, todos nós, aprisionados que somos numa história de tempo limitado, onde a maioria ainda conta os dias a partir do advento da cristandade ou, quando muito, do surgimento de outros eventos ou avatares mais ou menos na mesma época, a evolução humana no planeta é tida como uma sucessão de inúmeras e odiosas tragédias. Algumas exceções são encontradas no extremo oriente, onde a contagem do tempo começa um pouco mais para trás, embora sem grande importância real. Um, cinco ou dez milênios de diferença, pouco significam nas contas dos jardineiros cósmicos. Nada mais são que alguns segundos no tempo desta fantástica rota humana.

Uma das ilhas é Ruta, na região montanhosa da Terra Mãe, onde em tempos pregressos tinha florescido a capital do império central, Lanka, que ainda sobrevive nessa época, com sua majestosa cidade de Ramakapura. Lá será construída aquela que ficará famosa como a Grande Cidade das Portas de Ouro, que se tornará palco principal de intermináveis lutas entre magos brancos e negros, isto é, entre ergs e os agregados de outras constelações, contra a aliança formada por morgs e seus asseclas de Capela.

A outra ilha é Daytia, na planície do antigo continente, onde o povo se torna indiferente à maioria das lutas, denotando que muitos de seus habitantes são seres oriundos das constelações vizinhas que continuavam neutros, além de muitos ergs que também tinham se tornado mais apáticos aos acontecimentos. Em Ruta, mesmo com quinhentos mil anos passados desde seu primeiro reencontro, antigos ergs e morgs ainda lutariam muito entre si, usando ou a luz dos templos iniciáticos de magia branca, orientados ainda pelos homens das estrelas que com eles se comunicavam de diversas maneiras, ou as sombras dos templos de magia negra.

Nas academias dos templos iniciáticos espalhados pelas duas ilhas gigantescas, também sobreviviam os rituais esotéricos da Luz Divina, cujo nome genérico, na língua dos deuses, como eram chamados os missionários cósmicos, o devaganari, era impronunciável. Mais tarde foi compreendido pelos magos brancos, que já eram ergs originais, como Aum-pi-ram. Seu significado depende do entendimento dos vocábulos que formam a palavra, a saber:

AUM: significa o verbo ou a palavra divina. Sua pronúncia no tom correto cria, ainda hoje, sons mágicos capaz de movimentar os universos físicos. Suas 3 letras, separadamente, A, U e M, definem os poderes da manifestação, que são: criação, transformação e conservação.

PI: significa a lei. Como tudo no universo manifestado, é representado por um número. No caso, é o famoso 3,1415... Escrito desta forma porque sua sequência é infinita. Representa a divisão do perímetro pelo diâmetro de qualquer círculo. Civilizações ancestrais já praticavam formas matemáticas em suas construções, utilizando o PI e mostrando que conhecimentos avançadíssimos como esse foram realmente trazidos pelos evoluídos homens das estrelas.

RAM: significa o Pai ou Deus.

Desta maneira, o ritual Aum-pi-ram significa o exercício do conhecimento divino ou o conjunto das leis divinas que regem o cosmos. Significa a união da palavra divina Aum, que quando colocada em movimento, por sua entoação, cria um som mágico que se une à lei divina, Piram. Por sucessivas transformações a palavra Piram veio a dar Pram, que por sua vez veio a dar Bram ou Brahma, o Pai, tão conhecida nas religiões originárias da Indochina e nos movimentos teosóficos modernos.

Como se vê, o chamados Rituais Esotéricos da Luz Divina, foram trazidos pelos adiantados seres de outros planetas, em especial os de Vênus, não com uma conotação religiosa, mas para instrumentalizar os ergs e os demais homens da época, com potente arma mental, que se traduzia no entendimento das leis físicas e matemáticas que movimentam o universo.

Dotados desse conhecimento, ao menos os magos brancos que comandavam as academias iniciáticas, que eram os ergs mais adiantados, podiam ensinar o homem comum, isto é, os degredados de outros planetas e os demais ergs, a lidar com a magia negra, que se utilizava dos mesmos conhecimentos, pois as leis do universo são as mesmas para todos. Seu uso mental depende apenas da intenção de cada um.

Os mesmos templos de magia branca continuavam a ensinar os homens a controlar seu contato atávico com o mundo extracorpóreo, que os fazia confundir entre a realidade da consciência e a ilusão da matéria. Como não podiam compreender a extensão desses conceitos, aprendiam a permanecer num determinado plano e perceber se o outro o permeava. Isto lhes permitiu lidar com as artimanhas usadas pelos morgs para dominar suas mentes, exatamente como havia acontecido há muitos milhões de anos, pouco antes da explosão que destruiu os dois planetas.

Resumindo, aprendiam a discernir um eventual contato com outras consciências encarnadas, aqui ou em outro planeta. Sua origem e intensões. É preciso sempre lembrar que os habitantes ancestrais do planeta, depois de terem sido dotados do mental, tinham livre comunicação entre os mundos, o que os tornavam presas fáceis para mentes mal-intencionadas. Era como se esses primitivos habitantes não tivessem o que a teosofia e outras escolas convencionaram chamar, através dos tempos, de tela búdica. Essa tela nada mais é do que aquela camada energética subatômica entre o físico e o astral, que impede esse tipo de invasão. Invasão que pode, inclusive, levar à morte, ao deteriorar os atributos físicos do hospedeiro, através de poderosa ação mental do agente.

Além de ensinar os magos, que replicavam o aprendizado ao povo, os pacientes missionários estelares foram lentamente promovendo as mudanças, ou seja, desenvolvendo com cuidado essas telas sutis de todos os povos da época, numa ação que se tornou perene e permanece em nossa humanidade. Até os dias de hoje ocultistas, esotéricos e espiritualistas usam o termo com a mesma finalidade, sendo que a maioria o usa para falar de contatos entre consciências encarnadas e desencarnadas. E no momento presente, ainda há quem tenha maior ou menor facilidade de comunicação com os planos extracorpóreos. Diz-se, atualmente, que se trata apenas de uma flexibilidade ou de pequenos rombos nessa estrutura sutil causados por efeito de carma, o que não deixa de ser amplamente contestável, na medida que esse conceito sugere diversos modelos de entendimento.

Enquanto isso, em Ruta, começa a programação para as novas dinastias divinas, que se espalharão novamente por alguns lugares previamente designados do planeta, onde os mestres siderais serão vistos como deuses, uma vez que sua interferência será apenas indireta, na maior parte do tempo. Nesses locais, esplendorosas civilizações, dotadas de enormes conhecimentos científicos, florescerão em futuro próximo guiadas por seus deuses. O planeta começa a cortar os laços com a direção estelar de Vênus. Mestres de outras estrelas, especialmente os de Sírius, lentamente no nosso tempo, começam a assumir a orientação dos povos e o homem terrestre começa a se preparar para dirigir seus próprios destinos. O divino mestre venusiano Sanat Kumara, aquele que foi o grande líder dos primeiros missionários a chegarem na Lemúria, na segunda tentativa de colonização do planeta e que ficaria conhecido como O Senhor dos Mundos, começa a passar seu posto de dirigente geral para o iluminado de Sírius, mestre Maytreia.

De Órion chega outro ser iluminado, Toth, que assume o comando no planejamento das migrações que acontecerão a partir daí. Milhares de anos depois de sua chegada conduzirá povos atlantes para o norte do atual continente africano, onde outro mestre de Órion, Hórus, fará surgir e prosperar uma das principais civilizações entre as que passariam pelo solo sagrado do planeta, os ancestrais egípcios. Ela se desenvolverá na região do delta de um dos maiores rios do planeta, o Nilo, originalmente conhecido como o Rio Negro. O primitivo Egito, chamado à época de Kemet, se espalhará por centenas de quilômetros no vale verdejante criado pelo grande rio em direção ao sul. Uma maravilhosa cultura onde os deuses fizeram questão, mais que em qualquer outro lugar de Bhumi, de marcar pela eternidade sua passagem pelo planeta para os olhos incrédulos e as almas céticas dos terráqueos do futuro: nós.

Espetaculares monumentos de pedra erigidos especialmente para que pudéssemos testemunhar sua extraordinária passagem por aqui, pois ainda acreditamos apenas nas coisas que podemos ver ou colocar as mãos, mesmo que decifrando de modo precário as origens e propósitos de muitas das maravilhas do mundo. Até porque ainda pouco compreendemos ou usamos os fantásticos poderes mentais que possuímos, os quais nos abririam os portais da grande consciência universal e da verdadeira biografia de nosso maravilhoso planeta.

E assim, terminamos por acreditar em muitos relatos descabidos contados pela história ou ainda nos frágeis argumentos acadêmicos de parte da arqueologia moderna, que creditam façanhas incomensuráveis, como a construção das gigantescas pirâmides do Egito, por exemplo, aos homens da Terra. Homens sem qualquer possibilidade tecnológica, em suas épocas, de concretizar tais edificações, não fosse a poderosa intervenção mental dos homens das estrelas. Até por isso eram tidos como deuses.

Mesmo após a partida definitiva de Sanat Kumara para Vênus, muitos missionários venusianos, que até então trabalhavam sob sua orientação, permaneceram no planeta dando continuidade à execução dos diferentes projetos em andamento. Cem mil anos depois da chegada do senhor Maytreia para substituir o divino venusiano que, por milhões de nossos anos, dedicou-se ao cultivo cuidadoso da raça humana, o planeta continuaria a passar por gigantescas transformações de sua face geológica, enquanto outras tantas incríveis civilizações iriam surgindo por toda parte desta generosa terra que nos abriga até hoje.

E com elas, inexoravelmente, nos próximos noventa mil anos, aconteceria o desaparecimento derradeiro de toda a Terra Mãe, a Atlântida, que a todos abrigara desde o princípio, também por milhões de anos. Grandes lutas entre os que se desentendiam desde tempos ancestrais, principalmente as que se travavam com os poderes mentais de lado a lado, com algumas exceções, também se arrastariam por mais alguns milhares de anos, com magos de ambos os lados infiltrando-se em templos inimigos e se digladiando por motivos opostos.

O decoro e a sutileza já haviam desaparecido há muito tempo, tornando a batalha entre o que se poderia chamar, mesmo que equivocadamente, de bem e mal, franca e aberta aos olhos de todos que quisessem ver. Naturalmente, muitos abdicavam do simples uso da magia quando prestes a ser derrotados e partiam para outras estratégias, como assassinatos, implantação de discórdias e traições. Reis e comandantes militares também se envolveriam nas contendas.

Daytia, por tanto tempo ostentando uma discreta neutralidade, terminou também por se tornar uma arena de grandes disputas. Apesar de tudo, as duas grandes ilhas, Ruta e Daytia, lar original de ergs e morgs na Terra, resistiriam quase até o fim dos tempos.

E assim aconteceu.

Magia

Em algum lugar os magos falam sobre as dificuldades dos seres humanos de exercer, por vontade própria, os fenômenos ligados à consciência, isto é, de fazer acontecer os colapsos humanos ligados às equações de probabilidades e às suas mônadas quânticas. Poucos são capazes de promover curas, por exemplo. Para promover qualquer mudança, que são os chamados colapsos nas leis da natureza, o ser precisa acessar a Grande Lei, onde estão as probabilidades de acontecer ou não uma interferência. A dificuldade prática disso é a questão sobre quais meios ou metodologias o homem conseguiria usar, de forma eficiente, para direcionar sua vontade sobre as equações de probabilidades. Como chegar lá e promover a tal cura? Naturalmente, muitos já perceberam que é através do pensamento, mas são muitas as barreiras, como seus próprios condicionamentos emocionais e sociais. Seria necessário que o ser despertasse e tivesse mais clareza de pensamento para perceber que se aprisiona aos costumes ou desejos do meio onde está inserido. Só assim poderia acessar a consciência de forma mais clara, mais perfeita e, portanto, mais eficiente. Quanto mais a sociedade evoluiu, mais e mais interesses foram criados, o que introduziu mais condicionamentos externos nas pessoas, fechando cada vez mais a abertura para a consciência, ao contrário do que era nos primórdios da colonização no planeta. Nos dias atuais as pessoas parecem clones umas das outras dentro de suas microssociedades. Usam as mesmas roupas, gostam das mesmas coisas, embora nem sempre se apercebam disso. Não pensam, de fato. Tudo isso restringe, num nível cerebral, o acesso à consciência, dificultando a influência do ser, pois todo condicionamento tem por trás um interesse qualquer. No mundo antigo, os mais evoluídos que sabiam como usar o pensamento, faziam a magia acontecer. Acessavam a consciência e mudavam, simplesmente, a equação de probabilidades. Mas, qual a finalidade disso tudo? Conseguir um colapso diferente daquele que estava previamente programado, como, por exemplo, curar uma pessoa que estava doente, modificando a organização de suas células. Magia é isso. Durante milhões de anos os missionários cósmicos fizeram essas modificações em nível planetário com facilidade. Como se vê, o que impede o ser de ser mais contributivo com o universo são seus próprios defeitos, os quais o impedem de pensar com mais eficiência. Ele vai apenas repetindo seus condicionamentos e, enquanto não aprender a se observar e despertar de sua ilusão, jamais vai colaborar com o universo de forma diferente. Todos os acontecimentos geológicos gigantescos, como a reorganização dos continentes ou os arquitetônicos, como a construção das grandes pirâmides, que aconteceram no planeta, nada mais foram que diferentes técnicas de acesso à consciência. Infelizmente, essas coisas também significam que os homens comuns costumam ser prisioneiros das mentes superiores de homens mais bem informados, que os manipulam. A única maneira de se libertarem desse tipo de manipulação e terem pleno acesso às suas reais possibilidades, é desatar os nós que aprisionam seus pensamentos aos condicionamentos externos, isto é, às vontades alheias. Neste estágio de desenvolvimento a Terra ainda parece uma grande prisão, com homens aprisionando outros homens aos seus desejos, o que dificulta a evolução planetária como um todo.

11. Cem mil anos depois – a caminho do novo mundo

> Que seus mocassins possam deixar marcas em todas as colinas que valham a pena e caminhem com os chefes de todas as tribos que vivam em paz na Terra.
>
> Provérbio de nativo americanos.

Numa época de intensa atividade migratória, motivados por constantes cataclismos, povos inteiros são guiados para longe de seus lares pelos homens das estrelas, em interferências diretas ou indiretas, dependendo do adiantamento de seus líderes. Dessa movimentação gigantesca resultou a origem de muitas raças e civilizações. Interferências diretas aconteciam quando seres de outros planetas surgiam em corpos visíveis, adensando suas vibrações para poderem se comunicar diretamente com os homens da Terra. Como já foi dito, em função de seus poderes extraordinários e longevidade nunca vista por eles, pois, a seus olhos espantados pareciam nunca envelhecer, em diversos lugares foram tidos como deuses.

Não envelheciam porque além de seus corpos vibrados serem apenas criações de suas mentes poderosas, digamos assim, as extraordinárias diferenças nas maneiras de contar o tempo entre eles e os terráqueos, tornava esses iluminados em seres praticamente imortais, até mesmo em seus planetas natais, como os ergs ou venusianos, por exemplo. Podiam renovar suas energias eternamente, se assim o decidissem por razões significativas. Basta lembrar o tempo que Hylion e os demais ergs de sua equipe permaneceram em Vênus, por exemplo.

Enquanto a vida humana já se espalhava por todo o globo, novamente a atenção dos missionários estelares se volta para o que chamamos hoje de Novo Mundo, as Américas. Depois do surgimento de grandes civilizações, algumas até já desaparecidas na época, como os Tiwanakus nos Andes e outras em várias regiões do continente, como as do norte da

Amazônia em países hoje fronteiriços com o Brasil, por exemplo, além da região de Nazca, outros povos atlantes, especialmente os nhengatús de pele vermelha, foram conduzidos para este grande continente.

Por outro lado, parte da chamada raça branca da Atlântida, que no futuro dará origem à raça ariana no atual continente europeu, também começa suas migrações e, em especial, para as regiões árticas, ao norte. Nesse meio tempo, entre cem e cinquenta mil anos atrás, as duas grandes ilhas remanescentes também vão afundando lentamente. Com o tempo somente a ilha menor, Daytia, sobreviverá, já sob o domínio dos ergs, seus descendentes e aliados, que haviam vencido as batalhas finais sobre os Templos da Luz Negra, onde imperavam os magos que ficaram conhecidos como os senhores da face tenebrosa.

Os fenômenos aconteciam rigorosamente sob o controle do dirigente geral, mestre Maytreia, no seguimento do Projeto Dinastias Divinas, que renascia no planeta depois de sua extinção há muitos, muitos milhões de anos atrás, quando os habitantes primeiros da Terra puseram tudo a perder com seus irremediáveis defeitos de todos os tipos e paixões desmedidas. Muito parecido com o que vemos hoje nesta atual humanidade, onde prevalece o egoísmo acima de tudo.

Como já foi observado, depois do desaparecimento necessário da civilização pioneira, que levou junto toda a vida no planeta, este permaneceu em silêncio por outros tantos milhões de anos, até os jardineiros cósmicos reiniciarem sua tarefa, ainda em curso nestas alturas, mas já se aproximando de seu término. Estava se aproximando a hora, nos próximos cem mil anos, quando as civilizações iriam, cada uma a seu tempo, tomar as rédeas de seus próprios destinos, exatamente como havia sido no princípio da colonização.

Assim como o grande continente de Mú, a Lemúria, desaparecida nas águas do oceano Índico, na região onde hoje se encontra a Austrália e outras ilhas, onde tudo havia começado nesta segunda tentativa de implantação da vida humana em Bhumi, também a Terra Mãe, a Atlântida, deveria desaparecer para a estabilização geológica do globo, o que, no tempo dos homens das estrelas, aconteceria em breve. Além disso, não se pode esquecer que parte do povo atlante, especialmente os descendentes de morgs e capelinos, em muitos aspectos, eram extremamente belicosos. Tendo as raças atlantes atingido extraordinário grau de desenvolvimento tecnológico na época, mesmo com seus muitos reis continuadamente brigando entre si ou se sabotando de diversas maneiras através da magia negra de seus feiticeiros, muitos povos se uniram, estrategicamente, e construíram uma enorme nação. Um reino com muitos reis, unidos apenas nos interesses materiais. Eram temidos e respeitados.

Mas, por que temidos?

Muito se exalta a origem cósmica dos atlantes e seu precoce adiantamento intelectual. Em muitos pontos do ancestral continente, feitos extraordinários no domínio das ciências e da natureza fizeram surgir abundância e construções de grandeza inacreditáveis. Além disso, tinham facilidades de vida jamais vistas em outros pontos do planeta. Conseguiram feitos incríveis, como manipulação genética e cirurgias complexas. Eram também mestres em navegação e na construção de notáveis portos circulares. Também sabiam fazer excelentes planejamentos urbanísticos, além de intercâmbios comerciais que sempre os favoreciam.

Por mais incrível que pareça, os atlantes já trabalhavam com a inversão da gravidade, construindo verdadeiros barcos voadores nos quais podiam se movimentar em grandes distâncias. O que não se sabe, todavia, é se tais veículos eram movidos por mecânica de algum tipo ou impulsionados pela força de pensamento, o que é mais provável. É claro que nem todos os indivíduos tinham desenvolvido suas mentes ao ponto de conseguir mover objetos e realizar feitos extraordinários como esses, mas, os mais evoluídos, patrocinados por seus reis e saídos, especialmente, das escolas formadoras dos templos da luz ou das sombras, podiam alterar as leis da natureza com facilidade.

Porém, muito se olvida do atraso moral de parte dos habitantes destes reinos que se uniram, pois muitos ainda se arrastavam penosamente nos profundos defeitos aderidos em suas personalidades. Muitos dos clãs que lá ainda permaneciam logo se tornaram guerreiros, travando lutas com povos fronteiriços e, simplesmente, tomando para si o que não conseguiam no comércio exterior, além de destruir cidades inteiras. Não sabiam ou se esqueciam que eram todos filhos das estrelas.

Vivendo num enorme continente, mesmo depois das terras terem virado grandes ilhas, continuavam os reinos a se desentenderem, pois muitos dirigentes originariamente ergs, governando seus povos pacíficos e ordeiros, não aceitavam tais desmandos. Eram como estados independentes unidos pela sobrevivência contra o mundo fora de seus domínios no além-mar e cada líder tinha autonomia sobre seu povo. Entre eles as maiores lutas eram travadas no campo da magia, que dominavam inteiramente, fazendo com que as forças se igualassem.

Magos brancos e magros negros, também conhecidos como senhores da face iluminada e senhores da face tenebrosa, eram especialistas no que a ciência atual chama de física quântica, mas, que por milhares de anos, foi chamada simplesmente de magia, como já foi citado. Há quem entenda até hoje dessa maneira, creditando a poderes supranaturais determinados fenômenos ditados apenas pela força do pensamento.

Como é fácil perceber, o espírito primordial de cada raça estelar, especialmente de morgs e ergs, prevalecia grandemente em suas ações, como de resto até nos dias de hoje. Pacífico ou belicoso, generoso ou egoísta, o ser humano trás de tempos ancestrais dentro de si suas próprias tendências e características. Cada indivíduo vai moldando suas modificações, estacionando ou evoluindo. Se olharmos o mundo e seus habitantes atualmente, facilmente poderemos fazer ilações a respeito das origens cósmicas de determinados grupos ou facções, bastando para isso uma análise isenta sobre seus padrões éticos e morais.

Originalmente a Atlântida era um gigantesco continente, que ia das terras geladas do Ártico até as primeiras porções da Antártica, tomando grande parte do atual oceano Atlântico, de norte a sul, o que permite uma melhor compreensão de suas migrações para pontos, aparentemente, inalcançáveis na época. Se pensarmos na configuração do período geológico da Terra neste momento em que vivemos, a original Terra Mãe viria descendo para o sul desde a Islândia e de ilhas escandinavas já dentro do círculo polar ártico.

Passaria englobando as ilhas do Caribe e margeando as Américas, especialmente os pontos mais setentrionais à oeste do Canadá, como Terra Nova e Labrador e, mais ao sul, todo o litoral norte da Amazônia, dirigindo-se a seguir até as Ilhas de Santa Helena, Ascenção e Tristão da Cunha, situada a meio caminho entre Brasil e o sudoeste da África. Continuaria descendo até a Ilha James Ross, no extremo nordeste da Península Antártida, retornando ao norte na configuração de sua extensão, passando por todo o litoral oeste da África, ponteando Cabo Verde, perto da costa do Senegal e subindo para o litoral europeu, na região do arquipélago português dos Açores. Finalmente retornaria às ilhas nórdicas, margeando todo o litoral do norte da Europa.

Muitas das ilhas encontradas hoje no oceano Atlântico, faziam parte dos picos de suas altas montanhas. Ilhas como Cabo Verde, nas costas da África ou Martinica, no mar das Antilhas, também conhecido como mar do Caribe, além do próprio Arquipélago dos Açores, entre muitas outras. Como se vê, mesmo cobrindo uma área menor que a desaparecida Lemúria, era um continente de proporções colossais, com incrível proximidade com muitas das terras existentes no planeta à época, o que, naturalmente, facilitou muitíssimo as andanças e navegações de seu povo por toda parte. Aquilo que muitos consideram hoje impossível, os atlantes faziam com muita competência, especialmente quando guiados pelos seus deuses, os homens das estrelas, nas grandes migrações de sobrevivência.

Voltando a elas, uma das mais significativas para o povo brasileiro ocorreu em torno de quarenta mil anos atrás, na continuação das catástrofes na Atlântida, que se sucediam em função das imperfeições crônicas dos povos que lá ainda viviam. Ambições, lutas internas e interesses escusos de todos os tipos geravam, obrigatoriamente, problemas climáticos importantes, que era a maneira como os mestres estelares manejavam os acontecimentos, forçando as levas migratórias dos sobreviventes.

Não que os migrantes fossem todos bons ou maus, ou ainda que estivessem sendo castigados. Seu conjunto representava o equilíbrio necessário previsto pelos jardineiros cósmicos. Tanto morgs e seus descendentes, como ergs nas mesmas condições, além dos povos estelares coadjuvantes e presos na mesma aventura terrestre, se viam obrigados a se retirar do continente de tempos em tempos, partindo para as terras novas. Juntos ou separados. Terras previamente preparadas para dar continuação à sua lenta evolução

Com muitos de seus reis ou sacerdotes sendo inspirados ou contatados pelos missionários cósmicos em corpos vibrados, enormes agrupamentos, povos ou tribos continuavam, ao longo dos milênios, se dirigindo para as mais diversas regiões do planeta. Muitas civilizações nasciam e floresciam. Outras desapareciam. De certa forma, todas cumpriam a missão planejada pelos seres superiores das estrelas, que era levar o conhecimento além das fronteiras da original Terra Mãe, isto é, não deixar que nada daquilo que havia sido trazido do espaço se perdesse, fosse de ordem moral ou científica. Tudo havia sido planejado para o avanço da vida no planeta.

Na época que precedeu o desaparecimento de Ruta, a maravilhosa ilha onde magnifica civilização progredia em meio ao caos de um submundo recheado de guerrilhas e feitiçarias, um rei muito evoluído, de nome Zac, foi avisado sobre a tragédia que se abateria sobre a ilha, para que pudesse então preparar a retirada de seus súditos dali. Outros foram igualmente avisados e grande êxodo aconteceu em diversos pontos do que restara do continente. Muitos não acreditaram e pereceram com seus povos quando a ilha soçobrou nas águas do oceano Atlântico.

Ruta era uma ilha enorme, duas vezes maior que a Austrália atual, ao contrário de Daytia, com uma área que não chegava a um quinto de seu tamanho. Era lá que o bondoso rei originário de Erg mantinha seu povo unido e próspero, procurando não se envolver nas artimanhas, negociatas e feitiçarias que existiam por todos os lados. Vários Templos da Luz com suas Academias Iniciáticas eram bem-vindos em suas terras, assim como os magos brancos. Mesmo sendo, publicamente, avesso às confusões dos Templos das Sombras, que ganharam essa denominação posteriormente, já que naqueles tempos trabalhavam com suas magias negras de forma velada, seu reino não deixava de ser visitado por essas criaturas de quando em quando. Tentavam se passar por bondosos sacerdotes. Era aquela mentira tola, pois, no fundo, todos sabiam quem era quem por todas as terras.

Chegavam sempre se pavoneando e tentando distribuir benesses ao povo, como bençãos especiais, rezas infalíveis para todo tipo de desejo ou ainda tratamentos mágicos. Porém, bem-informados pelo palácio real e por seus queridos sacerdotes dos Templos da Luz, as pessoas fingiam aceitar, até para não provocar a ira dos sacerdotes chamados da mão esquerda. Um serviço de espionagem inteligente sempre deixava o rei, seu chefe de armas e seu sumo sacerdote saberem dessas incursões sem propósito com antecedência suficiente para distribuir a informação por todos os templos, que as repassavam, tanto quanto possível, ao povo. Ainda assim, eles causavam muitos problemas.

A cidade central da Terra de Zac, como era chamado seu reino, oriundo de uma longeva linhagem de poderosos reis com o mesmo nome, era especialmente linda. Situada à beira mar, era voltada para o oeste, para os lados onde hoje temos o sudeste do Brasil. Possuía um enorme porto comercial e, a partir dele, canais de navegação circulares, parecendo sobrepostos de forma concêntrica até o palácio e suas cercanias. Quem olhasse de cima veria largos círculos de terra, perfeitos e sucessivos, como argolas sobrepostas e entremeadas por espaçosos canais de navegação. Na parte central, depois de três ou quatro faixas de terras de mais de um quilometro de largura cada, cuidadosamente preparada e parecendo uma grande ilha artificial, o que de fato era, encontrava-se a parte principal da admirável cidade.

Ali, de forma estratégica, se abrigavam os prédios do governo, o palácio do rei e os grandes templos, além de parques, escolas, mercados, templos e vários bairros residenciais. Dentro dos templos estavam os centros de ensino superior, geralmente destinados aos jovens candidatos a vida sacerdotal e oficinas de tratamento de saúde. Partindo da construção mais importante e central, que era o grande templo principal do reino, dirigido pelo sumo sacerdote e que se elevava alguns metros acima do resto da cidade de forma proposital, duas grandes avenidas arborizadas e pavimentadas, cortavam essa ilha de norte a sul e de leste a oeste, formando quatro quadrantes bem definidos.

Enormes torres de observação se erguiam em cada uma de suas quatro extremidades, cujas bases continham grandes passagens fortificadas de onde saiam quatro enormes pontes que iam se interligando à outras, passando sobre os canais e pelas estradas das faixas de terra até chegar na última, onde, ao sul, se alocava a entrada do porto à beira mar, muitos quilômetros depois.

As faixas de terra eram amplamente habitadas e cada qual possuía uma larga avenida que contornava toda sua extensão, com quarteirões de casas e edifícios de ambos os lados. Cada círculo era planificado para proporcionar todo o necessário aos moradores, como um bairro de uma grande cidade. Por todos os lados do reino predominavam grandes áreas gramadas e sombreadas por árvores frondosas, com bancos e outras acomodações de laser para as pessoas.

Os canais de navegação eram amplos, de larguras variáveis, chegando a ter alguns quilômetros de lado a lado, o que possibilitava navegação de barcos de todos os tamanhos. Canais auxiliares de navegação, serviam como passagens entre um canal e outro, permitindo o trânsito das embarcações. Essas passagens eram rigorosamente controladas por outras torres menores de vigilância e por funcionários especializados.

O porto possuía uma entrada única para os navios e comportava grande espaço interno protegido das intempéries do oceano por muralhas gigantescas. Dezenas de barcos comerciais dos mais variados tamanhos, incluindo uma espécie de marina para os pequenos barcos de lazer da população, podiam se abrigar ao mesmo tempo no local. Estaleiros, repartições de comércio exterior e depósitos de suprimentos estavam estrategicamente construídos ao longo de seu enorme píer, que formava uma estrutura representada por um quarto de círculo, tomando toda a parte final de um dos quadrantes, já que as demais bordas da cidade terminavam em terra firme.

E sobre a última e gigantesca muralha, de trinta metros de largura, se concentravam as instalações militares com seus inúmeros atracadouros internos onde estavam fundeados os navios de combate. Muitas guaritas e torres de observação se espalhavam por toda sua extensão, já que ela circundava toda a cidade. Nessa muralha formidável estava instalada a principal guarnição militar, com alojamentos, oficinas de armas e alguns locais de treinamento. Devido às facilidades de navegação, apenas os soldados e comandantes de plantão ficavam nos alojamentos, pois os demais se recolhiam às casas de suas famílias espalhadas pela cidade.

O chefe geral de armas, comandante supremo de todas as guarnições, tinha seu estado maior na parte central da cidade, para facilitar o contato com os demais dirigentes do reino. Diz-se, todavia, que esses atlantes, tão extraordinariamente avançados em tecnologia, tinham muitos meios de comunicação à distância, o que dispensaria a interação humana direta.

Os demais corredores, norte, leste e oeste, levavam para fora da parte central da cidade e terminavam em passagens sob a muralha, que ali separava as terras cultiváveis e as demais vilas residenciais da parte central. No entorno do conjunto de canais as enormes planícies, as plantações, as vivendas e demais construções se estendiam a perder de vista por entre os campos verdejantes e floridos.

Todo o reino era permanentemente protegido de eventuais invasões pelas torres das guarnições militares que se colocavam estrategicamente em distâncias constantes, formando uma teia bem arranjada, e quase instransponível, de segurança. Enormes campos de treinamento estavam disponíveis e não apenas para os militares. Todos podiam usufruir deles. Homens e mulheres de todas as idades tinham programas de condicionamento físico e bem-estar à disposição, assim como monitores para orientação.

Canais de irrigação com seus filtros e bombas automáticas, levavam água de boa qualidade à toda população. O povo dispunha de todo tipo de facilidade, como clínicas para tratamentos estéticos e de saúde, energia, escolas, teatros, grandes laboratórios de pesquisa, arenas recreativas, grandes áreas de lazer com bosques e lagos artificiais, além de praias maravilhosas. Tudo o que se possa imaginar de inimaginável para a época.

Seus educandários, conduzidos pelos sacerdotes dos Templos da Luz, formavam de agrônomos a professores ou astrônomos, e de curadores a cientistas ou construtores, entre muitas outras profissões, como mestres em artes de navegação ou geólogos. Pessoas com dons artísticos de todos os tipos recebiam educação e incentivo. Dança, canto, pintura ou dramaturgia, por exemplo, eram amplamente apreciados. Todos os egressos dos educandários recebiam títulos sacerdotais, embora seus afazeres fossem diversos e, na maioria das vezes, sem exigências religiosas ou de vida celibatária. Os limites das Terras de Zac eram delimitadas por um conjunto de montanhas na parte mais à nordeste de Ruta, o que formava uma barreira natural de proteção.

Enquanto tanta atividade e vida acontecia no reino, seu amado e zeloso rei, com seus quarenta e poucos anos, procurava viver discretamente num pequeno palácio à sombra do grande templo principal e longe de subserviências ou honrarias que classificava como desnecessárias. Inclusive as grandes reuniões do Conselho Real, criado por um antecessor há muitos séculos e que democratizava, tanto quanto possível, as principais decisões do reino, eram realizadas, a seu pedido, no Grande Templo.

Era comum ser visto caminhando por toda a cidade ou navegando em seu pequeno barco pelos canais em companhia de um pequeno e atento staff, discretamente armado, que sempre o acompanhava e do cuidadoso Chefe de Armas. Parava sempre aqui e ali para um dedo de prosa ou comer um quitute num dos mercados ou até mesmo na casa de alguém, o que era uma festa para a família do escolhido. Nessas ocasiões, ao andar despreocupado pelas zonas residenciais ou sentar-se num dos parques, para desespero de sua guarda pessoal, acabava sempre causando um quase divertido e contido tumulto, pois todos queriam vê-lo e, com sorte, receber um sorriso ou aceno, ao qual nunca se furtava. Não percebia ou fingia não perceber, mas os militares mantinham patrulhas discretas e sem fardas em todas as esquinas para protegê-lo.

E de sua pequena, mas ágil embarcação, com a qual se locomovia pelos canais para pontos mais distantes, sempre escoltada por três ou mais barcos militares, acenava para os grupos barulhentos de pessoas que se ajuntavam nas margens das faixas de terra à sua espera, pois a notícia que o barco real estava chegando corria como o vento. Na verdade, estar em contato próximo de sua gente era sua maior alegria. Queria sempre ouvir diretamente do povo sobre suas necessidades e os comentários sobre as realizações do governo. Apesar do reino ser grande, conhecia muitos cidadãos, principalmente os habitantes da parte central, pelo nome.

Inspecionava pessoalmente escolas, laboratórios, oficinas, guarnições militares, campos de treinamento e tudo o mais, sendo sempre recebido com muita animação. Também não deixava de comparecer e apreciar as apresentações artísticas nos vários teatros e salões, assim como as explanações dos cientistas sobre as últimas conquistas em suas academias. Ele próprio um estudioso incansável em sua época, ainda dominava com facilidade sua ciência favorita, que era a astronomia. Também gostava de cantar, tendo participado de muitos corais no Templo Real do Som na infância e na juventude. Costumava se lamentar com os amigos mais próximos, em tom de brincadeira, que ser rei era muito chato, pois os múltiplos afazeres oficiais o afastara de seus dons artísticos. Tinha ótima saúde, o que possibilitava que tivesse esse estilo onipresente de governança, embora não exercesse jamais o poder de forma centralizadora.

Apesar de tanta bem-aventurança, nem tudo era perfeito, pois alguns dos reinos vizinhos em Ruta e em Daytia, além de outros pequeninos em ilhotas menores que ainda sobreviviam, nem sempre eram pacíficos e amigáveis. De fato, muitos eram bastante belicosos no geral. Especialmente os que já haviam percebido a ira dos deuses, nas sucessivas tragédias climáticas. Comerciantes ferozes e guerreiros valentes, costumavam tomar o que não conseguiam comercializar do modo que desejavam. Como já foi dito, causavam muitas mortes e destruição nas fronteiras do império, especialmente no além-mar, o que, na verdade, nem eram tão distantes de suas terras. Excelentes navegadores, cruzavam com maestria os mares em torno daquilo que restara do grande continente da Atlântida, tendo se tornado perigosos. A maioria dos povos os receavam.

Não ousavam confrontos diretos com o povo das Terras de Zac, conhecidos há muitas gerações por sua habilidade militar e poder mental de seus feiticeiros, como os estrangeiros chamavam os sacerdotes mentalistas do reino. O termo feiticeiro causava risos no povo local, que conhecia as forças magísticas do pensamento treinado cientificamente de muitos seus sacerdotes e chefes militares, capazes de feitos extraordinários. Crianças com habilidades afloradas eram treinadas desde muito jovens nesse mister.

Todas as terras atlantes tinham seus próprios feiticeiros, também bem desenvolvidos e poderosos. Na verdade, as forças quase se igualavam, mas faltava-lhes confiança para enfrentar os Templos da Luz, não só os das Terras de Zac, como de outros reinos que também transitavam longe das maldades e interesses escusos. Todos remanescentes ou descendentes dos ergs e seus aliados. Não é difícil imaginar de onde eram originários os povos que adoravam os Templos das Sombras.

Abrigavam-se na Terra Mãe um sem-número de reinos independentes. A maioria de pequeno porte, apesar de todos terem, mais ou menos, as mesmas características urbanísticas e o mesmo nível de desenvolvimento tecnológico. O quanto essas benesses eram usadas a favor das populações dependia apenas do bom senso, da evolução moral e das origens de seus governantes. Alguns poucos tinham o tamanho exuberante da Terras de Zac, o que o fazia respeitado, mas também cobiçado. Seus enormes campos cultiváveis sempre provocavam olhos espichados de outros reis preguiçosos, que dependiam, quase que exclusivamente, da pesca e da caça para alimentar seus súditos.

No caso de Ruta, após tantos cataclismos, seu terreno montanhoso e em parte vulcânico, que cobria grande parte da ilha, colocava muitos reinos à beira de falésias ou ao sopé de altas montanhas, o que, naturalmente, limitava a agricultura. Por outro lado, a enorme frota naval de Zac, que incluía os estranhos barcos voadores, impunha respeito e impedia invasões ou afrontas diretas, mesmo se pensassem em se unir contra ele. Uma guerra surda, sórdida e sem sentido de bastidores, cheia de feitiçarias, maledicências, fofocas e ameaças veladas, em função dos grandiosos e inúteis planos de conquista da bela terra, como era conhecido o reino, acontecia há milhares de anos. Mudavam os reis, mas não o perfil dos improváveis invasores.

Apesar dos cuidados constantes, de tempos em tempos ainda aconteciam mortes misteriosas na calada da noite, especialmente de sacerdotes ou pessoas ligadas ao governo. Por esse motivo a presença de sacerdotes da mão esquerda era rigorosamente controlada. Se detidos ou confrontados juravam de mãos postas e olhos baixos sua inocência, embora quase se pudesse ver um riso de escárnio escondido por baixo da cândida postura de submissão. Invocavam deuses em sua defesa e exigiam seus direitos como figuras de autoridade do reino x ou y, o que exasperava os militares, que pouco podiam fazer sem causar uma crise nas relações entre dois ou mais reinos. Como provar os atos cometidos no submundo das intrigas ou sob o poder de bruxarias? Naturalmente, mesmo entre os ergs havia uns tantos traidores. Eram aqueles que não haviam conseguido acompanhar o avanço espiritual e ético dos demais. E, estes, vendiam-se por um punhado de moedas ou por promessas descabidas.

Os tais bruxos, quando apanhados, eram deixados a mofar por longo tempo na prisão militar enquanto seu processo de expulsão corria, e depois escoltados para fora das fronteiras, de onde partiam fingindo indignação com a afronta e humilhação recebida. Mesmo trôpegos e malcuidados, já que nenhum bem-estar lhes havia sido oferecido, não perdiam a pose enquanto esbravejavam nos barcos que os levavam de volta ao lar. A notícia de tais eventos corria célere e a isso seguiam-se dias e mais dias de visitas de emissários de todos os lados pedindo informações.

Incrivelmente, alguns dos recém-chegados nada mais eram que farinha do mesmo saco dos expulsos e vinham cobrando satisfações. Na verdade, queriam mesmo é contatar seus informantes ou obter outros subsídios relevantes. Ou quem sabe fazer aliados. Ficavam extremamente desconfortáveis, além de muito zangados, por ficarem sob vigia permanente durante essas visitas, sem sequer poder movimentarem-se livremente pelo reino. Não conseguiam respirar sem ter guardas armados às suas costas. Sua locomoção era restrita às reuniões com autoridades oficiais, sendo logo despachados de volta para casa com a desculpa que deviam levar as notícias a seus reis. Saíam frustrados e batendo os pés de raiva, mas sempre terminavam voltando nos próximos episódios.

Porém, a maioria dos visitantes era de vizinhos e amigos fraternos, realmente preocupados com essas incursões de feiticeiros que aconteciam por toda a Atlântida, mergulhada ainda em indiscriminada magia negra. Nessas ocasiões muitas reuniões aconteciam tentando melhorar e disciplinar os métodos de investigação e defesa.

Muitos dos reis, já fartos, mandavam propostas de união de forças para terminar de vez com essas infiltrações veladas, o que de fato acontecia entre alguns reinos, provocando batalhas armadas aqui e ali em Ruta, em Daytia e em outras ilhas menores. Por batalhas armadas entenda-se combates onde armas eram usadas sim, mas, eventualmente, manipuladas pelo poder do pensamento, quando pareciam ganhar vida própria. Tudo isso nos faz pensar que muito da tecnologia atlante passava por aquilo que é amplamente visto nos dias de hoje em filmes sobre magia atemporal, mostrando como tudo isso ainda nos fascina, até mesmo por falta da informação que se trata de algo apenas científico.

A maioria dos mandatários, todavia, era formada de pacifistas, pois enxergavam muito mais do que os olhos podiam ver, não só por suas próprias capacidades de expansão da consciência, mas também pelo contato que tinham com os homens das estrelas. Seres estelares ainda tidos como deuses em muitos reinos, embora entre eles, vários soubessem ou desconfiassem de suas verdadeiras origens.

Zac era um dos principais reis da região e, certo dia, foi abordado pelo celestial missionário de Sírius, Payê-Suman, aquele que há milhões de anos terrestres trabalhava em auxílio de nossa humanidade. Naqueles tempos, ele permanecia na Terra Mãe em corpo vibrado, exercendo o cargo de sumo sacerdote do Templo Central, sendo íntimo do rei e de alguns membros mais evoluídos do Conselho Real. Todos eles sabiam de sua origem e de seu trabalho no planeta, segredo mantido a sete chaves naquelas terras e que passava de geração a geração. Há muito se falava de um ser mágico que auxiliava os reis das Terras de Zac e de outras terras amigas há gerações, mas dizia-se que apenas uns poucos o conheceram. Muitas lendas tinham surgido e embalado a imaginação dos povos por milhares de anos.

Apareceu um dia, há duas décadas, para surpresa de todos, como se estivesse em carne e osso, misteriosamente. Chegou num pequeno barco dizendo estar vindo de terras distantes. Logo se criou, como que por encanto, uma comoção em torno de sua figura marcante e de seus extraordinários dons magísticos. Quase que imediatamente foi alçado ao posto de sumo sacerdote pelo rei, intuído indiretamente por outros missionários sobre o sublime ser estelar que voltava. Payê-Suman retornava naquele momento para uma intervenção direta, como programado, em função dos novos cataclismos que se avizinhavam e das providências enérgicas a serem tomadas. Naturalmente, usava um corpo vibrado, mas, aos olhos do povo, era um homem comum. E voltava devido à importância para o planeta daqueles ergs ali estacionados. Evoluídos moralmente, sua jornada precisava continuar sem interrupções no momento.

O pequeno gabinete de trabalho do sumo sacerdote era modesto e sem enfeites, o que combinava perfeitamente com ele. Sorridente, de fala mansa e discreto, deixava seu olhar bondoso e penetrante quase que falar por si. Mostrava-se como um ancião alto, magro e de longos cabelos brancos. Usava uma túnica simples, longa e clara, amarrada com um cordão na cintura. Dotado de traços suaves e acolhedores, recebia amavelmente a todos que o procuravam sem pompas ou protocolos.

Tido como um santo, às vezes permanecia, na avaliação das pessoas comuns, acostumadas a vê-lo com frequência nas cerimônias públicas, recluso por longos períodos. A informação oficial era que o venerável meditava, mas os mais próximos sabiam de sua verdadeira localização. Liberto do corpo vibrado percorria outros pontos do planeta visitando seus companheiros de missão ou se reunia em Venus com outros trabalhadores. Ou ainda poderia estar em Sírius, seu lar nas estrelas, em outros projetos ou em reuniões com seu conterrâneo Maytreia.

Antes de surgir nas Terras de Zac, em Ruta, alguns milênios após o continente ter se partido, conduzira outros povos atlantes para a região de nossa atual Amazônia, numa época que as transformações geológicas ainda permitiam a existência de enorme mar interno na região. Ali, em meio à vegetação exuberante surgiu um novo reino, chamado de Império Paititi, onde vários reis atlantes construíram uma só civilização, liderados pelo mais sábio de todos, escolhido por eles mesmo. Surgiu a grande cidade de Ophir e as seis cidades satélites com seus seis príncipes, originariamente eram todos reis ergs e amigos na antiga Atlântida.

O plano ancestral dos missionários de dar continuidade à colonização humana no novo mundo tomava formas mais definidas. Em alguns poucos milênios este povo amazônico seria contemporâneo do povo de Zac, que migraria para o litoral do Espirito Santo, no Brasil, antes do desaparecimento completo de Ruta. Zac também levaria consigo um grupo de doze reis atlantes, governantes de reinos menores e fraternos, com seus povos, para formarem o novo reino em terras do novo mundo.

Payê-Suman conduziria o bondoso rei e sua gente, além dos demais povos amigos, para as novas terras no futuro continente americano, pois novas transformações geológicas se aproximavam. Milhares de anos antes, outros cataclismos já haviam expulsado os atlantes de seu paraíso nas selvas do norte, fazendo-o desaparecer sobre as águas. Orientados pelo próprio iluminado de Sírius, haviam se transferido para uma região mais ao sul, hoje conhecida como Serra do Roncador, no estado atual do Mato Grosso.

Egoísmo

Em algum lugar os magos refletem como os homens vivem num mundo de ilusões, sendo que ele nada mais é que a representação dos próprios fenômenos manifestados na natureza. Um mundo sempre inquieto e em constante mutação, ao contrário da serenidade e perfeição da grande consciência cósmica. Um mundo que limita o ser para a percepção da realidade da vida eterna além da matéria e que, se ultrapassado por mudanças interiores, permitiria que não mais precisasse ficar clamando pela continuação da vida. Todavia, apesar dos homens viverem na expectativa que isso aconteça, estão pensando apenas na manutenção de seus egos provisórios, esquecendo que suas almas, desvinculadas de suas frágeis personalidades atuais, já conhecem esses segredos imutáveis, pois também são perfeitas e integradas à consciência universal. Entre todos os defeitos humanos, aquele que mais facilmente aprisiona os homens na utopia na qual vivem, é o egoísmo, que, como todos os demais, é apenas consequência de seus desejos terrenos na agitada fantasia que criaram em torno de si. Infelizmente, a maioria das pessoas sofrem quando não realizam seus desejos, sejam eles materiais ou emocionais. Isso não significa, todavia, que o homem da Terra deva se despir de tudo que pensa ser seu por direito. Nesta fase de sua evolução ele pode e precisa ter coisas, porém, quando surge o sofrimento por não as ter, deveria acender em sua mente um sinal de alerta que algo está errado, o que nem sempre acontece, pois muitos ainda não conseguem viver um só momento fora do mundo das ilusões e isso se dá pelo egoísmo, que os levam a se preocuparem somente consigo mesmos. Seus egos sempre falam mais alto que suas almas. Não conseguem dividir, se desapegar, deixar partir, não possuir. Não percebem que o egoísmo é o contrário do amor, aquela linda estrada pela qual deveriam seguir, de mãos dadas com outras partes de si mesmo, desfrutando da compaixão e da fraternidade entre todos os seres, isto é, aproveitando a alegria de uma realidade da qual ainda não se deram conta. Realidade que os fariam enxergar a beleza da verdadeira vida, onde o amar e o servir lhes traria tanta felicidade quanto aquela que hoje só percebem quando seus desejos são realizados. E como esse bem-estar é rápido, transitório, mutável e frágil, como tudo o mais no mundo das ilusões, aquele que julgam ser real, estão sempre correndo atrás da próxima satisfação. Muitas profecias contam como esse pode ser o caminho que leve estes homens a terem que reiniciar sua jornada uma vez mais.

12. Colope
– o novo lar no centro da galáxia

> O universo tem consciência e existe antes da matéria, sendo a criadora da realidade física.
>
> Amit Goswami

Muitos, muitos milênios no tempo terrestre depois da partida do imperador Hylion e de seus companheiros de Vênus, os habitantes da nova Kendom Silá festejavam a chegada de centenas de missionários dos quatro quadrantes de nossa pequena galáxia, além de convidados fraternos de galáxias próximas. Colope, como tantos outros planetas situados na região central da galáxia, a zona mais antiga e mais energizada, era o local ideal para o encontro de missionários e outros dignitários de muitos lugares. Muitíssimos sistemas solares inundavam a linda galáxia que, no futuro, seria chamada de Via Láctea pelos astrônomos da Terra, pela profusão de estrelas formando uma condensação impressionante.

Na verdade, bilhões de estrelas semelhantes a Bhumi iluminavam seus céus, passando aos homens distraídos do planeta a noção óbvia que não estavam sozinhos, embora pouca atenção dessem ao assunto durante milhares e milhares de anos. Muitos dos homens do futuro ainda duvidariam da existência de vida em outros planetas, por mais arrogante que fosse essa premissa, mesmo após seus poderosos telescópios ter-lhes revelado o incrível caleidoscópio estelar, com suas bilhões de estrelas coloridas. Pensar que também vieram de lá, para a maioria, seria quase uma piada.

Porém achar, ainda nos dias de hoje, que construímos sozinhos esta nossa humanidade, com todas as suas conquistas extraordinárias, com seus gigantescos e exuberantes monumentos ancestrais, além de fantásticas obras de engenharia e astronomia, entre outras ciências complexas em nosso passado recente de apenas alguns milhares de anos, não faz mesmo qualquer sentido. Todavia, o homem continua a caminhar pelo planeta com sua cegueira antropológica, tropeçando aqui e ali, sem entender direito de onde veio, para onde vai e o que faz aqui. Ou se protege pelas religiões buscando explicações apenas místicas à vida na Terra, ou credita tudo ao acaso de um Big Bang e suas consequências.

A maravilhosa galáxia, mesmo parecendo perdida no meio de milhões de outras no universo, pulsa de vida. Perfeita em sua forma espiralada, assemelhasse a uma aranha de longas pernas, que ao girar continuadamente, arrasta-as num mesmo sentido, quase como um cata-vento com fios amarrados em algumas de suas pontas. Em cada uma dessas pernas ou braços, como os cientistas atuais denominam, muitos sistemas solares podem ser encontrados. Por conta de sua forma arredondada, como uma bola um pouco achatada, pode se imaginar, facilmente, seus quatro quadrantes. A Terra, juntamente com outros sistemas solares, está situada na parte interna do chamado Braço de Orion, que se posiciona quase no limite dessa espiral, mais ou menos à meia distância entre Orion e Colope. Praticamente tudo que o homem terráqueo avista no espetáculo noturno de seu céu pertence a esta galáxia.

Colope, o lar atual do grande governador galáctico, situa-se no centro da galáxia, mas é interessante não confundir o centro com o núcleo, pois neste existe apenas imenso buraco negro. Embora ainda não reconhecido pela astronomia atual, o planeta dos ergs se encontra entre as constelações de Sagitário, Escorpião e Ofiucos, numa zona extremamente povoada de estrelas no fundo da galáxia, onde se cruzam duas linhas que dividem os quatro quadrantes. São linhas que lembram a do equador e a linha internacional de mudança de datas na Terra.

Os viajantes siderais chegavam, na maioria dos casos, em naves de tecnologia indescritível, atracando-as nas docas espaciais acima da grande cidade sem a mínima perturbação ao meio ambiente ou aos moradores. Do solo podia-se ver a movimentação de luzes coloridas na estação portuária nos céus da cidade, como se fossem estrelas próximas. Eram todos seres de altíssima evolução e, a partir da grande estação, que pairava soberana quilômetros acima das edificações em solo, transportavam-se facilmente para a magnífica sede da organização estelar em Kendom Silá em máquinas de transporte ou pelo próprio pensamento. Como achassem melhor.

As máquinas de transportes, todavia, eram muito populares. Vibradas como elevadores tubulares de paredes transparentes, funcionavam silenciosamente. Dotados de plataformas sucessivas que, apesar de se moverem em alta velocidade, o que não era percebido pelos usuários, permitiam uma agradável visão panorâmica do exterior. Cada uma acomodava até vinte pessoas em confortáveis poltronas giratórias voltadas para fora, de onde podia-se observar toda a beleza do planeta e depois da cidade até a linha do horizonte.

Projetada para proporcionar mesmo um momento de encantamento aos visitantes, sua velocidade era cuidadosamente controlada para permitir que todos desfrutassem desse pequeno prazer. As plataformas paravam por alguns momentos, sem o menor solavanco, em dois estágios antes de chegar ao destino, girando em torno de seus próprios eixos e proporcionando visão de 360 graus a todos, que não conseguiam esconder sua admiração. Não era raro os passageiros chegarem sorrindo.

A estação portuária era imensa e podia acolher milhares de pessoas ao mesmo tempo, caso fosse necessário. Uma enorme edificação de um só andar com tetos arredondados e transparentes, além de paredes com grandes janelas, de onde se avistava o espaço sideral a perder de vista. Uma centena de docas, dos mais variados tamanhos, se acoplavam em várias subestações menores através de estruturas tubulares. Depois, corredores maiores conduziam a todos para a edificação principal. E, em cada doca, por sua vez, estruturas parecidas com tubos flexíveis se acoplavam às naves, permitindo o desembarque dos passageiros. Esteiras deslizantes dentro dessas passagens conduziam as pessoas, rapidamente, até o núcleo da estação portuária sem qualquer esforço.

Em Colope, quem olhasse para o céu, especialmente à noite, veria algo como um lustre gigante de luzes multicoloridas, semelhante a uma estrela com centenas de pontas de diferentes tamanhos e cores, pendendo do firmamento. Na grande estação, no meio do vai e vem de tanta gente, alegres reencontros aconteciam a todo instante, com abraços e sorrisos sendo trocados com alegria. Os ergs recepcionavam os amigos missionários, oriundos dos mais diversos pontos da galáxia, com muita satisfação.

O ambiente era iluminado sem que se percebesse de onde vinham as fontes de luz, proporcionando uma claridade agradável. Um salão gigante dividia-se em simpáticas salinhas, sem paredes entre elas, cheias de poltronas confortáveis e mesas baixas, contando ainda com todas as facilidades tecnológicas às quais os viajantes estavam acostumados. Telas assemelhadas às holográficas desciam e subiam como por encanto, a um simples toque nos comandos das poltronas. Pequenas reuniões animadas pareciam ter começado ali mesmo, mas eram interrompidas quando alto-falantes emitiam avisos suaves, convidando esta ou aquela comitiva para se dirigir aos elevadores. Tudo era feito sem pressa e harmoniosamente. Muitos trabalhadores se desdobravam, discretamente, para atender aos convidados e às suas necessidades do momento. Davam informações e conduziam os mais distraídos pelas conversas muito animadas às plataformas de descida.

A chegada dos mestres mais adiantados dos diversos planetas ficou estabelecida para um mesmo horário, o que permitiu que o imperador em pessoa, acompanhado de Zukov, que há muito tempo havia retornado de Bhumi e Agazyr, além de outros, como o missionário Karttikeia, Albion e Tessá, estes últimos genro e filha de Hylion, que também tinham voltado da Terra, fossem recepcioná-los na estação portuária.

Liver e Gabor também estavam por ali, até porque era seu ambiente de trabalho. Liver, por essa época, era o dirigente da alta tecnologia espacial de Colope e mantinha muitas facilidades de construção em alas apropriadas na enorme estação, próximas das docas onde as naves eram montadas e onde a frota L ficava estacionada. Até porque seria um esforço desnecessário decolar do solo do planeta com naves gigantes, técnica há muito abandonada. E Gabor, como se sabe, continuava como o comandante de armas, sempre atento a toda e qualquer movimentação de naves estranhas na galáxia ou a qualquer alteração da vibração planetária, sendo municiado nesse quesito pelos sacerdotes especialistas em ciências astrofísicas, que detectavam esses distúrbios com facilidade em seus laboratórios.

Karttikeia, o dedicado missionário desde as primeiras horas, tinha trabalhado no projeto que levou atlantes para a região do Mediterrâneo e depois para a do atual Mar Morto, onde hoje se encontra Israel, entre muitos outros projetos. Albion e Tessá, por sua vez, que decidiram, amorosamente, permanecer na própria Atlântida para ajudar em seu desenvolvimento, dezenas de milhares de anos antes, sem a concordância do sábio Hylion, como já foi contado, não tiveram muito sucesso. Não foi um tempo totalmente desperdiçado, pois ajudaram muito, mas poderiam ter sido mais eficientes trabalhando indiretamente. Arrependido, o casal se preparava para mais uma incursão missionária ao planeta, pois, depois de se envolver em muitas atribulações, criaram laços cármicos com situações mal resolvidas e com alguns terráqueos, digamos assim. Laços que necessitavam de uma finalização. Em breves milênios voltariam ao planeta para participar de alguns projetos, como o das Dinastias Divinas e, num futuro um pouco mais longínquo, participariam do Projeto Terras do Sul. O alto sacerdote Zukov, que piedosamente os seguira na aventura terrestre, na verdade a pedido do imperador, voltara muito antes deles e sem criar qualquer tipo de carma com quem quer que fosse.

A presença de Hylion na estação provocou um pequeno rebuliço, com muitos antigos amigos querendo saudá-lo, abraçá-lo e aos outros de sua equipe. Missionários mais novos de outros planetas, que nunca tiveram a oportunidade de conhecê-lo, olhavam emocionados para o imperador, que, sorridente, carinhoso e amável como sempre, fazia questão de cumprimentar a todos, um a um. Estrategicamente, como já era bem sabido, o governador sempre chegava com muita antecedência a seus compromissos, justamente para poder se confraternizar com todos e dar atenção especial a cada um. Não se julgava superior a nenhum ser do universo.

Por alguns momentos os chamados pelos alto-falantes

foram solenemente ignorados, pois ninguém arredava pé de onde ele estava, o que terminou provocando risos generalizados. A promessa divertida de Zukov, proclamada por algum tipo de engenhoca particular de difusão sonora, de que em breve estariam todos se reencontrando no início dos trabalhos em Kendom Silá, pois ninguém tinha mesmo para onde ir, provocou novas risadas e muita animação. Desta forma os grupos reiniciaram o caminho que os conduziria à descida ao planeta observados pelos ergs, que sorriam complacentes e respondiam aos acenos de mão com genuína felicidade. Entre eles o próprio Hylion, que ali permaneceu, tranquilo e sereno, trocando ideias com sua equipe mais próxima até o último viajante se dirigir para os elevadores.

Depois, enquanto esperava o desembarque dos grandes mestres estelares, fez questão de procurar e abraçar cada um dos trabalhadores da estação que por ali estavam agilizando as tarefas de forma ordenada e paciente, além de trocar algumas palavras com cada grupo, agradecendo a acolhida que proporcionaram aos convidados do governo. Como acontecia habitualmente, todos ficavam encantados com a simplicidade e simpatia de seu grande líder.

E eles não tardaram a chegar. Thot, Amoses, além de Im-Hotep, de Órion; Melchisedec e Hórus, das Plêiades; Payê-Suman, Rama e Maytreia, além de Devi e Arya, de Sírius; Aramu-Muru, Sanat-Kumara, Thamataê e Kalami, de Vênus, além dos mestres da constelação da Ursa Maior, Skyros e Milarepa. Da constelação do Cocheiro vieram o grão-mestre estelar Andora e seu assistente L'iantsul, antigos missionários de Bahnboldor, porto de saída de todos os degredados da grande constelação, em especial dos planetas gêmeos que ficaram conhecidos como Capela. Além deles, muitos outros mestres vieram dos mais diversos lugares. Uma festa nos céus de Kendom Silá.

A cada doze ciclos o grande conselho da Fraternidade Cósmica se reunia em Colope para discutir e acompanhar o andamento dos trabalhos e ações dos missionários e jardineiros cósmicos espalhados pelos vários planetas assistidos. Neste momento as atenções estavam, especialmente, voltadas para a Terra, entre alguns outros planetas prestes a conquistar sua maioridade, depois de milhões de anos de interferência dos homens das estrelas. As reuniões não tinham prazos para acabar, com grandes projetos ou modificações sendo apresentados pelas diversas caravanas. Naturalmente, todos esses encontros poderiam ser de forma mental ou tecnológica, digamos, o que acontecia mesmo entre os ciclos, mas apreciavam o contato fraterno, rever os amigos e tudo o mais que esses momentos proporcionavam. Cada ciclo durava cerca de quatro mil anos terrestres.

No solo de Colope havia quase que uma cópia da estação portuária espacial, com sua enorme cúpula, que parecia ter sido construída com material transparente, passando a impressão de flutuar no ar. A distância gravitacional do planeta era pequena, não chegando a vinte mil metros. A estação portuária de solo diferia da outra por ser absolutamente redonda.

Entradas subterrâneas em torno da estação no solo levavam os viajantes para a torre dos elevadores e serviam também para os recém-chegados encontrar os ágeis transportes, dos mais variados tamanhos, que estavam sempre à disposição. Dependendo das distâncias apenas deslizavam quase ao rés do planeta ou então se elevavam em altas rodovias e avenidas invisíveis, que serpenteavam por entre os multicoloridos edifícios brilhantes suspensos no ar. Na ausência de docas, os transportes ficavam estacionados em extensas plataformas, onde largas e ágeis esteiras deslizavam suavemente e sem ruídos. Não se viam correrias ou confusões. Tudo era extremamente bem-organizado e simples.

Os elevadores, na estação do solo, desembocavam no alto de uma torre central, que escapava à cobertura da cúpula em algumas centenas de metros acima, de onde se descia para o andar desejado. Depois de usados, a maioria dos elevadores simplesmente desaparecia, como num passe de mágica. Os mais aventureiros, em suas pequenas naves, podiam simplesmente estacioná-las nos imensos hangares no subsolo, passando por comportas que se fechavam após a entrada de cada veículo.

Mantendo a tradição os ergs continuavam conservando

suas edificações sobre as cidades, reservando a maior parte do solo para os parques recreativos com seus bosques, jardins, lagos e todo tipo de facilidades de laser, esportivas e culturais, além de suas tradicionais escolas e alguns edifícios governamentais, como o palácio do imperador e a sede da Fraternidade Cósmica, entre outros. Kendom Silá, em especial, parecia ainda mais linda do que tinha sido em Erg ou em Vênus. Os evoluídos seres que habitavam Colope haviam aberto suas fronteiras para os planetas fraternos e, desta maneira, era intenso o intercâmbio entre todos eles. Pessoas de muitos planetas trabalhavam e viviam ali, da mesma maneira que muitos ergs habitavam outros orbes em grande harmonia, o que contribuía para o desenvolvimento de todos.

O grande palácio de cristal, próximo às edificações da sede da organização sideral, onde o encontro se daria, havia sido reconstruído exatamente como o que ainda existia em Vênus, isto é, dentro de um dos grandes parques, no meio de um exuberante jardim às beiras de rio com águas agitadas e límpidas. Lindas pontes ligava-o à outras partes do parque e aos lindos caminhos floridos à beira do rio, com bancos que convidavam à contemplação, leitura ou uma conversa amigável. Brilhava mais que todas as demais construções do solo ou das que pairavam nos céus da cidade, para o deslumbramento de todos que o admiravam. Um grande gramado, à guisa de estacionamento, fronteava uma das alas do palácio, o que permitia que os enormes transportes ali deixassem seus passageiros com agilidade. Pequeninos carros autônomos, abertos e sem motoristas, que acomodavam quatro ou até oito pessoas, percorriam o lugar silenciosamente recolhendo os que preferiam não ir caminhando até o palácio, que não era de fato tão pertinho.

A um simples aceno os carrinhos paravam e a uma ordem verbal se moviam novamente. A maioria das pessoas, todavia, preferia andar pelo jardim maravilhoso com seus caminhos floridos e árvores frondosas, sob as quais se avistavam pequenos gazebos com bancos confortáveis, mesas e alguns até com fontes de água pura. Alegre ruído de passarinhos inundava o lugar. Os mais distraídos poderiam, por um momento, pensar que ainda estavam em Vênus ou quem sabe até em Erg.

Na estação portuária, conforme os dirigentes das delegações iam chegando, as confraternizações se sucediam. Os veneráveis mestres, mesmo com toda dignidade e sobriedade que os envolviam, não deixavam de lado os abraços e os sorrisos. A amizade fraterna entre os planetas mais adiantados da galáxia, conquistada há muitíssimos milhões de anos atrás, não poderia jamais ser desfeita. Embora ainda existissem milhares de planetas em permanente atraso, como a própria Terra, espalhados por todos os quadrantes, o equilíbrio era mantido pela energia vibratória dos mais evoluídos moralmente.

E não podiam ser esquecidos os planetas dotados de grande avanço tecnológico, mas habitados por povos que em tudo lembravam os antigos morgs. Mesmo sendo belicosos e antissociais, não se aventuravam para muito longe de seus domínios, pois sabiam estar sendo monitorados, permanentemente, pela Fraternidade Cósmica, que funcionava como uma federação de planetas dentro da própria galáxia. Outro incidente do tipo que havia envolvido os planetas Erg e Morg no passado, era impensável. Naves desta federação estelar, tripuladas por seres de planetas variados, se espalhavam estrategicamente pela galáxia, até além de suas fronteiras, tendo em vista o bom relacionamento com a maioria dos planetas assemelhados de galáxias vizinhas. Dessas naves e de cada planeta, observadores atentos mediam os transtornos vibratórios, físicos e mentais nas imediações. Desta maneira, uma rede de proteção cobria a maior parte do território estelar cuidado pela federação, limitando as intenções negativas de quem quer que fosse.

De qualquer maneira, seria mais fácil abandonar os mais atrasados à própria sorte, porém, estes seres iluminados, completamente desprovidos de desejos e dos ranços do egoísmo, em especial, tinham já como meta existencial a fraternidade irrestrita, o que os levava ao amparo oportuno dos necessitados de luz e desenvolvimento. Mesmo que para isso precisassem, de quando em quando, deixar os paraísos celestes que chamavam de lar. Suas vidas giravam em torno do trabalho pelo bem comum, pelo amor incondicional que um dia deveria embalar as almas de todos os seres.

Fraternidade Cósmica

Em algum lugar os magos refletem sobre o entendimento adequado do título Fraternidade Cósmica. Os homens de Bhumi, com certeza, teriam dúvidas sobre sua existência, o que é natural, pois, em seu imaginário coisas como outros planetas habitados, naves espaciais e até mesmo federações estelares fazem parte do que chamam de ficção científica, mesmo dispondo como parâmetro apenas seus insipientes conhecimentos nessa área. Todavia, é a única linguagem possível de ser usada que lhes seja acessível. Trata-se, naturalmente, de incontáveis consciências unidas em diferentes níveis e organizações num universo infinito. A evolução não descarta a organização, pois apenas as tarefas e a maneira de encará-las muda, uma vez que o ser continua cada vez mais ocupado, já que seu foco de atenção agora vai muito além de seu lar ou de seu planeta. Compreende a vida em toda sua magnitude e não pode furtar-se à colaboração amorosa, que, de fato, tornou-se objetivo de vida, isto é, ele se integra no movimento da própria vida no cosmos. Na galáxia onde a Terra está localizada na companhia de centenas de outros planetas habitados, existe uma grande fraternidade agregando a todos que quiserem e puderem, numa reunião generosa de almas despertas cujas origens se perdem, visando a paz e, principalmente, o auxílio no desenvolvimento dos globos mais atrasados, independente da dimensão espacial onde se encontrem. Apesar de parecer estranho, nem todos os povos da galáxia têm condições éticas ou morais para fazerem parte dessa irmandade, como aconteceu com o planeta Morg, que mesmo sendo altamente evoluído tecnologicamente, nunca fez parte dela. Como se sabe, nas diversas cadeias de desenvolvimento no universo, a vaga de vida se movimenta constantemente provocando o obscurecimento de planetas e forçando a mudança de seus habitantes, que tanto pode ser tranquila, como a dos venusianos, por exemplo, como destrutiva e confusa, causando grandes desequilíbrios, como a dos morgs. Esses eventos também precisam ser controlados, se traduzindo por outra função permanente dessas fraternidades. Na galáxia terrestre existe uma Federação Planetária chamada carinhosamente de Fraternidade Cósmica por seus integrantes, dirigida por um grupo de líderes com assento no que nomearam de Grande Conselho. Sublimes seres de evolução inimaginável aos olhos dos terráqueos. Além dessa federação principal, em cada quadrante da galáxia existem outras, que se reportam a ela, dirigidas por conselheiros locais que pertencem ao Grande Conselho. Existe ainda uma organização central abrangendo milhares de planetas e, por consequência, muitas fraternidades em galáxias vizinhas, chamada de União Intergaláctica, cuja sede permanente se transferiu para o planeta habitado pelos Ergs, no centro desta galáxia e dirigida há muitos ciclos pelo líder da Grande Federação Planetária, Hylion. Como é fácil imaginar, não existe relação de subserviência ou comando entre essas federações, pois isso já se tornou desnecessário, tendo em vista que o que os une é o mais puro amor desinteressado de recompensas.

13. O Conselho Galáctico – a grande assembleia

Quando compartilharmos mais de nós com os outros e não somente agirmos em benefício próprio, o mundo se tornará um lugar melhor.

Robert Happé

Um a um todos os grupos chegaram, para a felicidade geral e, principalmente, do imperador galáctico, que não escondia sua alegria ao rever pessoalmente, digamos assim, os amigos e companheiros de jornada. Muitos abraços depois todos se encaminharam para os elevadores. Usavam seus corpos vibrados de acordo com os costumes de seus povos, mas, de forma geral, todos muito parecidos. No caminho, como sempre, iam cumprimentando os funcionários da estação e admirando uma coisa aqui e outra ali. Os grandes mestres foram, com naturalidade, se acomodando nas cápsulas de descida. Em todas eles contavam com a companhia de alguns ergs da equipe do governo central, que os ciceroneava. A linda vista que Colope proporcionava, desde sua visão planetária, até as paisagens da zona de gravidade, sempre encantava a todos, fazendo com que os elevadores atendessem os pedidos e parassem mais que duas vezes, o que sempre gerava um sorriso nos ergs presentes.

Alguns desceram na companhia de Hylion. Entre eles o sempre amável e sorridente Payê-Suman, que brincava ao pedir que a reunião se desse ali mesmo, para aproveitarem todo o encantamento que o cenário proporcionava. Seus companheiros de Sírius concordaram de pronto, o que causou risos nos demais ocupantes da cápsula, entre eles os mestres venusianos ali presentes, além dos próprios ergs. O imperador se apressou, também em tom de brincadeira, em lembrá-lo dos lindos jardins do Palácio de Cristal, tão apreciados pelo venerando iluminado, prometendo horas agradáveis em suas varandas floridas.

– Ah! Então está muito bem – falou fingindo-se conformado com a situação, para depois completar – desde que se inclua um passeio ao longo das margens daquele rio encantador, eu concordo.

Todos riram, felizes com tão pouco, como era mesmo próprio daqueles seres celestiais. Em terra, rápidos transportes voadores levavam os convidados para Kendom Silá em questão de minutos, onde todos desembarcavam felizes e animados, sem deixar de lado sua habitual serenidade. Novas instalações haviam sido construídas para quem delas quisesse desfrutar, embora todos pudessem, simplesmente, se despir de seus corpos vibrados após cada reunião. Seres de altíssima evolução, não necessitavam, absolutamente, de instalações de pousada, mas, nada lhes custava a manutenção desses corpos quase de ilusão se preferissem.

Embora de difícil compreensão, a maioria deles já podia, inclusive, ter escapado da roda das encarnações, mesmo considerando que esse processo não se dá como na Terra, como já foi falado. Por nobres propósitos permaneciam e podiam participar de missões rápidas, no seu tempo, nos globos atendidos com intervenções diretas em corpos vibrados ou indiretas, através de híbridos, por exemplo, o que fosse mais eficiente. Depois retornariam a seus planetas, onde continuariam com seus corpos mais sutis enquanto achassem necessário.

Amoses, por exemplo, tornaria a vir ao planeta influenciando um híbrido quando se iniciasse mais uma etapa do projeto das Dinastias Divinas, em alguns milhares de anos, nas então verdejantes terras no entorno do vale do rio Nilo. Diferentemente de Albion e Tessá, sua passagem pelo planeta se daria depois de intensa programação, o que não o exporia a consequências cármicas, pois seria a melhor forma de atuar naquelas circunstâncias.

Outros seres divinos também faziam planos semelhantes para novas empreitadas no planeta. A forma de atuar, direta ou indireta, dependeria do sucesso de projetos anteriores. Todavia, existem controvérsias a esse respeito, pois vários historiadores modernos defendem que todos os avatares que ficaram conhecidos e tiveram seus nomes gravados na história, usavam corpos vibrados, o que não seria possível.

Dependendo do objetivo e da ocasião, em muitos lugares as pessoas precisavam observar a morte do ser divino para que suas ideias e ensinamentos se perpetuassem mais facilmente.

Seres que ficariam conhecidos por aqui como Akhenaton, Krishna, Buda, Jesus ou Mohamed, entre muitos outros avatares, que tinham por meta o desenvolvimento do amor e da fraternidade entre os atrasados e belicosos humanos que se achavam donos do planeta. Além disso, a maioria deles apresentaria aos terráqueos modelos monoteístas sobre as divindades, com alguns incluindo modelos não dualistas das relações dos homens com essas divindades, isto é, apresentando-lhes a própria consciência universal e sua unidade.

Trinta ou quarenta convidados desembarcaram junto com Hylion e os demais ergs e logo começaram uma agradável caminhada até o grande palácio do imperador, situado no meio do enorme bosque cheio de caminhos ladeados por árvores frondosas, canteiros de flores cuidadosamente cultivados e lindos gazebos e varandas escondidas em meio à vegetação. Bancos solitários e sombreados, aqui e ali, também convidavam à meditação ou a uma leitura. Como já se sabe, era tradição entre os ergs as escolas ficarem aos rés do chão e, desta maneira, não raro pequenas excursões de crianças ou jovenzinhos podiam ser vistas e, principalmente, ouvidas, por toda parte do grande parque onde o palácio e a sede da Federação dos Planetas estavam inseridos, para o deleite do imperador, que muito apreciava essas visitas.

De fato, qualquer cidadão podia passear por lá e desfrutar do ambiente agradável. Muitas famílias ou trabalhadores, especialmente os professores que sempre estavam por ali, acompanhando as escolas, aproveitavam os momentos de laser para desfrutarem daquele ambiente relaxante. Muitas mesas flutuantes tinham sido espalhadas por toda parte, em lugares estratégicos e calmos, para que eles pudessem utilizar seus dispositivos de alta tecnologia no preparo ou avaliação de seu material didático, se quisessem. Não existiam barreiras ou guardas de segurança em torno da sede do governo ou em qualquer outra edificação em Colope. Coisas impensáveis naquela adiantada civilização.

Enquanto os mestres caminhavam, pequenos grupos de estudantes se aproximavam de forma alegre, embora respeitosa, para um abraço em Hylion ou nos sacerdotes cientistas Zukov e Agazyr, além do famoso comandante de armas, Gabor, todos muito populares entre os jovens que sonhavam em seguir seus passos como dirigentes ou nas ciências, ou ainda como tripulantes de naves espaciais, por exemplo. Eram todos recebidos com simpatia e carinho.

E, quando existiam convidados, os locais tratavam logo de explicar aos jovens o acontecimento em curso. Os convidados, por sua vez, também não se furtavam a uma atenção, um carinho ou uma breve explanação sobre seu planeta. Também respondiam, com paciência infinita, outras questões levantadas para satisfazer a curiosidade juvenil. Desta maneira, o percurso demorava um pouco mais, apesar dos professores ou monitores atentos limitarem as entrevistas o máximo possível. De qualquer modo, ninguém se incomodava. Até porque em seus planetas tudo era muito parecido. O mesmo carinho, a mesma atenção, o mesmo respeito. Ao, finalmente, chegarem nas cercanias do palácio de cristal, sempre havia quem viesse com a mesma piada de sempre: conseguir chegar ali era como uma corrida de obstáculos, com tantas crianças curiosas que brincavam ou passeavam no parque, em qualquer direção que se olhasse.

Alegres trabalhadores conduziam, gentilmente, a todos, para o grande salão a céu aberto no jardim interno da edificação da sede da Federação, ao lado do palácio do governo, onde a recepção de boas-vindas e as primeiras observações de Hylion, o fraterno dirigente galáctico seriam oferecidas aos participantes. O tempo agradabilíssimo e ameno, onde as brisas frescas inundavam todo o ambiente, possibilitava reuniões ao ar livre, com muitos outros salões menores ao redor do palácio já preparados para elas.

O local, expandido pelas mentes poderosas dos organizadores, possibilitava que centenas de confortáveis poltronas flutuantes e que se moviam à vontade do usuário, estivessem ali à disposição. Elas contavam com toda tecnologia possível de comunicação ou pesquisa de conteúdo ao alcance das mãos, ou do pensamento de cada um. Como preferissem. Silenciosas e ágeis máquinas que mais pareciam pequenos robôs, flutuavam discretamente a poucos centímetros do chão, circulando pelo salão para atender ordens ou pedidos dos convidados.

No lado oposto ao da entrada central, em um patamar de nível um pouco mais elevado, à guisa de um palco, uma dúzia de poltronas semelhantes estavam colocadas. Atrás dessa plataforma todos sabiam que gigantesca tela surgiria para possibilitar uma ampla visão dos dirigentes do encontro, assim como para a apresentação dos lugares e temas necessários, como se fossem documentários. Na verdade, eram apenas imagens projetadas no momento pelas mentes de cada um dos palestrantes. Nos diversos ângulos do salão telas idênticas surgiriam, podendo o participante girar sua poltrona para onde lhe conviesse. Qualquer pessoa no salão que se manifestasse, e quisesse, teria sua imagem remetida para as mesmas telas.

Depois de muita confraternização e reencontros felizes, a entrada de Hylion e dos demais grandes mestres siderais no salão, mostrou que os trabalhos do Grande Conselho da Fraternidade Cósmica da galáxia, iriam começar. Todos escolheram seus lugares, tanto na plateia como no palco, onde tomaram assento os vinte conselheiros, além do governador galáctico. Alguns momentos de meditação individual mais tarde, como era mesmo hábito de todos aqueles seres, um som vibrado no tom universal da harmonia se fez ouvir, suavemente saído de auto falantes invisíveis e envolvendo a todos numa aura amorosa. As demais reuniões com grupos de trabalho menores começariam apenas posteriormente e, dessa maneira, todos os missionários participantes do evento estavam ali presentes. Dois mil trabalhadores no total tinham sido enviados por seus planetas.

Entre esses povos avançadíssimos, em todos os sentidos, a designação sexual de cada ser era escolha própria e quase banal. Gerados pelo poder do pensamento de seus pais, que sabiam de antemão as necessidades e preferências daquela alma, não existiam embates nesse sentido e todos se sentiam absolutamente confortáveis. Desta forma, apesar de assemelhados em suas vestimentas, cada um vibrava corpos masculinos ou femininos à sua vontade, de acordo com as tarefas que apreciavam e lhe diziam respeito. O que ainda diferenciava as pessoas por quase toda a galáxia, não era mais a aparência ou sexo, mas sim seus níveis de solidariedade e compaixão. Todos, designados homens ou mulheres, viviam em condições semelhantes e trabalhavam nos mesmos afazeres. Tinham os mesmos direitos e obrigações, sem qualquer distinção. Ali, na reunião do Grande Conselho, podia-se observar claramente o equilíbrio entre os sexos, com participantes em proporções quase idênticas.

Como sempre nessas ocasiões, o iluminado de Erg tomou a palavra. Depois de cumprimentar e dar as boas-vindas a todos, iniciou sua breve explanação.

– Como sabeis, meus amigos, trataremos neste fórum, entre outros assuntos, dos estágios de evolução dos muitos orbes espalhados por nosso quadrante que ainda necessitam da atenção desta fraternidade e, em especial, aqueles que se aproximam do momento de guiar os próprios destinos – fez pequena pausa enquanto passava seu olhar envolvente pela audiência atenta e respeitosa, antes de continuar. Seu coração de pai amoroso muito se alegrava ao sentir as vibrações harmoniosas que invadiam o local. Depois continuou:

– Sei que mesmo os que lá nunca trabalharam, acompanham a evolução dos povos que chegam perto do glorioso momento de poder escolher seus rumos na galáxia – parou um instante como a escolher de qual deles falaria e depois continuou – pouco menos de cinquenta mil anos locais separam os homens do lindo planeta azul, Bhumi, da liberação de nossa tutela. Milhares já habitam os novos mundos para eles preparados por vós, meus queridos companheiros e grandes civilizações se desenvolvem. De forma lenta, mas constante, os habitantes originais do lugar que os missionários chamaram, carinhosamente, de Terra Mãe, se espalham por todo o planeta. De norte a sul, de leste a oeste, a vida humana floresce criando grande e necessária diversidade.

Fez nova pausa antes de continuar:

– Para nós esse tempo é muito, muito curto, mas, para aquela humanidade, quinhentos séculos serão quase uma eternidade. É o período que ainda necessitam para adquirirem uma certa maioridade mental, emocional e espiritual, pois, apesar de nossos esforços, a maioria ainda é composta de almas que rastejam no caos da ignorância – sorriu levemente com o pensamento que iria expressar a seguir – sairão agora esses homens vencedores ou tornarão a pôr tudo a perder, como já fizeram incontáveis milhões de anos atrás? – balançou a cabeça como se a pergunta fosse para si mesmo, para depois prosseguir:

– Tivéssemos a oportunidade de continuar a determinar por eles o que fazer, como, aliás, estivemos fazendo há milhões de anos, apressaríamos esse desfecho para um lado positivo, não é mesmo? – perguntou, tirando um sorriso compadecido dos presentes. Depois completou:

– Porém, como todos sabemos, não é essa a interferência necessária na evolução dos mundos, pois ela causaria grande desequilíbrio vibratório, como já vimos acontecer tantas vezes em tentativas fracassadas. Altos e baixos, quedas e recomeços fazem parte da história de todos nós, seja qual for nossa origem.

Muitos balançaram a cabeça concordando, talvez lembrando-se do roteiro de evolução de seus próprios planetas de origem. Quando o governador galáctico se calou pensativo, o venerável Maytreia, de Sirius, simplesmente tomou a palavra. O respeito entre aqueles seres iluminados implicava, especialmente ali no Grande Conselho, na ausência de formalidades ou protocolos inúteis.

– Meus amigos – começou o venerável de Sírius – há milhares de anos nosso planeta assumiu a condução dos habitantes da Terra, substituindo as equipes lideradas pelos venusianos, ainda que eles continuem a colaborar tocando diversos projetos no planeta, assim como muitos de vós, vindos de outros lugares.

Parou por um instante percorrendo seu olhar bondoso sobre a assembleia ali reunida, detendo-se com um sorriso sobre a grande delegação de Vênus ali presente. Depois retomou:

– Nosso querido Sanat Kumara, aqui ao meu lado, que tão bem conheceis, por milhões de anos planejou e executou todos os passos que trouxeram o lindíssimo planeta azul até este estágio de evolução, sem nunca esmorecer, apesar dos altos e baixos, como bem disse nosso dirigente maior – fez nova pausa antes de continuar com sua fala – se não soubéssemos da necessidade do equilíbrio vibratório, tão importante a todos os mundos e ao próprio universo, diríamos que almas empedernidas em atraso moral, atrapalham, digamos assim, a evolução dos interessados no bem.

Sorriu placidamente, como era seu hábito, trocando um ou dois olhares com os integrantes do grande palco, que mantinham suas poltronas pairando num discreto semicírculo, de maneira que pudessem vê-lo. Sentado exatamente a seu lado, o mestre de Vênus tocou seu braço com a mão num gesto carinhoso, permanecendo assim, num reconhecimento fraterno por alguns instantes, o que fez com que uma onda de amor e fraternidade invadisse o ambiente, refletindo em todos os presentes. Depois continuou, não sem antes energizar nas grandes telas do salão a imagem da Terra e seus continentes, mostrando uma animação das rotas migratórias, além de todas as civilizações. Desde as desaparecidas até aquelas que exibiam, no momento, grande progresso.

– Como podeis perceber, em função dos escolhidos para novas oportunidades na matéria, neste planeta em especial, onde os indivíduos foram dotados do mental, uma parte era composta de degredados de vários lugares diferentes na galáxia, pois já não acompanhavam a evolução moral de seus povos. Entre eles, em especial, os da constelação de Cocheiro, que eram numerosos. Para lá foram enviados para recomeçar sua evolução junto aos morgs, que representavam outra parcela significativa. Vindos por caminhos e razões diferentes, foram todos reunidos num só planeta por terem quase o mesmo nível de atraso moral.

Depois de pequena pausa prosseguiu:

– Mesmo com os morgs sendo mais inflexíveis às suas convicções erráticas, era o ambiente ideal, pois os ergs, que ficaram estacionados no astral do planeta por milhões de anos, ao encarnar estavam em adiantamento moral muito superior. Além disso, com muitos outros vindos de orbes diversos e que para lá foram degredados por motivos um pouco diferentes dos anteriores, houve um contraponto necessário. Conseguiu-se assim o equilíbrio desejado – pensou por uns instantes para depois continuar:

– A situação, todavia, como podeis imaginar, foi sempre muito difícil, com muitas lutas, guerras, traições, crimes e todo tipo de desmandos. Alguns grupos civilizatórios precisaram ser extintos para renascer em outra parte do planeta. Grandes mudanças geológicas foram também necessárias, não apenas para oferecer melhores condições de vida, mas também para colonizar toda a Terra e ainda para forçar migrações necessárias, separações de tribos antagônicas ou interesses diversos. Reinos inteiros trocaram de lugar ou simplesmente desapareceram.

Assim como Hylion, o venerável Maytreia se calou pensativo, permitindo então que outro mestre de Sírius, Payê-Suman, tomasse a palavra. Sua simples presença gerava em todos um sorriso amoroso. Com sua brandura peculiar vibrada na pele de ancião bondoso e sereno, falou em tom baixo e envolvente, como sempre:

– Como podeis notar meus amigos queridos, nós aqui de Sírius estivemos trabalhando muito. Onde estavam que não vos vi por lá?

Cobrou a plateia em tom de brincadeira, arrancando risos de todos, inclusive dos veneráveis mestres do palco, incluindo o imperador. O velho missionário riu da própria piada, sendo abraçado por Skyros, que, sentado a seu lado, deslizou a poltrona até a sua, afirmando em tom também de brincadeira:

– Continuas o mesmo amigo, mas saiba que nós, de Merak – falou referindo-se a um dos astros da constelação da Ursa Maior – também não tivemos muito descanso. Nosso irmãos da Terra dão muito trabalho – não havia qualquer conotação de crítica em suas palavras e muitos sorrisos encheram o lugar de genuína alegria pelo servir despretensioso. Depois, em tom de segredo, confidenciou baixinho:

– Para não falar que nossos queridos amigos de Erg, aqui presentes, como tu sabes muito bem, também nos dão muito trabalho, mas agora no sentido literal. Sempre a nos pedir algo a mais aqui e ali – falou se referindo à brincadeira habitual entre os mestres, que sempre se queixavam da mesma coisa.

Foi o bastante para todos rirem de verdade, enquanto o imperador balançava a cabeça, rindo também. Depois do breve momento de felicidade, Payê-Suman prosseguiu:

– Nestes tempos terráqueos em que maravilhosas civilizações florescem por todo o planeta, as derradeiras migrações são preparadas, tanto para o oeste como para o leste, partindo do continente atlante, que já foi fragmentado ao meio e continua a afundar lentamente. Um triste, mas, necessário destino – calou-se por um instante, como a refletir ou lembrar-se dos fatos ocorridos, antes de continuar seu relato:

– Para o oeste, será em direção ao chamado novo mundo, para completar seu projeto de colonização, depois dos povos que para lá já foram levados milhares de anos trás. Como bem sabeis meus amigos, uma das mais brilhantes civilizações de Bhumi lá se encontra, o Império Paititi, fundado originalmente às margens de um imenso mar interno do continente e depois transferido para as altas montanhas mais ao sul, acompanhando as necessidades geológicas do planeta – refletiu por alguns momentos, talvez a lembrar sua extensa participação nessa bem-sucedida migração. Depois tornou a falar:

– Vários de nossos incansáveis missionários de Shukra, que jamais deixaram de atuar no planeta, trabalharão diretamente também neste projeto, especialmente os irmãos Thamataê e Kalami, além de outros discípulos do grão-mestre Aramu-Muru, que lá estará também. Cada um num tipo diferente de intervenção.

Desde o início dos trabalhos, como era normal nessas reuniões, mesmo sendo todos conhecidos entre si, cada vez que um nome era citado, sua imagem aparecia nos telões. Cenas marcantes de seu planeta de origem também ilustravam os lares estelares de cada missionário ali presente.

E Payê-Suman em breve continuou:

– Logo outro povo será seu contemporâneo e irá edificar outro grande império à beira mar, onde muitas gerações de reis se sucederão e que será conhecido como a Terra das Araras Vermelhas, à sudeste do Império Paititi. Um nobre e brando rei atlante, de nome Zac, com o qual tenho oportunidade e privilégio de contato próximo, prepara seu povo para esta mudança, sem tristeza ao deixar para trás seu evoluído e espetacular reino. Será o primeiro rei da dinastia dos Ay-Mhorés nas terras novas.

Enquanto o venerando mestre discorria sobre o momento atual do Projeto Terra, as telas iam mostrando as imagens, como um filme, das movimentações da crosta do planeta e das andanças dos povos em seu solo. Ao mesmo tempo as cidades típicas de cada civilização eram mostradas, incluindo as fantásticas cidades circulares da terra de Zac, por exemplo, sem deixar de lado o magnifico ambiente tropical onde jaziam sob as águas os majestosos edifícios da cidade de Ophir, na Amazônia. Tinha sido a primeira capital do império que se transferira para o sul após os cataclismos que, como sempre, iam modificando a crosta planetária para melhor desenvolvimento do homem.

Depois de Payê-Suman responder muitas perguntas de seus atentos ouvintes, cuja maioria trabalhava em outros projetos pela galáxia afora, foi a vez de mestres de outras constelações, que trabalhavam incessantemente em diversas partes do planeta, conduzindo outros atlantes para seus novos lares, darem notícias sobre as tarefas já realizadas ou ainda em curso. Um por um, os líderes das delegações empenhadas no Projeto Terra, discorreram sobre as atividades desempenhadas no planeta nos últimos cinquenta mil anos.

Depois disso, Thot, de Órion, discorreu sobre a última grande migração em Bhumi orientada pelos missionários, que começaria cerca de vinte mil anos após à do povo de Zac, poucos milhares de anos antes do desaparecimento total de Ruta, uma das duas grandes ilhas da Atlântida. O dirigente de toda a grande delegação de Órion, como era o hábito de seu povo, levantou-se para falar, se colocando atrás da fileira de poltronas dispostas no palco antes de tomar a palavra. Hylion o acompanhou com um sorriso e seus olhares se encontraram numa anuência mútua. Todos os mestres ali sentados voltaram suas poltronas para ele, com exceção de Melchisedec, das

Plêiades, pois o iluminado de Órion manteve suas mãos em seus ombros por alguns momentos, num gesto fraterno.

– Como é de vosso conhecimento meus caros amigos, esforços extraordinários serão levados a cabo para o surgimento da derradeira e uma das mais extraordinárias de todas as civilizações atlantes, já em sua quinta sub-raça. Uma civilização que marcará, de maneira definitiva e incontestável, para os povos futuros, nossa passagem pelo planeta. Todos sabemos que em muitos lugares de Bhumi já existem outras provas onde os terráqueos poderão observar a jornada dos homens das estrelas. Como são distraídos por natureza, para elas olharão sem dar a importância devida, a princípio. A necessidade dessas provas se dão em função de seu poder de descortinar para os futuros terráqueos, novas maneiras de pensar na grandiosidade da vida no universo, que vai muito além de seu belo planeta azul. Ainda que milênios se passem, um dia eles entenderão.

Enquanto falava as imagens dos monumentos e marcas já deixadas por todo o planeta, nos mais variados lugares, surgiam nas telas, mostrando sua exata localização em latitude e longitude. Parou por alguns momentos enquanto dava alguns passos pensativos e depois tornou seu depoimento.

– Esses atlantes serão cuidadosamente preparados, durante milhares de anos, pelas equipes de Órion, lideradas por mim e Ro-Shan Kama, das Plêiades, que será conhecido pelos terráqueos como Hórus, o faraó ou rei divino. Enquanto isso uma série de monumentos gigantescos, cerca de cinquenta deles, será fincada naquelas terras ao longo de um dos maiores rios do planeta, perfeitamente alinhada com algumas constelações visíveis do vale, numa obra gigantesca de nosso querido amigo Im-Hotep. Nesse vale verdejante e encantado florescerá a magnífica civilização de Kemet, a Terra Negra, que será chamada no futuro de Egito – fez pequena pausa e depois continuou:

– Também não podemos esquecer a participação de Melchisedec, aqui na minha frente – falou recolocando as mãos nos ombros do amigo e incansável trabalhador – é conhecido de todos vós, pois sempre trabalhou e continuará trabalhando com suas equipes, como intermediário entre os grupos de missionários e os híbridos encarnados no planeta, em tantos projetos diferentes além deste, como no Império Paititi, aqui citado por nosso amigo Payê-Suman – sorriu para a plateia parecendo antever o futuro próximo.

– Será impossível aos homens do porvir do planeta, explicarem o avanço tecnológico que teria possibilitado a construção de notáveis pirâmides e outros monumentos que por lá serão deixadas e que sobreviverão aos milênios sem fim. Os terráqueos do futuro tentarão, de todas as maneiras, negar que homens do espaço as tenham edificado, sem sucesso – calou-se por uns instantes para depois completar:

– Este é o mesmo e ancestral Projeto das Dinastias Divinas, que retorna ao planeta depois de tantos milhões de anos. Foi o primeiro e será também o último grande projeto tutelado por esta Fraternidade. Outros menores se seguirão, de forma pontual, espalhados por todo o orbe – depois de alguns momentos contemplou toda a assembleia ali reunida com um sorriso e depois ainda continuou:

– Não terão sucesso ao negar nossa interferência, não só por causa do gigantismo das obras ou de sua perfeição arquitetônica e matemática, mas também por sua incrível precisão astronômica. Além disso, o tamanho das pedras que serão usadas nas construções, somente encontradas a centenas de quilômetros de distância, impossibilitariam os homens da época de transportá-las. Milhares e milhares de pedras. Sem a tecnologia material ou poderes mentais para a movimentação desses monolitos formidáveis, além de um sem-número de outros detalhes, tudo isso seria inalcançável pelas possibilidades locais.

Fez nova pausa e concluiu a seguir:

– Todas essas obras monumentais estarão perfeitamente alinhadas com algumas das estrelas das muitas constelações visíveis do local. Precisamente alinhadas, como um espelho invertido. Nem mesmo o mais evoluído astrônomo terrestre alcançaria feitos tão notáveis naqueles tempos – virou-se para o lado onde sentava-se Im-Hotep e abriu um largo sorriso ao declarar:

– Não preciso dizer que tudo isso são ideias de nosso companheiro aqui ao lado, que será tido como um Deus pelos locais – falou apontando para o amigo, enquanto a imagem do grande construtor de Seir surgia na tela.

Atendendo a pedidos vindos dos missionários da plateia, que muito se interessaram pelo projeto astronômico, Im-Hotep fez um breve relato do desenho das constelações em terra, construído pelos magníficos monumentos que ali seriam deixados, enquanto esse espelho mágico ia aparecendo nas telas.

– Aproveitando a planície verdejante ao lado oeste do rio até determinado trecho, onde Hórus pretende construir gigantesco oásis, já prevendo que o local, com o tempo, se tornará um deserto, as pirâmides serão erguidas numa ordem pré-estabelecida – deteve-se por alguns momentos, talvez a imaginar as maravilhas que seriam fincadas no solo do planeta, pois as imagens da tela acompanhavam seu pensamento, mostrando cada uma das pirâmides e outros monumentos.

Depois continuou:

– Ao final desse alinhamento, às margens do oásis, será construído o maior de todos os edifícios, que será conhecido no futuro como o Labirinto. Na verdade, será a base de operações para todo o projeto. Ali será um ponto energético focal por onde os missionários se comunicarão com os híbridos escolhidos para a tarefa, através de um portal dimensional – sorriu ao lembrar-se dos companheiros na longa jornada que se seguiria – como nosso querido Amoses, aqui presente – falou voltando-se para o amigo também ali no palco, que lhe sorriu de volta, enquanto a imagem do outro mestre de Órion surgia na tela.

– Outros missionários, como Narmer, Vydia e It-Amun, todos também de Seir, se ofereceram para ajudar-nos atuando igualmente junto aos híbridos. Nobre e difícil trabalho.

Estando todos na audiência, logo suas imagens sorridentes e tranquilas também foram projetadas na grande tela. Logo surgiram perguntas sobre o último edifício, pois embora aparentasse ser gigantesco, outros conjuntos eram igualmente enormes. Im-Hotep sorriu.

– Sobre o Labirinto, uma aura de mistério o acompanhará pelos milênios afora, pois serão encontrados aparelhos de altíssima tecnologia no seu interior e, além disso, uma cópia idêntica de suas edificações estará situada muito abaixo da superfície, também como um espelho, mas plenamente funcional, onde a verdadeira base de operações funcionará. Os locais não saberão de sua existência por muitos e muitos séculos – fez pequena pausa e depois concluiu:

– Nada demais nisso, pois em muitos outros projetos civilizatórios esses artifícios foram utilizados por vós, meus caros amigos. O mais importante, e que também será tratado como mistério ou segredo no futuro, é que a porção abaixo dele, se tornará uma verdadeira cidade subterrânea para nós, com túneis interligando muitas das construções. Bem longe dos olhos incrédulos dos homens da época, aos quais não há qualquer interesse em chocar ou mostrar superioridade, como bem sabeis.

Quando o iluminado de Órion se calou, outros mestres ainda falaram e muitas perguntas foram feitas a todos os componentes do palco, com muita animação e interesse. A cada pergunta as imagens correspondentes se sucediam na tela, tornando a interação ainda mais agradável e produtiva. Com a reunião chegando ao final e com muitas outras a caminho, pois muitos planetas ainda eram monitorados por toda a galáxia, haveria uma pequena pausa antes do rearranjo natural entre os missionários que se dirigiriam a este ou àquele salão. Salões de todos os tamanhos e previamente arranjados para cada tipo de discussão estavam prontos.

Bhumi, por ser o mais próximo a se libertar da tutela da federação, mereceu a atenção especial de todos, mas outros no mesmo caminho, também teriam suas explanações realizadas no grande salão e com a presença do governador galáctico, que também faria, com sua equipe, como sempre, encontros reservados com os líderes de cada delegação para se inteirar melhor dos detalhes de todos os projetos em curso.

Antes do encontro terminar, o venerável Sanat Kumara anuncia a breve mudança de todos os venusianos para Colope, pois a vaga de vida já se afastava do planeta Venus e se iniciava seu obscurecimento. Amigos fraternos de outras constelações mostram sua satisfação com o reencontro da maioria dos ergs num mesmo planeta, depois de tantas aventuras pelas estrelas. Num ambiente de confraternização, comentam que isso também está previsto para vários de seus planetas e sua partida para novos planetas também se aproxima. Muitos seguirão para Zangadahr, entre outros orbes no centro da galáxia, também já ultimando suas preparações para recebê-los.

Andora, o mestre nativo do enorme e belíssimo planeta Zangadahr, vizinho de Colope e, por tempos sem fim, dirigente geral de Bahnboldor, explicou sobre esse grande projeto. Tratava-se da gigantesca colônia de degredados dirigida pelos zangadahrianos, situada em seu astral inferior e que preparava aqueles que seguiriam para sua jornada reencarnatória em mundos inferiores. Falou por alguns momentos sobre o ininterrupto trabalho de encaminhamento dos banidos para Bhumi e para outros orbes. A princípio, durante milhões de anos, Bahnboldor recebia apenas os oriundos do próprio planeta, mas depois, com a extraordinária evolução de sua população, em vez de ser desativada passou a receber seres de muitos lugares diferentes da galáxia. No caso da Terra, todo um trabalho de recuperação foi feito durante séculos, antes que cada indivíduo pudesse ser encaminhado para o planeta. Com exceção de morgs e ergs, todos os demais passaram pela colônia.

Cenas de Zangadahr e da colônia de acolhimento foram exibidas nas telas enquanto o venerável mestre Andora explicava o processo pelo qual todos os excluídos temporariamente de seus planetas passavam antes de serem levados para prosseguir sua evolução em planetas mais adequados a seu desenvolvimento moral. Diversas colônias com a mesma função se espalhavam por toda a galáxia.

Em seguida, Hylion retoma a palavra para dar encerramento a primeira e tão festiva reunião.

– Meu coração transborda de alegria com tantos acontecimentos maravilhosos meus amigos queridos. O Projeto Terra, tão especial para todos os ergs, se aproximando do final, como vários outros, e os demais seguindo seu curso como o planejado, como bem sei, e ainda por cima a breve chegada em Erg de meus filhos de Vênus, leva-nos a muitas reflexões. Acima de tudo, mostra-nos a correção dos caminhos traçados pela grande consciência universal para cada um de nós, que dela fazemos parte como um minúsculo elemento de um todo – parou por alguns momentos enquanto seu olhar sereno e amoroso percorria todo o salão.

– Após a invasão de nosso belo planeta, nossa reação, como de fato aconteceu com nosso irmão que provocou a explosão desastrosa, talvez pudesse ter sido de revolta ou desamor. Todavia, como a opção do grupo remanescente, conhecendo o princípio da vida e do equilíbrio universal, foi a de reconstruir e de continuar o caminho em paz, chegamos hoje a este ponto. A maioria dos ergs, depois das complexas jornadas em Bhumi, já retornou para seu lar nas estrelas, compreendeu e hoje está trabalhando para a unidade – sorriu levemente, como se estivesse lembrando a difícil trajetória de seu povo.

– Estamos entre os mais antigos da galáxia e, desta maneira, nossa responsabilidade era grande. Muitos de vós nos auxiliaram, nos ajudaram desde o princípio do Projeto Terra, que possibilitaria a volta ao plano de evolução material dos ergs mantidos no astral de Vênus para a continuação de nossa jornada. Agora eu vos agradeço e vos convoco para continuar a obra de levar cada povo, cada planeta, cada célula da grande consciência cósmica, ao encontro desse entendimento, ao encontro da vida que nunca cessa, ao encontro do próprio e necessário desenvolvimento através, unicamente, do amor fraterno.

O imperador se levantou, sendo seguido por todos. Uniu as mãos espalmadas ao peito, fazendo pequena e humilde reverência à plateia, enquanto concluía:

– Prossigamos meus irmãos. A vida pulsa por toda parte e muitos clamam pela nossa atenção, pela nossa ajuda. Nós, ergs, já precisamos um dia e, certamente, cada um de vós relembra como vossos povos já precisaram também. Que o brilho divino de nossas almas ilumine nossos caminhos.

– Que assim seja – respondeu Payê-Suman, postado justamente a seu lado, fazendo também pequena reverência.

Todos repetiram o gesto do grande dirigente galáctico, enquanto recitavam:

– Assim será.

E assim foi. As semeaduras dos jardineiros cósmicos prosseguiram, os povos evoluíram com a ajuda dos missionários e a vida, como sempre, continuou.

Colônias de degredados

Em algum lugar os magos refletem sobre a enorme tarefa feita pelos trabalhadores das muitas colônias de acolhimento para os seres egressos de planetas evoluídos existentes na galáxia terrestre. Indivíduos que não conseguiram acompanhar a evolução moral de seus magníficos lares estelares. No eterno equilíbrio do universo, que alguns missionários chamavam de paciência infinita, todos os atendidos tinham recebido centenas, talvez milhares, de oportunidades durante a evolução de seus orbes nativos. Ainda assim, como a vida nunca cessa, a Grande Lei que rege o cosmos continuava a apresentar a continuidade da jornada àquelas mônadas errantes ou rebeldes, que dispensavam mínima gratidão às benesses que dispunham em seus belos planetas e muitíssimo menos às suas possibilidades de transformação em seres voltados ao bem comum, por não compreenderem ser esse caminho o mais eficiente. Aquele passo final de desprendimento de seus egos, pois, como habitantes de mundos já em evolução de consciência, se tornavam quase estranhos à sociedade ao seu redor. Na lei das probabilidades, poderiam, se requisitados, não conseguir atuar em prol de uma urgência coletiva, como aconteceu com muitos que, posteriormente, ao se darem conta disso, se transformaram em jardineiros cósmicos. Milhares desses seres são retirados de seus corpos físicos em todas as galáxias, por vontades superiores, e transladados para uma condição de vida suspensa. São levados inconscientes para essas colônias, pois sua permanência em mundos tão evoluídos, não está mais lhes sendo de qualquer utilidade. São despertados no momento adequado apenas para que compreendam sua situação. Não se trata, absolutamente, de um julgamento, e sim de uma atuação direta da grande consciência universal para reestabelecer o equilíbrio daquele ser ou de toda uma comunidade. Também não é difícil lembrar do erg que acionou o átomo desdobrado num momento de desespero na luta mental contra os morgs, mesmo sabendo que os dirigentes maiores do planeta trabalhavam em uma solução pacífica, que era, simplesmente, abandonar o planeta aos invasores, posto que se tratava apenas de uma instância material. Essas colônias também abrigam àqueles que, independentemente de suas vontades momentâneas, tiveram seus corpos rarefeitos destruídos por grandes colapsos, sendo deles expulsos sem possibilidade de retorno imediato, como aconteceu com ergs e morgs, que também entraram num modo inconsciente de vida suspensa, como já é sabido. Neste caso, todavia, eles ficaram estacionados e cuidados nos sub planos do planeta para eles escolhido para ser seu novo lar, pois os líderes dos ergs não pretendiam despertá-los. Diferentemente da decisão do imperador de Erg, Hylion, que tinha condições evolutivas de construir uma civilização em Seir e depois outra em Bhumi, para onde seus irmãos seriam enviados para reiniciar sua jornada em corpos mais densos, o que lhes seria de enorme ajuda em suas evoluções, como realmente aconteceu, os morgs pretendiam, simplesmente, despertar os ali retidos de seu planeta e continuar a viver nos sub planos do globo. Nas colônias de acolhimento dos seres que serão degredados para planetas inferiores, como são generosamente chamadas, todo esse trabalho de preparação e manutenção da vida suspensa, assim como a escolha do planeta para onde serão enviados, é feita por trabalhadores dedicados e especializados, como em Bahnboldor. Existe uma pesquisa completa para essas escolhas nas diversas fraternidades cósmicas, pois terminam sendo envolvidas nessa preparação, já que são elas que se dedicam ao desenvolvimento de planetas e humanidades ainda atrasadas. Desta maneira, cada ser nas colônias, como a do gigantesco planeta de Zangadahr, tem sua história analisada e passada à fraternidade mais afim, preferencialmente no mesmo quadrante de seu planeta original, para que esta possa pesquisar qual planeta tem um grau de evolução adequado para recebê-lo. Como é possível notar, trata-se de um trabalho gigantesco de amor, pois, em nenhuma parte, nem mesmo o mais insignificante ser é jamais esquecido dentro da unidade da grande consciência universal.

14. Projeto Terra – os últimos 50.000 anos

Criamos a percepção da temporalidade, mas o tempo é apenas um pensamento dentro da mente.
José Roberto Aragão

Muitos milhares de anos antes de Payê-Suman conduzir novas migrações para o novo mundo, levas migratórias de atlantes foram instaladas nas bordas oeste do novo continente, no local onde ainda surgiriam as magníficas montanhas que, no futuro, seriam chamadas de Cordilheira dos Andes. Uma das civilizações mais conhecidas foi a dos magníficos e adiantados Tiwanakus, que se espalhou por toda região. Todavia, quando as últimas partes da Lemúria afundaram, o cataclismo monumental varreu toda a região, levantando as montanhas e destruindo, praticamente, o povo Tiwanaku e suas esplêndidas cidades à beira mar. Parte do povo, incluindo altos sacerdotes que viviam em regiões mais altas, sobreviveram às incursões da natureza e, mais tarde, deram início a uma nova civilização sob a orientação de Aramu-Muru, o nobre missionário de Vênus, que para lá levou o Disco de Ouro trazido de Erg. Pouco antes disso foi vibrado, no plano etérico da região, o Monastério dos 7 Raios, dirigido por Melchisedec, num dos centros de força do planeta.

Por milhares de anos Aramu-Muru, grão-mestre dos Templos da Luz desde os tempos da Lemúria, trabalhou nesta região. Seus discípulos venusianos, sob o comando de Thamataê, também trabalharam na região da Amazônia, à beira do mar interno, onde ajudaram a construir e desenvolver as cidades do Império Paititi. Mais ao norte, outros discípulos, sob a liderança de Kalami, trabalharam para o adiantamento dos povos de Itaoca e de suas cidades satélites, na região onde hoje está o estado do Piauí.

Mais à oeste, as famosas linhas de Nazca, situadas na região do atual Peru, foram sinalizações feitas nessa época pelos venusianos, como pontos de orientação de navegação aérea. A nova civilização de sobreviventes dos Tiwanakus daria origem, no futuro, às civilizações pré-incaicas e incaicas, estendendo-se do Peru ao Equador. Paititi, como já foi visto, se transferiu para a Serra do Roncador, no limite legal da Amazônia e sua cidade central passou a chamar-se Ibez, onde hoje existe a cidade de Barra do Garça.

Cavernas secretas e bem guardadas por tribos indígenas locais até hoje, mostram a entrada para um submundo de túneis que cobriam enormes extensões do território brasileiro, indo até o litoral do sudeste. Lá, segundo as lendas, ainda se localiza a cidade de Shambala, transferida de Gobi muitos milhares de anos atrás, antes de sua desertificação. Lendas e tragédias de todos os tipos habitam a região da Serra do Roncador com suas cavernas e montanhas. Todo esse achado geológico, tido como fenômeno natural, na realidade foi construído pelos homens das estrelas em tempos remotos, facilitando o trânsito entre as cidades atlantes no Brasil. Itaoca, por sua vez, transformou-se ao longo dos milênios, depois de quase destruída pela magia negra, em importante sítio arqueológico. Com os iminentes cataclismos que se abateriam sobre as ilhas restantes da Atlântida, muitos morgs também se transferiram sem orientação para as mesmas terras, o que culminou em grandes lutas.

Durante todo esse tempo, antes de conduzir o povo de Zac para o litoral leste do mundo novo, antes dos cataclismos na Atlântida que afundaram Ruta e que culminaram com o desaparecimento de Ophir e das seis cidades satélites do império amazônico, Payê-Suman trabalhou junto aos governantes de Paititi, em auxílio aos discípulos de Aramu-Muru, em intervenções diretas usando corpo vibrado. Apesar dos acontecimentos geológicos gigantescos, Ibez, Itaoca e Daytia, a outra ilha da Atlântida, ao sul, ainda sobreviveriam por milhares de anos depois disso, sendo governados com sabedoria pelos ergs, apesar dos templos secretos das sombras continuarem a existir.

Pouco antes desses acontecimentos que, uma vez mais, mudaram a face do planeta, os missionários das estrelas decidiram que os governantes mais iluminados locais, especialmente dessas três localizações, destruíssem todos os barcos voadores em função dos desmandos dos homens, que os estavam usando para destruir seus inimigos. Tal fato atrasou muitíssimo a evolução, pois os atlantes tiveram que voltar a transitar, exclusivamente, por terra ou pelo mar.

Voltando no tempo, os preparativos na terra de Zac, em Ruta, iam de vento em popa para a grande mudança. Com sua bondade e sabedoria habitual, o grande rei foi, pessoalmente, de reino em reino de seus principais aliados, para contar-lhes os vaticínios de seu sumo sacerdote, cuja fama já se espalhara pelas duas ilhas maiores do continente, Ruta e Daytia, além de outras menores. Também sábios ergs, esses governantes não tardaram em acolher a sugestão de mudarem-se com seus povos para outro lugar.

Apesar do último grande cataclismo que partiu a Terra Mãe em duas partes terem acontecido milhares de anos atrás, esses reis sabiam muito bem, através de inferências indiretas dos missionários, o que causara aquilo tudo. E conhecedores dos problemas com a magia negra, que continuavam a acontecer por conta de seus desafetos ancestrais, não hesitaram em tomar a decisão de partir com Zac e construir um novo império, maior e mais coeso. Todavia, muitas pessoas de cada um daqueles estados soberanos, relutaram em deixar seus lares e suas terras para trás, apesar das intensas campanhas de conscientização feita por cada dirigente junto a seu povo. De fato, muitos decidiram ficar.

Sempre bom lembrar que nessa época, mais de seiscentos mil anos depois dos ergs terem encarnado na Atlântida, assim como seres de vários outros planetas, além dos morgs que já lá estavam há muito mais tempo, já existia uma interessante mescla populacional. Embora o padrão continuasse, isto é, morgs e seus descendentes permaneciam relativamente associados aos capelinos e os demais aos ergs. E como todos conviviam nas mesmas terras, o que causava tantos dissabores, os reis, todos ergs nesses reinos aliados, não podiam, simplesmente, sair escolhendo quem levar ou deixar. Além disso, nesse tempo todo, centenas de milhares de anos sob o ponto de vista terrestre, naturalmente, muitas entre todas essas pessoas de origens estelares tão diferentes umas das outras, se bandearam para outros lados. O que quer dizer que muitos morgs e capelinos evoluíram de forma definitiva em direção ao amor e à fraternidade, abandonando seus antigos padrões de comportamento moral. Mas, enquanto isso, muitos ergs e seus amigos das Plêiades, Órion e de outros planetas, se deixaram seduzir pelas facilidades da matéria, sucumbindo às forças das sombras ou, simplesmente, estacionando no meio do caminho.

Desta maneira, não havia mesmo como esses reis bondosos tentar separá-los, isto é, escolher só os de coração mais brando, pois poderiam estar retirando oportunidades evolutivas de ambos os lados. Por fim, depois de muito deliberarem com seus sumos sacerdotes, e com as bençãos de Payê-Suman, decidiram por levar todos que quisessem, embora a maioria das pessoas naquelas bandas, fossem da raça vermelha, os nhengatús, composta por pessoas mais evoluídas, tanto do ponto de vista moral quanto espiritual. A mesma coisa havia acontecido quando Aramu-Muru ajudou no desenvolvimento dos povos andinos sobreviventes e depois quando levou outras levas para o coração da Amazônia.

Assim, nos dias de hoje, muito se questiona de onde teria vindo essa facilidade dos povos sul-americanos, que, ao contrário de tantos povos do hemisfério norte, como os nórdicos, por exemplo, aceitam com tanta facilidade caminhos mais espiritualizados em suas jornadas. Independentemente de crendices ou religiões, as pessoas deste continente buscam e valorizam, de forma quase atávica, compreender os fenômenos tidos como divinos e a eles se associarem. Assim como são, de forma geral, avessos a guerras e disputas fraticidas. Poucas vezes se viram combates significativos ou grandiosos nestas terras.

Percebe-se que, seguindo a mesma linha de pensamento, também os povos africanos têm a mesma facilidade, pois para lá seguiriam, poucos milhares de anos depois, outras civilizações atlantes estacionadas igualmente em Ruta e com características semelhantes. A maioria destes novos migrantes se miscigenariam com outros milhares de atlantes da raça negra, para lá conduzidos em tempos mais remotos. Nos dias de hoje, na maioria dos países do hemisfério sul, assim como naqueles situados pouco mais acima da linha do Equador, em cada uma de suas cidades, vilas ou aldeias, facilmente se encontra uma igreja, um templo ou um pajé, isto é, uma incrível e atuante diversidade cultural de cunho religioso. Um simples e natural acreditar num mundo ou plano além da matéria faz parte dos corações da grande massa de suas populações.

Enquanto isso, nas Terras de Zac e demais reinos amigos, ultimava-se os preparativos para a partida. A maioria dos indivíduos, apesar de decididos, estavam apreensivos, fazendo com que os sacerdotes se multiplicassem em ajuda espiritual às pessoas amedrontadas. No grande salão do palácio real tinha sido iniciada a derradeira reunião entre os reis. Eram treze os reinos que seguiriam juntos para o novo mundo. Apesar do ambiente ser de consternação em função dos acontecimentos que se avizinhavam, um clima fraterno unia profundamente aqueles monarcas, sempre preocupados com o bem-estar de sua gente. Apesar da discrição com que vivia Zac em seu pequeno palácio, para os moldes da época, o grande salão principal, onde tudo acontecia, oferecia conforto e uma temperatura amena, com as enormes janelas e portas abrindo para os jardins externos, por onde entrava uma agradável brisa marítima.

Todos os reinos eram à beira mar e construídos à semelhança do belo reino de Zac, com seus anéis circulares se lançando sobre o oceano e as terras cultiváveis na retaguarda. Verões frescos e invernos amenos eram comuns, mas ainda assim a alta tecnologia desenvolvida por aqueles atlantes, já lhes permitia contar com um modelo de aquecimento solar se necessário, assim como refrigeração artificial. Ainda assim, esses recursos eram pouco utilizados pela população destes locais específicos, pois, além de viverem em terras verdejantes, aprazíveis e ao lado do mar, preferiam vidas mais singelas e ao ar livre.

Quase todas as residências, que eram até espaçosas, mas sem nenhum luxo inútil, tinham seus pátios gramados, com fontes e árvores oferecendo sombras generosas. Além disso, da mesma maneira que o palácio, as casas eram abertas para esses pátios, onde a vida acontecia de fato. Era o local onde as crianças brincavam e onde as refeições eram servidas em mesas dispostas sob as árvores. De nenhuma maneira, pelo menos entre a maioria dos ergs originais e seus atuais descendentes, a tecnologia corrompeu sua preferência pelo simples. Não existiam muros e, desta maneira, os jardins praticamente se uniam, de casa em casa, permitindo fraterno contato entre os vizinhos. As portas não eram trancadas, pois quase não se ouvia falar de ladrões. Mesmo as crianças pequenas costumavam irem sozinhas para os educandários. Muitas usavam, inclusive os jovens, uma espécie de patinete que flutuava ao rés do chão.

Além das aulas normais, que incluíam, entre outras matérias, assuntos como matemática, ciências naturais e humanas, geometria, história e astronomia, a maioria delas oferecidas também em espaços ao ar livre sempre que possível, todos podiam também estudar um grande leque de outros temas, a sua escolha. Iam desde atividades esportivas como velejar, por exemplo, até estudos de tecnologia avançada. Também estavam disponíveis aulas sobre técnicas mentais para expansão de consciência, o que lhes permitiria, mais tarde, não apenas excluir o tempo e explorar os aspectos de suas próprias origens, assunto tão comentado nas aulas de história, por exemplo, como combater a magia negra.

Naquela tarde, enquanto aqueles mandatários se preparavam para a quase inacreditável e dolorosa reunião, funcionários atarefados percorriam o salão servindo frutas, petiscos, chás e outras bebidas frescas aos convidados. Cada rei vinha acompanhado de pequena comitiva formada por um ou dois de seus principais assessores, além de seu sumo sacerdote. Ao todo cerca de pouco mais de cinquenta pessoas transitavam pelo ambiente. Pequenos grupos haviam se formado em torno de graciosas mesinhas onde outros mimos, como doces, eram oferecidos. Em volta de cada uma delas existiam várias poltronas arredondadas com braços largos, muito confortáveis, que pareciam ser construídas de material leve e assemelhado ao junco. Almofadas coloridas forravam os assentos, tornando o ambiente muito agradável. Como sempre, a simplicidade era a marca predominante, sendo completada por enormes vasos onde plantas das mais variadas espécies enfeitavam o salão para qualquer lado que se olhasse.

Zac e quatro de seus assessores mais próximos, as jovens e brilhantes sacerdotisas do Templo Dourado, Maya e Gita, além dos experientes sacerdotes administradores Kauê e Sarch, todos muito conhecidos e respeitados pelos participantes da reunião, percorriam o salão cumprimentando cada grupo e dando as boas-vindas. E, naturalmente, também lá estava aquele que, humildemente, se travestia de seu velho sumo sacerdote, Payê-Suman. Numa intervenção direta no planeta, o venerável de Sírius, em corpo vibrado, levava sua missão divina no projeto denominado Terras do Sul, à frente, liderando um sem-número de missionários envolvidos na mesma tarefa.

Logo alguns funcionários do palácio se movimentaram, discretamente, entre os grupos sentados em volta das mesinhas, convidando a todos para a reunião que se iniciaria nos jardins em breves momentos. Uma grande tenda azulada e sem paredes, sustentada por pilares lustrosos, estava colocada em meio aos canteiros floridos daquela ala dos jardins do palácio, que disputavam espaço com as frondosas árvores, a maioria frutíferas. As plantas, ao lado da música, eram as paixões de Zac, como todos sabiam.

Do outro lado da tenda, que parecia brilhar ao sol, muitas cadeiras, leves e confortáveis, semelhantes às outras, estavam dispostas em círculos sucessivos, possibilitando que todos se vissem. Ao lado de cada cadeira havia uma mesinha auxiliar com água. O rei havia dispensado todo e qualquer aparato de tecnologia, até mesmo para não atrapalhar a vibração que havia sido imantada pelos sacerdotes no local. De qualquer maneira, seria mesmo desnecessário, pois cada lado da instalação não tinha mais que trinta metros. O ar fresco trouxe um pouco mais de ânimo àquelas pessoas que tentavam decidir os próximos passos que seriam dados para a sobrevivência de seus povos. Vários funcionários se sentaram nos quatro cantos, atentos para acolher alguma solicitação de última hora.

Além da Terra de Zac, eram outros doze reinos que se uniam para superar as dificuldades que se aproximavam. Nove deles eram governados por reis e outros três por rainhas.

Os reis eram:

– Rudá
– Uiratã
– Piatã
– Jandir
– Iberê
– Yancy
– Shandar
– Krisna e
– Seth

E as rainhas eram:

– Iramaia
– Bhamini e
– Aslesha

Todos se postaram em pé enquanto Zac abria os trabalhos agradecendo a presença de cada um, e depois, com as mãos espalmadas e unidas ao peito, recitava como era de praxe:

– Que a grande consciência acolha nossos pensamentos e vibrações em harmonia com o universo, permitindo que este conselho trabalhe e decida por amor e unicamente por amor.

Todos responderam em uníssono, repetindo o gesto tradicional de Zac:

– Que assim seja. Porque assim será.

Antes de se sentarem todos meditaram por alguns momentos, unindo seus pensamentos numa vibração amorosa. Era óbvia na memória ancestral daqueles monarcas suas origens estelares. Aqueles ergs, conhecedores de seu passado trágico, bem sabiam que o único caminho possível de sobrevivência para todos os seres no universo era o caminho do amor desinteressado. Após todos se sentarem o rei passou a palavra a seu sumo sacerdote.

Com seu olhar terno e profundo Payê-Suman adentrou a alma de cada um dos monarcas ali reunidos. Como já havia percebido, um misto de esperança e temor predominava em cada ser ali presente. Com sua mente poderosa, bondosamente, irradiou a paz que cada um necessitava e logo as faces foram se desanuviando. Alguns chegaram a sorrir.

Sorrindo e repetindo o hábito criado pelo governador galáctico, Hylion, também abriu os braços como a envolver a todos num abraço mágico e reconfortador. A seguir dirigiu-se a cada um pelo nome, assessores, reis, rainhas e sumo sacerdotes, saudando sua presença naquele esforço coletivo. Alguns ficaram espantados com essa atitude, ao mesmo tempo singela e poderosa, mesmo com suas capacidades magísticas já muito decantadas por toda a ilha, pois sequer o conheciam pessoalmente.

Sem se impressionar com os olhares admirados, o sábio mestre das estrelas se acomodou melhor em sua poltrona antes de continuar, enquanto Zac, a seu lado, lhe sorria, não apenas confiante no sucesso da reunião, como demonstrando todo seu amor por aquele ser único.

– Meus filhos – começou sorrindo levemente, como a procurar palavras – como sabeis, é chegada a hora da partida desta grande Terra Mãe que por tantos milhares de anos vos abrigou. Novos e poderosos cataclismos foram anunciados pelos deuses estelares, aqueles que estão sempre a proteger e auxiliar.

Parou por alguns instantes e depois continuou:

– Não foi no vosso tempo que este grande continente se despedaçou em duas grandes partes durante outro cataclismo. Vulcões, terremotos e mares altos levaram consigo, num rastro de destruição, muitas terras e os povos que nelas habitavam. Alto preço se pagou por tantos desmandos – silenciou brevemente, como a se recordar de acontecimentos pretéritos – tantas guerras, tantos massacres e invasões, tanta magia negra sendo feita à luz do dia, cobraram dos incautos a perda temporária de seus breves corpos materiais.

Todos se recordavam das histórias e lendas que atravessaram os milênios contando os horrores da destruição parcial do grande continente. Muitos tinham escutado as vozes dos deuses e auxiliados por eles, partido para terras distantes, centenas ou até milhares de anos antes das catástrofes começarem. Mas, muitos outros, simplesmente, teimaram em desacreditar ou a não querer renunciar de seus bens, de seus poderes magísticos ou de suas conquistas. Ou ainda de suas vidas na bonança do submundo das sombras, acreditando serem intocáveis. Tudo aquilo que, na ilusão da vida na matéria, lhes era tão caro.

– Vossas terras, assim como muitas outras, foram poupadas, não apenas por se encontrarem longe das partes dilaceradas da Terra Mãe, mas também porque outros destinos estavam traçados para vós por conta de vossa evolução.

O venerável calou-se por um instante, pensativo, e a seguir declarou:

– Sois parte do grupo de pouco mais de duas centenas de ergs que devem retornar para vosso lar celestial antes da maioria de vossos irmãos. Todos aqui estão inseridos nesse contexto, como já deveis saber – o mestre, ali travestido de sumo sacerdote, meditou um breve instante sobre o que diria ou talvez como diria – de fato, não precisaríeis talvez ter esta trajetória passageira em Bhumi, mas, como todos nós, que vamos acertando e errando, sempre nos são dadas novas oportunidades. Este grupo de ergs mais evoluídos que os demais, do qual fazeis parte, pecou apenas por certa omissão, ao não auxiliar seu imperador com tudo que lhes era possível, isto é, sua atitude um tanto passiva, fez falta na luta contra a invasão de mentes provocadas pelos morgs em vosso planeta.

Payê-Suman tornou a percorrer com seu olhar brando as faces de todos os ali presentes, como a querer ouvir as vozes de suas almas. Conhecedores das histórias sobre seu próprio passado, muitos baixaram o olhar. Aqueles poderosos, mas generosos reis e rainhas, além de seus altos sacerdotes, pareciam genuinamente envergonhados. Foi o bastante para o mestre intervir:

– Não, meus filhos, não deveis vos culpar, pois esta é apenas a história de todos nós. Cada um faz o que é possível no momento e todos os seres deste universo já passaram ou ainda passarão por isso. Vosso arrependimento, todavia, é o que vos empurra para frente no afã de acertar e servir. E aqui, nestas terras ainda primitivas, se comparadas ao lar que vos espera no centro da galáxia, vossa responsabilidade é grande, pois os povos que lideram dependem de vós. Nada é por acaso meus filhos. Não estais nessa posição de comando por obra do destino. Todavia, como não podeis mais errar, esta obra lhes foi confiada pela grande consciência universal.

O venerável ser de Sírius sorriu e clamou:

– Levantai vossas cabeças filhos de meu coração, pois a obra está começando agora, assim como vossa libertação. Se este trabalho lhes foi dado é porque tendes condição de realizá-lo e, além disso, é seu merecimento por tudo que já fizeram neste solo sagrado. Mesmo que a maioria de sua gente não faça parte desse grupo, também não habitam vossos reinos por acaso. Vindos de vários lugares da galáxia, além de Morg e Erg, a maioria se esforça também por acertar.

Num repente todos olhavam fixamente para ele e seus semblantes estavam transformados. Suas posturas corporais eram quase de altivez. Alguns até exibiam sorrisos confiantes. Zac, sentado ao lado de Payê-Suman e até então calado, mas sempre sereno, perguntou com humildade:

– E para onde conduziremos nossos povos, meu senhor?

Grande expectativa tomou conta do lugar. Todos os olhares presos no grande mestre a seu lado, cuja figura ímpar de bondade e sabedoria, preenchia, como num passe de mágica, todo o lugar de indescritível tranquilidade.

– Vamos para o sul e mais a oeste, além-mar. Para as terras que tão bem conheceis como o novo mundo, onde tantas vezes já estivestes com vossos barcos voadores a admirar a beleza do lugar – sorriu gostosamente e prosseguiu – bem, não é tão novo, pois há quase um milhão de anos povos inteiros foram levados para a outra fronteira marítima, no extremo oeste desse belíssimo continente, para escaparem a cataclismos acontecidos em tempos ainda mais longínquos que aquele dividiu estas terras ao meio. Nesse tempo todo, grandes transformações geológicas do planeta elevaram montanhas onde antes eram praias e civilizações magníficas que lá floresciam, desapareceram. E tornaram a ressurgir através de seus sobreviventes sendo auxiliados pelos missionários estelares. Outras denominações, outros lugares.

O mestre suspirou e depois concluiu:

– A esperança dos missionários é que, um dia, os filhos desse novo mundo conduzam todo o planeta para uma paz permanente através da razão, do conhecimento sobre o que a vida realmente representa e do amor – tornou-se repentinamente sério e confidenciou:

– Mas, aqui e agora, meus filhos, sois a última geração de ergs a conhecer profundamente todos estes segredos nos milênios que se seguirão. Na verdade, apenas vós que estais aqui neste momento preservarão esta história, passando-a, o quanto possível, aos que virão depois de vós – pensou por alguns momentos e depois tornou a falar:

– De qualquer maneira – continuou – esse conhecimento se perderá no futuro, quando estes missionários começarem a ser vistos como deuses, pois restarão apenas lendas – parou por um instante enquanto passeava o olhar por sua pequena assembleia e continuou a seguir – alguns homens mais evoluídos saberão, é claro, pois manterão intimo contato com os deuses, mas não poderão divulgar tais segredos sem serem chamados de loucos. Esta humanidade levará milênios sem conta antes de voltar ao ponto de entendimento e humildade que já tendes hoje – por um momento o venerável de Sírius sorriu largamente, enquanto suspirava num ato quase de desalento.

– Quando os arrogantes homens do porvir se depararem com as majestosas marcas que serão deixadas por todo o planeta pelos homens do espaço, procurarão de todas as maneiras desqualificar a possibilidade de terem sido feitas pelo que chamarão de alienígenas. Inventarão dúzias de teorias esdrúxulas para explicar o inexplicável. De fato, quando alguém mais acordado citar no porvir as histórias destas migrações para fora da Atlântida, algumas usando, inclusive, barcos voadores, ou então falar da construção de monumentos imensos usando apenas o poder do pensamento, todos à sua volta cairão na risada ou partirão para a galhofa.

Com alguns sorrisos incrédulos se abrindo entre sua pequena plateia, Rudá, o mais velho e experiente entre todos os monarcas, que não era de muitos sorrisos, atalhou de forma respeitosa, servindo, como sempre, de exemplo de humildade para todos:

– Acreditarão eventualmente? Isto é, descobrirão esta ciência tão simples?

– Ah! Sim, meu caro amigo Rudá – devolveu o sacerdote demonstrando intimidade com o velho rei de terras mais ao norte – mas ficarias surpreso ao imaginar como isso tudo vai demorar, no tempo aqui dos homens. Incontáveis milênios depois que a tecnologia mais simples, que teu povo já utiliza hoje em dia for redescoberta, digamos.

Um discreto burburinho correu entre a surpresa dessas revelações. Era mesmo impossível que aqueles homens e mulheres preocupados não dessem vasão a seus pensamentos e emoções com seus colegas ao lado. Zac, que já vinha há tempos conversando sobre tudo isso com seu sumo sacerdote, simplesmente trocou olhares complacentes com ele. Ambos sorriram e se dispuseram tranquilamente a esperar. Mais que isso, o bondoso rei incentivou a todos a tirarem suas dúvidas.

– E os missionários nos abandonarão no futuro, mestre? – perguntou desassombrado o jovem monarca Iberê, que há pouco sucedera seu pai.

O sorriso continuou no semblante do mestre.

– Não, filho meu. Nunca. Estarão sempre por aqui, trabalhando discretamente e de muitas maneiras diferentes. Como já aconteceu no passado, dependendo das necessidades, alguns chegarão até a permanecer no planeta por largo tempo, exclusivamente por amor a esta humanidade. Não te preocupes Iberê, pois esta é a razão da vida desses seres estelares. Um dia libertarão esta jovem humanidade, mas jamais deixarão de cuidar sem interferir diretamente.

Iberê o olhou como se desconfiasse das origens estelares do velho sacerdote, recebendo de volta um sorriso maroto de cumplicidade.

A doce, determinada e jovem rainha Iramaia que, como seu amigo Iberê, assumira o trono deixado por seu pai há pouco tempo, pediu licença para perguntar:

– Falastes que não acreditarão que nos transportamos em barcos voadores, meu senhor. Por acaso, em milênios a frente de nosso tempo, não terão esses homens do futuro barcos ainda melhores que os nossos?

– Ah! Sim. Sim minha filha. Terão, naturalmente. Mas esta tecnologia terá que ser destruída em breve e, desta maneira, as civilizações terão que recomeçar do zero nesse quesito. E como o uso da mente não será cogitado desde o princípio, acharão que foram eles os inventores do transporte aéreo e de todas as outras coisas.

E como, de súbito, todos o olhassem muitíssimo espantados pela descoberta que seus preciosos barcos seriam destruídos, juntamente com toda sua tecnologia, pensou em acalmar aqueles corações já tão sofridos. Todavia, antes que pudesse falar qualquer coisa, Krisna, do reino próximo ao de Zac, com seus cinquenta anos de muito trabalho e sabedoria, se adiantou:

– Estais a dizer, senhor, que além de perdermos nossas terras, deixando para trás tudo o que construímos há tantas e tantas gerações, nos mudaremos para um lugar selvagem sem podermos fazer uso das técnicas que dominamos há milênios? – Krisna o olhava incrédulo.

O sacerdote olhou para as próprias mãos por um momento e depois explicou:

– Tu bem sabes, meu bom Krisna, que os barcos voadores estão espalhando morte e destruição por toda parte. Desde sempre, quando alguns reis não conseguiam o que queriam de outros povos em lutas ou invasões, quer lá tivessem chegado por mar ou por terra, usando armas, enfeitiçadas ou não, simplesmente tomavam o que desejavam para si, sem respeito ou compaixão pela vida – respirou fundo e tornou a falar:

– Com o advento dos barcos voadores, os ataques, especialmente aos que migraram há muito mais tempo e se perderam de suas origens atlantes, não sabendo, portanto, como se defender de coisas voadoras, armas ou barcos, tornou a vida desses ladrões muito mais fácil. Muitas tragédias aconteceram e ainda acontecem nos dias de hoje. Tanto aqui como no novo mundo.

Krisna, frustrado, mas ponderado, considerou:

– Teremos que reconstruir. Eu entendo agora mestre. Não podemos levar para o futuro, para as terras novas, aquilo que já não deu certo aqui – suspirou tristemente e depois concluiu com a sabedoria de sempre – os homens incautos atrasam seu próprio desenvolvimento.

Um silêncio pesado se fez até que outro rei, Shandar, melhor amigo de Krisna e de Zac, interveio. Tinham quase a mesma idade e haviam sido criados, praticamente juntos, já que eram todos vizinhos:

– Tenho duas dúvidas mestre.

– Fala então, Shandar, que te escuto.

– A primeira diz respeito aos nossos povos aqui, que se mudarão para o novo mundo pela graça dos missionários. Se somos, na grande maioria, ergs, por qual razão começaríamos a guerrear ou saquear usando nossos barcos voadores, se isso não está mais em nossas almas? É difícil compreender essa preocupação. E a segunda dúvida, se me permite senhor, se isso de fato já acontece por lá, como vamos nos defender?

O ser celestial balançou a cabeça, dando entender que havia compreendido as questões levantadas.

– De fato, parece mesmo um contrassenso, porém, não somente os recém-chegados, como vós de Ruta, deverão, ao chegar, destruir sua frota aérea e suas armas modernas, entre outras coisas, mas todas as civilizações que lá estão. E as que aqui ficarão terão que fazer o mesmo. Os que não o fizerem, espontaneamente, terão toda a tecnologia destruída pelos missionários, pois não haverá escolha. Tudo cronometrado para acontecer exatamente ao mesmo tempo, para evitar contratempos ou ataques.

Respirou e depois continuou;

– Shandar tem razão quando diz que os erros não devem ser replicados ou mantidos a qualquer preço, mesmo que, num primeiro momento, isso pareça um retrocesso. Além do mais, a destruição de toda alta tecnologia acontecerá em todo o planeta e não apenas aqui ou no novo continente. Desta maneira, não haverá nenhuma vantagem para ninguém e, portanto, vossos povos não correm riscos – um silêncio pesado reinava no ambiente – inclusive, muitos agentes das sombras que utilizam toda essa tecnologia para o mal, perecerão quando as águas altas voltarem, pois não conseguirão sair a tempo.

Depois concluiu com simplicidade:

– Já aconteceu antes meus filhos, está acontecendo agora no seu tempo e acontecerá de novo no futuro.

Sem conseguir se conter, pois raciocinava muito rápido, o jovem Iberê colocou suas deduções:

– Estais a dizer, meu senhor, que a humanidade de Bhumi evolui por ciclos? – perguntou o jovem, mesmo já antevendo a triste resposta.

Payê-Suman, que lia seus pensamentos, balançou a cabeça e sorriu levemente, compreendendo com compaixão infinita a dor daqueles valorosos ergs que ali estavam.

– Sim, filho meu. Tens razão em tua tristeza. Mas, que ela seja passageira, pois a vida na matéria, como tu bem sabes, é apenas uma ilusão. Novos povos, novas raças, novas tecnologias surgirão na esteira dos tempos. As civilizações se sucederão e, em algumas dezenas de milhares de anos, o brilho de novos barcos voadores, novamente cruzarão os céus deste planeta maravilhoso.

Parou por um instante e depois prosseguiu:

– Age agora, vives o presente e não te preocupes com o futuro. Tampouco fiques a remoer o passado, tenha sido ele agradável ou não. Para isto estás aqui. Para construir, servir e passar.

Estas últimas palavras, já tão conhecidas por todos, pois o mestre as repetia à exaustão em todas as solenidades públicas, trouxe rápidos sorrisos de volta e algum alento ao grupo ali reunido.

– E quando foi a ocasião da outra grande destruição de tecnologia, anterior a este tempo presente, mestre? – quis saber Uiratã, também já adentrado nos anos e que governava com sabedoria seu povo há muito tempo, no pequeno reino mais ao sul das Terras de Zac. Embora sempre risonho, naquele momento o sorriso o havia abandonado, sendo trocado por expressão de apreensão, captada e compreendida pelo ser celestial.

Payê-Suman sabia muito bem que a saúde do velho rei estava fraquejando e seu único filho, que também já não era criança, não era talhado para dar seguimento à sua obra. Ainda mais agora no trabalho gigantesco que se avizinhava. Os dois anciãos trocaram olhares de mútuo apreço e compreensão e logo, com um suave sorriso na face, o mestre tratou de apaziguar aquele coração tão querido. Como eram todos amigos que se preocupavam uns com os outros e se ajudavam mutuamente, de forma permanente, pensou se valeria a pena pensar em alguma alternativa, em algum momento, pois todos já pressentiam o problema, o que era motivo de preocupação geral.

– Costumamos avaliar o tempo de um prisma limitado aqui no planeta, mas, como tu sabes querido amigo Uiratã, o tempo também não passa de uma ilusão, como de resto todo este espaço material que ocupamos. Este lindo jardim, este palácio, as terras cultivadas, os lindos canais de navegação que circundam estas terras e nossos próprios corpos onde, nossas personalidades atuais sempre estão a gritar alto, querendo reinar acima de nossas consciências e de nossas almas.

Não se ouvia um suspiro na grande tenda. Todos bebiam das palavras do mestre, sem querer desperdiçar a rara oportunidade deste contato tão próximo, apesar da dramática situação.

– Por isso, quando falamos em milhões de anos, isso nos passa a impressão de eternidade. De algo distante, impensável e que nada tem a ver conosco – o sacerdote sorriu e continuou – mais uma ilusão, não é mesmo? – perguntou em tom de quase anedota, antes de continuar:

– Estamos aqui falando de bem mais de trinta milhões de anos terrestres atrás, quando o primeiro projeto de colonização do planeta terminou. Os homens distraídos desse passado, que deve nos servir apenas como exemplo e não como motivo de tristezas ou frustrações, fizeram exatamente o que estes atuais, e igualmente distraídos filhos desta Terra Mãe, estão fazendo neste último milhão de anos. Aquela humanidade ancestral cresceu tanto, mas tanto em tecnologia e interesses pessoais, que o amor desapareceu, dando lugar a guerras fraticidas e a todo tipo de desmando que se possa imaginar – baixou os olhos e sorriu de leve, como a se lembrar. Depois, percebendo a interrogação nos olhares à sua volta, confirmou:

– Sim, eu estava lá – falou com simplicidade dando a entender com clareza sua verdadeira identidade, que Zac e alguns outros já conheciam, mas enchendo de lágrimas jubilosas os olhos dos demais – muitos missionários que voltaram ao planeta há dezoito milhões de anos, quando começou esta nova trajetória por aqui, também estavam – parou por breves instantes e continuou – e tal como agora, a evolução moral daqueles povos, não acompanhou a evolução da tecnologia. E, novamente, tal como deveria acontecer agora, os dirigentes siderais daquele projeto, com a concordância de vosso sublime imperador Hylion, decidiram pelo término de toda a humanidade, pois, não havia mais como consertar tanta confusão. Até porque já tinham deixado de ser tutelados pelos homens das estrelas há vários milhões de anos.

Suspirou ao observar o passado do planeta. Depois deu prosseguimento à sua fala:

– Aquelas almas desterradas de paraísos celestes se encantaram tanto com as futilidades, e facilidades, da matéria, que terminaram por se afundar, novamente, em precárias condições morais. Simplesmente desdenharam a oportunidade divina que ganharam.

Como um silêncio atento, comovido e curioso continuasse, Payê-Suman simplesmente concluiu:

– O eixo da Terra foi sutilmente deslocado e asteróides foram colocados em rota de colisão com o orbe. Toda a vida foi destruída e o planeta entrou numa fase de hibernação para se recuperar, também ele, de tanto descuido e egoísmo. Três milhões de anos se passaram até que o Grande Conselho da Federação Galáctica tornasse a fazer planos para a implantação de nova humanidade, retomando o projeto anterior. Jardineiros cósmicos e outros missionários, voltaram uma segunda vez e trabalharam, incansavelmente, para recuperar o planeta e devolver a ele condições de abrigar vida novamente. Vários milhões de anos foram demandados nessa tarefa. Desta vez liderados pelos venusianos, com o divino Sanat Kumara à frente de todo o projeto.

– E por que seremos poupados agora, meu senhor? Por que somos nós os escolhidos para termos a benesse divina de tê-lo entre nós? – perguntou Iberê, emocionado com a presença do mestre estelar e adivinhando essa nova e óbvia postura dos governantes superiores.

Payê-Suman abriu um largo sorriso.

– Por vossa causa, filhos do meu coração – falou feliz, abrindo os braços como a querer abraçar a todos – por causa dos ergs renascidos aqui no planeta que não abandonaram os preceitos sublimes de sua raça. E ainda por conta dos muitos homens de outros planetas que se recuperaram em vossa companhia e seguem agora ao seu lado, no mesmo passo e na mesma evolução moral – respirou por um breve momento e depois foi em frente com sua explicação:

– Desta vez, ao contrário do que aconteceu no primeiro projeto Dinastias Divinas, quando almas de muitíssimos planetas para cá foram trazidas, houve um grande planejamento contemplando uma certa proporcionalidade entre os seres que para cá seriam conduzidos. Uma parte chegaria em condições morais precárias, os morgs. Outra parte, mais evoluída, seriam seus irmãos ergs. E o outro terço, seria oriundo de alguns outros planetas. Estes tinham apenas uma certa apatia ou preguiça quanto à própria evolução, exatamente como os ergs que vieram antes de vós e que não eram maus.

Pensou por alguns momentos e concluiu:

– Cada indivíduo desse grupo mesclado decidiria seu futuro ao se associar aos morgs ou aos ergs. Assim, dividindo a semeadura em apenas três partes, conseguiu-se o equilíbrio necessário para a construção desta humanidade, melhor que a anterior em todos os aspectos.

Seth, que nunca perdia uma brincadeira e pensou em acalmar as diversas emoções que preenchiam os corações de todos, atalhou:

– Quer então dizer que há esperança de salvação para nossas pobres almas, meu senhor?

Todos riram, desanuviando o ambiente. Um pequeno e alegre burburinho tomou conta do ambiente por alguns momentos, com todos falando com todos ao mesmo tempo.

– Sim, meu jovem Seth – falou rindo o mestre, depois de esperar o término das manifestações – deveis voltar em breve para vosso povo nas estrelas. Desta maneira, esta tecnologia toda que estareis deixando para trás, será apenas algo passageiro – levantou um dedo como a pedir atenção – o que não quer dizer que esse breve, no tempo do planeta, seja amanhã.

– Então, de qualquer modo, meu senhor, em vez de chorarmos devíamos fazer uma festa – propôs a rainha Bhamini, entrando também na brincadeira de Seth.

Novas risadas cruzaram a tenda até que todos se acalmaram. O mestre sabia que a pequena catarse era necessária, pois um trabalho insano aguardava aqueles monarcas, agora um pouco mais esperançosos.

– Pois então não vos esqueçais de convidar este velho sacerdote – brincou também o venerável ser estelar.

Bhamini tornou a olhar o ser celestial à sua frente e não pode deixar de expressar seu pensamento, quase sem perceber:

– Que imensa felicidade este dia meu senhor – falou com os olhos úmidos, de onde transbordava o que ia no coração de todos – jamais pensaria em poder, um dia, conhecer um daqueles seres que foram e serão chamados de deuses.

Todos envolveram o velho mestre, também sem perceber, num abraço espiritual, de onde transbordava a energia do mais puro amor e agradecimento, fazendo-o sorrir e lançar sua poderosa energia afetuosa e paternal, que a todos alcançou, de forma inesquecível. Todos sorriram ou choraram.

Depois de mais alguns momentos de grande emoção o sábio de Sirius pensou por um curto tempo, enquanto todos se acalmavam, antes de prosseguir, como se nada de mais tivesse acontecido:

– E quanto à tua questão anterior, meu bom amigo – falou se referindo a Shandar – lembrai que os vossos povos, estes que serão transladados ao novo mundo, não são compostos apenas de gente como vós, ergs muito evoluídos. Ao contrário, a maioria são ergs comuns. Bons, de um modo geral, mas um tanto preguiçosos ou indiferentes, com muitos ainda um pouco egoístas e reticentes em abraçar, definitivamente, o caminho que os levaria de volta para casa, o que os torna vulneráveis ao fascínio que os feiticeiros das sombras exercem em suas mentes, oferecendo todo tipo de facilidade deste mundo de ilusões.

O mestre sempre se interrompia, como se fosse e voltasse de algum lugar.

– Existem também vossos aliados, isto é, aqueles indivíduos dos quais falamos, de diferentes origens estelares. Sua união a vós, todavia, indica a possibilidade de todos lutarem juntos e evoluírem, a cada dia, nas novas terras do oeste – antes de continuar passeou os olhos brandos pelos participantes da reunião, como a querer decifrar o que se passava no coração de cada um deles.

– Porém, existe também a probabilidade de, a qualquer momento, muitos desses indivíduos deixarem sobressair em suas almas o padrão de comportamento ancestral que os levaram ao desterro de seu lar nas estrelas. No caso, assim como os ergs comuns, preguiça ou apatia, ambas primas do egoísmo, também poderão se deixar seduzir pela vida fácil nos meandros escuros oferecidos pelo outro lado.

O mestre se tornou mais sério e fechando por um momento sua sempre plácida face, vaticinou:

– Uma eventual debandada de ergs comuns ou dos indivíduos do grupo mesclado para o lado sombrio, ou de seus descendentes, poderá causar em algumas dezenas de milhares de anos no futuro, novo fim para esta humanidade pela qual tanto lutamos.

Todos o olhavam incrédulos. Suas emoções se alternavam. Alesha, sempre determinada e direta, perto de seus cinquenta anos e governando seu reino há mais de duas décadas em substituição à sua mãe, Irínia, morta em escaramuças com tropas de Do-Sha, um conhecido rei de origem morg, não pôde se conter:

– Como todos sabem, mestre, meu povo vive na fronteira dos territórios controlados por reis associados às sombras. Por isso, sei bem todo o mal que eles podem fazer, apesar dos tratados de paz e das desculpas esfarrapadas sempre que acontece um incidente, como o que custou a vida de minha amada mãe. É também de conhecimento geral a enorme quantidade de templos da luz negra espalhados por aquelas terras, com seus muitos e ativos sacerdotes – parou e refletiu por alguns momentos antes de concluir o pensamento:

– Eles são numerosos, tanto aqui como em Daytia, todos sabem. Daí surgem algumas perguntas, meu senhor.

– Pois então, faça-as minha filha – falou o mestre, recuperando sua figura suave e paternal.

– Em primeiro lugar, como fazer para que não saibam de nossa partida, num movimento que reunirá milhares de pessoas? Seus feiticeiros são poderosos e logo descobrirão nossos planos. E a segunda dúvida: se vamos partir e eles serão deixados para trás, em terras que soçobrarão um dia nas águas profundas do oceano, como a falta de compaixão entre os homens se alastrará de novo pelo planeta, tal como uma erva daninha que nunca se consegue controlar de vez?

Payê-Suman balançou a cabeça, como a concordar, antes de responder, com tranquilidade:

– Suas preocupações são legítimas querida Alesha, mas, neste caso, não te esqueças que se eles têm poderosos feiticeiros, nós também temos – falou sem segurar um leve sorriso – além disso, contamos com uma ajuda ainda mais poderosa, vinda das estrelas em nosso socorro: os missionários estelares, aqueles que determinaram vossa mudança. Não creio que nenhum feiticeiro encarnado no planeta seja páreo para qualquer um deles – sorriu ainda mais, piscando um olho em forma de cumplicidade, como se ele próprio não fosse um dos missionários.

Foi o bastante para todos sorrirem e relaxarem um pouco, enquanto o mestre sideral continuava:

– Muitas vezes, estes seres das estrelas assumem até mesmo o comando de tropas contra as forças das sombras, filha de meu coração. Neste nosso tempo, por exemplo, foi preciso que um missionário de Seir, de nome Kalami, discípulo do grão-mestre Aramu-Muru, assumisse a luta em meio aos homens de bem, em terras tomadas pela magia negra na fronteira norte do novo mundo. Magos negros, fugidos aqui da Terra Mãe, pretendiam se estabelecer por lá, com seus guerreiros, asseclas e bajuladores.

Mesmo frente aos olhares espantados de todos ali presentes, o velho sacerdote continuou calmamente, sem se abalar:

– Quanto a tentarem nos seguir, também não te preocupes. Sabemos que criam criaturas no astral inferior através de seus poderes mentais extraordinários e depois as escravizam. Essas criaturas, a maioria invisíveis aos olhos dos homens comuns, servem de vigilantes muitas vezes. Não são, todavia, invisíveis aos olhos de teus sumos sacerdotes e, muitíssimo menos, dos missionários – pensou por um instante antes de continuar:

– Bem, confundiremos a mente de todas elas e, dessa maneira, não avisarão seus amos e senhores. Fechareis vossas fronteiras de norte a sul durante os preparativos, com uma desculpa qualquer, como já fizestes no passado. Ouviremos muitos resmungos vindos daqueles que não gostam de ser contrariados ou pensam que têm direito de serem informados sobre tudo o que o vizinho está fazendo, mas não passará disso.

– Brilhante! Adoraria ver a cara deles – exclamou, de forma intempestiva e alegre, o também jovem e entusiasmado Yancy, cujo reino era situado na fronteira sul, ao lado do de Alesha. A animação do jovem rei, na casa de seus trinta anos, criou uma certa aura de confiança e muitos sorrisos se abriram, com muitos comentários sendo feitos. Depois de esperar que todos se expressassem, Payê-Suman continuou:

– Na verdade, esse artifício ou artimanha, foi usado com frequência quando outras migrações foram feitas, não só para o novo continente, como para diversas partes do planeta. Migrações onde, às vezes, apenas parte de um povo precisava ser retirada de seu local de origem – parou de repente, refletindo um pouco frente à própria fala – é estranho pensar que alguns povos precisam ser salvos e outros destruídos, não é mesmo? – perguntou como para si mesmo, logo dando a resposta:

– É apenas a lei de causa e efeito. Sabemos que, de fato, ninguém é destruído na eternidade da Grande Consciência. A vida continua e continuará sempre, aqui ou em outro lugar do cosmos. Estivemos, estamos e estaremos sempre vivos.

E, como todos se calassem, talvez conjeturando sobre tudo o que ouviam, aproveitou para lembrar:

– Não vos esqueçais, filhos meus, que as criaturas do baixo astral que citamos, como bem sabeis, não têm vida própria sem seus criadores. Isto quer dizer que, com o desaparecimento normal dos velhos feiticeiros que os governam, em poucas luas, posto que a matéria é tão transitória neste planeta, suas precárias existências, digamos assim, já que desfrutam apenas de arremedos de personalidades e títulos, também se extinguirão. Isto significa que nem mesmo eles, como imaginastes, poderão seguir-vos para qualquer parte – calou-se por alguns momentos e depois concluiu:

– Mesmo que novos sacerdotes das sombras tentem criar outras criaturas ou que surjam novos reis, estes, sem qualquer tecnologia disponível nas terras que serão deixadas para trás, não terão como alcançar-vos no novo continente. Estarão todos por demais ocupados por sobreviver apenas. De qualquer modo, a vida é agora.

Alguns chegaram a sorrir, com a óbvia demonstração que o mestre lia seus pensamentos. O velho rei Jandir, dono de extensas terras e veterano de um sem-número de batalhas com seus vizinhos belicosos do norte, e por isso mesmo muito respeitado por todos, montou em suas terras um centro de treinamento para chefes militares aberto a todos os reinos amigos. Todos os jovens oficiais queriam ser enviados para lá.

Apesar de parecer muito sério, como Rudá, falava sempre em tom baixo, calmo e harmonioso. Não havia se esquecido da segunda pergunta da rainha Alesha, tornando a ela com simplicidade:

– E como, apesar de tudo isso, apesar de toda essa poderosa força mental a nosso favor, o mal poderá sobreviver e se espalhar novamente?

– Ah! Sim, meu bom amigo Jandir. Foi o que Alesha perguntou e me lembra também parte da pergunta de Shandar, que também não respondi. Mas, não me esqueci.

Olhou docemente para a pequena assembleia real ali representada. Muito admirava a retidão e a resiliência daquelas pessoas maravilhosas. Desapegadas e comprometidas. Uma grande esperança para toda a humanidade. Sorriu levemente e lembrou:

– Não podeis olvidar de algumas coisas. Primeiro o que

vos falei: a magia negra já se espalhou por grande parte do planeta, não só por conta das migrações, que acontecem há centenas de milhares de anos, mas também pela fuga de feiticeiros e seguidores para outros locais, quando percebiam que algum cataclismo iria acontecer nos locais onde residiam. Naturalmente, não pensavam em ninguém. Simplesmente furtavam embarcações ou barcos voadores e fugiam. Além disso, muitos morgs e aliados também participaram de outras migrações.

Matutou um tempo antes de concluir:

– Também não podeis vos esquecer que, mesmo agora, destas terras abençoadas, partirão convosco feiticeiros das sombras disfarçados de bons sacerdotes, com seus muitos aprendizes, ajudantes e aduladores. Aqui mesmo, em vossas cidades, moram muitos morgs, convertidos ou não. As lutas entre as magias continuará nas terras novas ainda por muito tempo. Cidades inteiras próximas do Império Paititi já estão tomadas pela magia negra, como vos falei. Por conta disso tudo, não é possível pensar em deixar a responsabilidade de uma equanimidade de forças em vossas mãos, quer liberando a tecnologia, quer tendo que escolher quem levar ou quem deixar de seus povos. Neste caso, poderíeis, inclusive, cometer injustiças.

O mestre silenciou por alguns momentos, dando tempo à reflexão, e depois, dirigindo-se a todos, explicou:

– Não há como evitar, no presente, que cada um decida seu caminho. Para este ou para aquele lado, é apenas o equilíbrio da natureza se fazendo. Os verdadeiros problemas começam, meus filhos, quando um dos lados se torna o governante, se içando no poder sobre a maioria. O que a Federação espera, com tanta movimentação da vida pelo solo do planeta, é propiciar novas oportunidades a esta humanidade, não deixando que ela jogue tudo fora tão depressa, como já aconteceu antes.

Meditou por mais alguns momentos e depois continuou sua narrativa:

– A ouvidos desavisados, que sei não ser vosso caso, pode parecer cruel acontecer o desaparecimento de continentes inteiros. Pode até aparentar completa falta de compaixão pela vida. Porém, o que é vida aqui na matéria, não é mesmo? Talvez apenas um educandário para permitir que a alma alce voos mais altos.

Todas as cabeças se curvaram em discretos movimentos, concordando com o mestre, que logo concluiu:

– Seria demais pedir que ocupasses vosso precioso tempo com quem segue e com quem fica de vossa gente, queridos amigos, pois terão muito trabalho pela frente e um novo reino a construir do zero. Não podeis perder tempo pensando em algo que pode ou não vir a acontecer próximo de vós. Vivam o presente sem querer antever o futuro. Um dia de cada vez.

Sorriu e se dirigiu ao velho rei do norte:

– Além do mais, meu caro Jandir, muitas luas percorrerão os tempos do planeta antes que todos os homens decidam que o egoísmo, digamos assim, não vale a pena, pois que tudo é transitório e passageiro nesta vida ilusória da matéria.

Quando o venerável mestre estelar já se preparava para terminar sua participação, tendo convidado os demais sumo sacerdotes presentes e seus assistentes, para uma nova reunião, em que começariam a tratar das estratégias que usariam para silenciar os espiões dos morgs, tanto os humanos quanto os artificiais criados por seus feiticeiros, Zac se adiantou e, com sua objetividade natural, perguntou o que era, realmente, mais importante naquele exato momento:

– E para quando será o desaparecimento de nossas terras, meu senhor? – questionou em tom firme, respeitoso e desprovido de paixões, denotando toda sua força, resiliência e fé nos ditames dos missionários – precisamos pôr mãos à obra – afirmou o líder com gravidade, atraindo para si os olhares admirados de todos no ambiente.

– Falamos tanto que esquecemos do principal, não é mesmo, amigo de meu coração? – declarou o velho missionário com um sorriso quase maroto antes de responder, passando um braço pelos ombros de Zac, a seu lado.

– Pois bem, meu grande e amado rei, não tens com que te preocupar. Tua bela ilha levará, no mínimo, cinco mil anos antes de naufragar completamente. Seu lento e permanente afundamento será perceptível, em terra firme, não agora, apenas muito mais à frente. Somente numerosos e frequentes tremores da crosta poderão ser sentidos antes do desastre final, que será abrupto. O que os nativos também perceberão, naturalmente, é a lenta subida do nível do mar, que, mesmo sendo constante, não será suficiente para gerar preocupações maiores aos mais distraídos, isto é, a maioria – contemplou a pequena audiência com seu olhar paternal e repleto de amor por todos, antes de continuar:

– Alguns morgs originais e seus feiticeiros, estes sim, poderão notar que algo maior está para acontecer, mas trataremos de confundir suas mentes. O mesmo acontecerá com as eventuais e inúteis criaturas artificiais que tiverem sido criadas. Nada poderão fazer. Até porque, como já foi colocado, depois de vossa partida, toda a tecnologia atual, incluindo os barcos voadores, será destruída. O que conseguirem desenvolver neste curto espaço de tempo, não será suficiente para grandes coisas, pois um longo período de espanto e confusão entre os remanescentes se seguirá a essas mudanças. Até porque a tecnologia atual que usais, levou muitos mais milhares de anos para ser desenvolvida do que estas terras dispõem daqui para frente.

Parecendo que todas as dúvidas mais importantes estavam sanadas, os monarcas começaram a discutir sobre datas, logística e outros detalhes técnicos da grande mudança. Não antes que a bondosa Bhamini colocasse uma preocupação:

– Mesmo nesse curto tempo dos homens, meu senhor, muitos poderão compreender o caminho melhor a ser seguido. Serão abandonados?

O mestre abriu largo e brando sorriso.

– Nunca, minha querida filha. Nada escapa da ordem natural das coisas dentro da Grande Consciência. Estes serão resgatados pelos missionários no tempo devido. Mesmo com a impermanência fugaz das passagens de nossas almas pelos planetas rumo à iluminação, todo ser precisa ter seus esforços considerados, se for de sua vontade. Não se trata de uma recompensa, mas apenas de uma lei maior.

Por fim, decidiram que a data de partida se daria em trinta e seis luas grandes, ou seja, três anos terráqueos. Muito trabalho havia para ser feito e logo Iberê tratou de fazer uma lista das tarefas mais urgentes, enumerando tudo o que tinha criado um consenso entre os monarcas. Coisas que precisariam ser feitas, nesta ordem:

– procurar e trazer de volta todos os ergs e aliados originários de seus reinos que, por alguma razão, estivessem, momentaneamente fora de suas casas, o que incluía, por exemplo, viajantes e todo tipo de navegantes (poderia ser feito usando o poder mental).

– fechar os portos depois do retorno de todas as naus que negociavam mercadorias no exterior e depois da saída dos navios estrangeiros (pensariam numa explicação plausível e inquestionável, como alguma doença, por exemplo).

– os barcos voadores em missão fora da ilha seriam chamados de volta usando-se também mensagens transmitidas mentalmente, (nenhuma mensagem seria passada pelos modernos instrumentos de comunicação, pois poderiam ser interceptadas) pois, além de garantir a segurança de suas tripulações, eles viajariam com antecedência para as terras novas para localizar e examinar os recursos do território, que, de fato, nem era muito longe.

– as mentes dos sacerdotes das sombras residentes em seus territórios precisariam ser controladas, para não saírem correndo a denunciar o plano (o que seria feito pelos sacerdotes da luz divina, amparados pelos missionários). No momento da partida poderiam, eventualmente, escolher não ir e alojar-se em outros reinos.

– avisar cada um dos moradores, pessoalmente, o que daria uma conta de, ao menos, trinta mil famílias, juntando todos os reinos (tarefa que seria, sem dúvida, a mais difícil, pois alguns poderiam estar ligados aos sacerdotes das sombras, até sem perceber – quem não quisesse seguir para as terras novas estaria livre para ficar, depois do êxodo dos demais).

– providenciar nova e rápida contagem populacional, para a construção de mais barcos voadores, se necessário.

– uma nova reunião seria feita a cada lua pequena (um mês no nosso tempo).

Depois de terminada a primeira lista de tarefas, os reis se

dividiram para colocar em andamento sua realização. Todos os sacerdotes da luz seriam convocados por seus sumos sacerdotes para traçarem os planos para suas espinhosas tarefas, além de auxiliarem também junto à população na delicada tarefa de convencê-los a abandonar seus pequenos paraísos.

Quando Zac deu por encerrada a reunião e todos se levantaram para a benção final de Payê-Suman, o velho Rudá pediu a palavra uma vez mais, desculpando-se, mas reivindicando atenção para uma proposta que queria fazer.

– Fale meu amigo, fale – convidou o missionário, que, naturalmente, lia seus pensamentos e já sabia do que se tratava.

Com todos ainda em pé e os mais jovens denotando curiosidade, ele foi direto ao ponto:

– Como estávamos previamente informados dos próximos eventos geológicos que se abaterão sobre nossa terra, a necessidade de uma mudança iminente para um mundo novo além-mar não foi difícil de imaginar. Agora, com todas os detalhes e razões trazidos por nosso mestre Payê-Suman também não é difícil prever que teremos muitas dificuldades a serem enfrentadas e resolvidas quando lá chegarmos. Milhares de pessoas dependerão de nossas decisões, que deverão ser corretas e coesas – respirou por uns momentos antes de continuar:

– Nosso grupo de monarcas mais velhos, que além de mim inclui Uiratã, Piatã, Jandir, Shandar, Krisna, Bhamini e Alesha, têm o hábito de reuniões regulares há décadas, como todos sabem. Bem, em nosso último encontro, uma lua pequena atrás, começamos a discutir que o ideal, até para manter nossa união e segurança em terras desconhecidas, caso a mudança se confirmasse, como acaba de acontecer, seria criar um único reino.

Calou-se por um momento esperando a reação dos mais jovens e que não haviam participado da reunião. Para sua surpresa, a reação destes foi imediata, com uma adesão tão unânime, que chegaram a aplaudir a ideia, o que fez abrir um sorriso em todos os presentes. Payê-Suman, que já sabia do acontecido, mesmo sem ter participado do grupo, também sorria complacente, satisfeito com falta de apego de todos, especialmente dos mais novos. E sabendo, naturalmente, quem seria o escolhido pelos mais velhos, logo atalhou:

– Nesse caso, filhos queridos, precisareis de um único rei e de mais doze príncipes. Certo? Quem então será vosso rei?

Inconscientemente, todos olharam para Zac, que sempre havia sido o grande líder daqueles ergs nas horas mais difíceis. Com toda autoridade que suas muitas décadas de vida e de governança lhe conferiam, Rudá deu um passo à frente e andou em direção à Zac, se postando na sua frente.

– Queremos que tu sejas nosso rei, meu irmão – falou em tom firme, sem delongas.

Surpreso e comovido com tudo aquilo, pois sua humildade não lhe permitia sequer cogitar tal coisa, os olhos do bom Zac se encheram de lágrimas. Não havia participado da reunião em questão por estar envolvido em outras atividades importantes. Apesar de ter levado as notícias sobre os cataclismos em encontros anteriores, nada sabia sobre essa decisão dos companheiros. Depois de ficar mudo por um momento, respondeu o que realmente ia no seu coração:

– Tu és o mais velho, meu irmão. Tu és aquele que deve assumir o grande reino atlante no novo mundo – falou enquanto seu rosto se banhava em suas lágrimas de amor por seus irmãos ergs.

– Sim, tens razão, sou o mais velho e, por isso mesmo, tu és o mais indicado, pois creio que partirei muito antes que tu rumo à Grande Consciência. Estes atlantes precisarão de um braço forte para liderá-los na reconstrução de suas cidades.

Um profundo silêncio cobriu o local, com todos esperando a resposta de Zac. Todos sentiam que era indispensável que aceitasse e ele tomou conhecimento disso naquela hora, observando as feições de quase aflição de seus companheiros esperando sua decisão. Lentamente enxugou a face, sorriu e abraçou Rudá. Uma explosão de exclamações de alegria e palmas irromperam na grande tenda.

Shandar, contemporâneo de Zac e seu amigo de infância, juntamente com Krisna, mesmo podendo ter sido ele o escolhido, pois tinha também a força e a idade perfeitas para o cargo, sequer se lembrou disso e, tomado de felicidade, não se conteve. Deu um passo à frente e se ajoelhou, num gesto de incrível humildade e reconhecimento. Levantou seu braço direito e clamou alto:

– Vida longa ao nosso amado rei! Nosso líder e comandante. Que sua missão seja profícua e generosa.

Foi o bastante para quase todos aqueles monarcas se esquecerem de seus títulos e repetirem seu gesto espontaneamente. Com determinação e alegria deram vivas a seu novo rei.

– Oh! Não! Não meus amigos. Levantem-se, pois somos um e governaremos juntos. Por favor, eu lhes peço: jamais se curvem diante de mim novamente – implorou Zac, comovido e abrindo os braços para um grande abraço coletivo.

Muitos risos, lágrimas e abraços sinceros uniram ainda mais aqueles homens e mulheres dedicados ao bem comum.

Uiratã e Jandir, que não podiam mesmo se ajoelhar devido suas idades já um tanto avançadas, caminharam sorrindo e de braços dados em direção ao abraço coletivo. Uiratã, sempre risonho e festivo, não perdeu a oportunidade de brincar, ao abraçar seu querido Zac, a quem tinha quase como filho, cujo pai, do mesmo nome, tinha sido por décadas seu melhor amigo:

– Melhor assim meu filho, meu rei, porque estes velhos guerreiros não podem mesmo se ajoelhar. Piatã nem chegou aqui ainda – falou apontando o outro rei idoso que chegava sorrindo e caminhando a passos curtos, apoiado pela carinhosa Iramaia, a qual amava como se sua neta fosse.

– Boa ideia amigo. Boa ideia – respondeu em tom de brincadeira o velho rei Piatã, cuja saúde tinha sido abalada ao longo das muitas décadas de confrontos e desavenças com os vizinhos de caráter duvidoso, à leste de seu reino. Mas, nem por isso, apesar de ser de poucas palavras, perdia o entusiasmo por suas muitas tarefas.

Payê-Suman, que a tudo observava satisfeito, bem sabia que pelo menos outros quatro monarcas poderiam ter reivindicado a posição de Zac e sequer se lembraram disso. Aliás, ao contrário, tinham ajudado a escolhê-lo. Para não falar dos mais jovens, que poderiam ter gosto pelo poder. Ao matutar sobre todos os acontecimentos que terminaram por aclamar Zac o único rei, nos sucessivos atos de ímpar desapego que testemunhara, passou-lhe pela mente uma ponta de esperança pela humanidade, mesmo sabendo que tudo caminha em seu momento particular dentro da Lei.

"A cada povo, a cada ser, chega exatamente aquilo que necessita nos diversos momentos de sua caminhada" – pensou, deixando escapar um sorriso.

Enquanto a alegre comemoração prosseguia, desanuviando um pouco o coração daqueles governantes, curvados frente à gigantesca obra que teriam pela frente, o mestre de Sírius passeava pelo salão agradável e trocava palavras de ânimo com os sumo sacerdotes dos diversos reinos. Homens e mulheres com extraordinárias habilidades de intervir nas leis da natureza e interessados, unicamente, na união entre todos os seres, na proteção dos povos contra as forças das sombras e na unidade. Também todos eles parte do grupo dos duzentos e cinquenta ergs mais evoluídos e, por isso mesmo, encarregados de auxiliar o andamento daquele grande projeto.

Quando a tranquilidade voltou às faces de todos, o venerável missionário pediu que todos se sentassem de novo por um momento e depois falou, encerrando a reunião:

– Tenho dois assuntos breves. Primeiro gostaria de me dirigir a ti, meu bom Uiratã, e pedir que liberes teu filho único do peso de te suceder. Ele é um artista talentoso, excelente maestro e professor de música, como todos sabem. Deixe que ele seja feliz e propague essa felicidade, como só ele sabe fazer com seus instrumentos e com sua voz. Sei que a decisão é tua, mas apenas quero te dizer que tens minha benção para resolver este assunto antes da mudança para o mundo novo. Tenho certeza de que teus amigos aqui presentes, assim como tu, serão intuídos quanto a quem poderá ser preparado para te substituir – olhou ternamente para o velho rei, que lhe respondeu com um grande sorriso de alívio.

– Eu agradeço vossas palavras, meu senhor, e devo dizer que essa intuição já me ocorreu. Gostaria de colocar aqui o nome da pessoa que me ocorre continuadamente.

– Pois, diga, meu amigo – incentivou o mestre, que também já sabia a quem ele se referia.

– Penso na irmã gêmea de Iberê, que tão espontaneamente deixou o trono para ele, se colocando, modestamente, como uma auxiliar destemida, esforçada e de sabedoria à toda prova. Há tempos observo a jovem Nayla e percebi que ela reúne todas os atributos para liderar um povo. Além disso ela é corajosa e querida por todos – e voltando-se para Iberê, que a esta altura sorria de orelha a orelha, questionou:

– O que achas, meu jovem? – e, sem esperar resposta, emendou:

– Pela tua cara aprovas – falou em tom de brincadeira, fazendo todos caírem na risada. Apesar da gravidade da situação em curso, eles sabiam era preciso manter o bom humor e não fazer dramas.

– Sim, meu senhor, eu com certeza aprovo – respondeu respeitoso o jovem rei, que a todos os mais velhos tratava com a devida deferência – na verdade, quando nosso pai partiu eu insisti que ela assumisse o trono, pois, com certeza, sempre foi dona de grande sabedoria. Mas, nem mesmo usando todos meus argumentos consegui demovê-la de sua decisão – parou por um instante enquanto avaliava o momento – vejo que a vida sempre traz de volta aquilo que te pertence ou o trabalho reservado a ti – concluiu com uma seriedade não habitual.

E antes que mais alguém se manifestasse Payê-Suman interveio, com carinho:

– Quanta sabedoria a tua, meu rei menino – falou com satisfação, levando o jovem às lagrimas – eu já sabia e era exatamente este reconhecimento que esperava de ti. Sabemos que não será fácil para ela deixar o reino que tanto ama, mas, o reino de Uiratã também sempre fez parte da vida de vocês dois. Por lá será acolhida com muito amor e esperança por todo aquele povo – sorriu – vamos então, se todos concordarem, dar boas-vindas à nossa querida e competente Nayla.

Todos aplaudiram contentes, até porque Nayla sempre estivera ao lado do irmão ajudando na governança de seu reino e era mesmo muito conhecida por seu bom senso e firmeza nas horas mais difíceis. Enquanto isso, os dois anciãos trocavam um feliz sorriso de cumplicidade.

– Finalmente – falou tomando a palavra pela derradeira vez – sei que todos estão pensando para onde irá a última leva de migrações quando a hora chegar. Mesmo que ela vá acontecer pouco antes do desaparecimento de Ruta, já podeis saber que esses últimos atlantes serão conduzidos para o vale de um grande rio, no continente situado à leste destas terras e, portanto, também à leste do novo mundo. Homens comuns, de várias origens existentes hoje nesta ilha, para lá seguirão e construirão nos próximos 35.000 anos, a partir de sua chegada, uma exuberante civilização. No tempo dos homens, tudo se dará lentamente, pois passarão a maior parte desse período sendo desenvolvidos e governados pelas dinastias divinas. Uma dinastia de deuses celestiais que marcará, definitivamente, a passagem dos homens das estrelas por Bhumi.

Uma mistura de espanto e curiosidade marcava alguns rostos mais jovens, fazendo o mestre sorrir. E Seth logo fez a pergunta que o missionário esperava:

– Por qual razão precisarão ser dirigidos por tanto tempo, mestre?

– Porque nos próximos cinco mil anos, o povo remanescente aqui neste continente, incluindo Daytia, sem sua preciosa tecnologia, irá lentamente retornando a um estado mais primitivo, perdendo ética e conhecimento. Por consequência perdendo também amor e compaixão, pois quando a luta da vida se torna mais difícil, o egoísmo costuma recrudescer. Um missionário de Órion comandará esta grande migração e, mais tarde, mestres das Plêiades, com a ajuda de iluminados de outros planetas, construirão a grande civilização que terá seu nome marcado no tempo, em futuro distante.

– Pelo que dizes, mestre – atalhou Yancy – este povo permanecerá por muito mais tempo em evolução no planeta que o povo ao qual pertencemos no momento.

– Sim, meu filho. Quanto mais atrasada a alma, mais tempo ela permanece na roda das sucessivas encarnações no planeta. Mas, como sabeis, o tempo pouco significa, não é mesmo? – a seguir sorriu com um pensamento que lhe ocorreu e fez questão de compartilhar com aqueles adiantados ergs – no futuro, pasmem, haverá quem diga que almas antigas são as mais sábias. Ledo engano, pois estarão mais para teimosas que para sábias.

Todos sorriram, compreendendo as palavras do mestre.

– Este grupo ainda permanecerá muitos séculos em Bhumi e depois, cada um a seu tempo, dependendo do esforço próprio, irão todos voltando para seu lar, agora em Colope. Muitos outros ergs mais adiantados desta mesma família, não conseguirão retornar no mesmo momento, permanecendo mais tempo no planeta depois da partida da maioria. Posteriormente, todavia, muitos dos que ficarem para trás poderão ser enviados para ajudar os mais atrasados da última migração atlante, da qual falamos há pouco, e adiantar a própria evolução. A grande comunidade dos ergs comuns, também demorará mais tempo que vós para retornar às estrelas – concluiu.

A seguir o ancião levantou-se, juntou as mãos espalmadas ao peito e recitou:

– Que assim seja filhos de meu coração. O trabalho começa agora.

Todos se levantaram e, imitando o gesto cerimonial do sumo sacerdote, recitaram a uma só voz:

– Porque assim será.

E assim se passou, com esses bravos ergs reiniciando o caminho da volta e conduzindo seus povos nos próximos passos rumo às estrelas.

Projeto disco de ouro

Em algum lugar os magos refletem sobre o enorme objeto vibrado trazido de Vênus para a Terra com forma arredondada e achatada, que aos olhos descrentes dos homens terráqueos atuais, poderia parecer mais uma das muitas histórias de ficção que percorrem o imaginário das pessoas sobre o planeta, assim como os relatos de naves espaciais e outras coisas semelhantes. Todavia, percebe-se que esses assuntos somente fazem eco nos seres mais despertos. Talvez eles se lembrem, simplesmente, de seu passado nas estrelas e sonhem com o maravilhoso lar sideral que tiveram que abandonar e para o qual esperam, quem sabe, poder voltar. Como já foi visto, foi chamado de disco de ouro, embora fosse feito de material de tecnologia inexistente no planeta e completamente translúcido. Originalmente usado para facilitar a expansão mental através de suas energias, possibilitando aos estudiosos percorrer ou se transportar para outros lugares, outras dimensões e até mesmo observar o eterno presente das ilusões do tempo, foi trazido ao planeta em desenvolvimento para auxiliar os mais adiantados dirigentes locais, chamados de híbridos, isto é, os homens preparados e iluminados pelos mestres estelares. Não apenas para executar as mesmas funções anteriores, mas ainda ajudar na manutenção do equilíbrio de toda a natureza planetária através de suas energias controladas pelas mentes dos missionários. Com ele foi criado um plano de trabalho denominado de Projeto Disco de Ouro, sendo transferido sucessivamente dos lugares onde ficava estacionado, conforme o planeta ia se modificando geologicamente. Geralmente oculto em locais subterrâneos e secretos de templos, lembrando que em épocas ancestrais o conhecimento, como já foi observado, estava mais concentrado nas mãos de altos sacerdotes, pois muitos eram híbridos ou missionários estelares portando corpos vibrados, poderia ser invisibilizado se necessário. Em sua longa caminhada, esse artefato construído no planeta Erg, onde era usado pelos sacerdotes cientistas, foi salvo na explosão que destruiu o globo. Naturalmente, foi levado para Vênus e depois doado, generosamente, para a Terra. Neste planeta sua trajetória poderia ser resumida da seguinte maneira:

– Lemúria: local do primeiro Templo da Luz construído pelos missionários pelo poder de sua vontade, para recebê-lo.

– Atlântida: onde surgem as primeiras academias iniciáticas, o disco foi oculto em Ruta.

– Tibet: por longo período ele ficou no Monastério dos Sete Raios, vibrado sobre a região hoje conhecida como as montanhas do Himalaia.

– Gobi: hoje um deserto, mas, em épocas ancestrais, o local era um mar onde existiu a famosa Ilha Branca, permanecendo lá protegido.

– Andes: foi levado para ser usado no desenvolvimento da civilização dos Twantisuius, na fronteira oeste da atual América do Sul. Mais tarde ficou estacionado também em local vibrado, em outro Monastério dos Sete Raios, sobre a região onde hoje se localiza o gigantesco lago Titicaca.

– Brasil: Império Paititi, às margens do ancestral mar interno da Amazonia e depois levado com aquela civilização atlante em sua mudança mais ao sul, para a cidade de Ibez, que se tornou a capital do novo império, na atual Serra do Roncador, divisa legal entre os estados do Amazonas e Mato Grosso. Ainda no Brasil permanece vibrado em outro Monastério dos Sete Raios, sobre a mesma região, até os dias atuais do tempo terrestre.

Como se pode notar, uma longa história de auxílio aos trabalhadores do Projeto Terra. Naturalmente que, onde quer que se encontre, continua exercendo suas funções vibratórias de equilíbrio em auxílio de todo planeta e não apenas do local onde está estacionado, manejado pelos seres celestiais que continuam sua enorme obra de amor, como foi desde o princípio. Voltará um dia ao solo sagrado de Bhumi? Talvez. Porém, conforme a civilização avança, também seu ceticismo caminha consigo. A cada momento os homens preferem mais e mais as coisas que estão ao alcance de seus olhos, que encontrar meios de conhecerem a si mesmos, suas biografias e a de seu lindo planeta. O homem da Terra ainda usa seu brilhante poder de pensamento no sentido inverso daquele que lhe é mais próprio, isto é, usa-o para encontrar o mundo fora de si, em vez de procurar aquele outro, aparentemente invisível, eterno e poderoso que o espera em seu interior, onde se encontraria com sua alma.

15. Terras do sul – a última colônia atlante

> Bem-aventurados os mansos, pois eles herdarão a Terra.
>
> Jesus, o Cristo

Três décadas após a chegada dos povos de Ruta, sob a orientação dos missionários de Sírius, a grande nação atlante-nhengatú havia se firmado o suficiente para não ter mais dúvidas sobre sua capacidade de sobrevivência nas terras do novo mundo. Sob o sábio comando do já idoso rei Zac, na casa de seus 80 anos, o povo prosperava lentamente, mesmo sem poder contar com a extraordinária tecnologia que desfrutava na Terra Mãe. As construções eram feitas com os materiais disponíveis no local, muitos até então desconhecidos para eles.

Naquela região tropical à beira mar, mas também próxima de manguezais, com florestas e altas montanhas ao fundo, abundavam coisas como junco e madeiras de variadas espécies. Além de coberturas de palmeiras, cipós e outras folhagens resistentes. Também pedras e argilas dos mais variados tipos podiam ser extraídas dos vários rios no entorno, o que auxiliava as construções. Rapidamente aqueles atlantes aprenderam a trabalhar dentro de suas novas possibilidades.

Os doze reis amigos, que nas terras do sul se transformaram em príncipes, construíam suas cidades em torno da capital, que ficou conhecida simplesmente como a Cidade Central. O novo reino foi chamado de Terra das Araras Vermelhas, em função das milhares de lindas araras multicoloridas que habitavam a região. Queriam os bondosos príncipes, a princípio, que fosse chamado de Terras de Zac, mas o rei havia declinado, observando, humildemente, que um homem importava menos que sua gente. Nesta altura as treze cidades fervilhavam de trabalho incessante. Não havia para onde o olhar se desviar sem encontrar um novo projeto em andamento. Nestes trinta primeiros anos, os quatro príncipes mais idosos, Rudá, Uiratã, Piatã e Jandir haviam partido, deixando seus tronos para seus filhos e no caso de Uiratã, para Nayla. Todos os herdeiros continuavam firmes no trabalho e convivendo em grande harmonia com os demais príncipes.

Aqueles ergs, em especial os que tinham vivido em Ruta, lutavam para não deixar morrer suas tradições de fraternidade e amor ao próximo. Porém, como bem avisara Payê-Suman antes da partida, junto com eles vieram vários feiticeiros das sombras, todos disfarçados de bons cidadãos. Mas, também estes, a grande maioria, envelheceram e partiram, deixando sucessores que, obviamente, não dominavam as ciências quânticas, ou magísticas, como se preferir, da mesma maneira. Ainda assim, continuavam, aqui e ali, a causar problemas.

Também por esse tempo, outros príncipes e princesas envelheceram, como Shandar, Krisna, Bhamini e Alesha, além do próprio Zac. Todos estavam na casa de seus 80 anos, alguns com a saúde já comprometida. Nos velhos tempos em Ruta as pessoas viviam muitíssimo mais, chegando facilmente a idades centenárias. No mundo novo, todavia, sem nenhum recurso de bioengenharia, por exemplo, entre outras coisas, o tempo de vida foi decaindo progressivamente. Os sacerdotes médicos oriundos do velho continente, foram adaptando a medicina para o uso de terapias alternativas e de remédios da natureza, além de incrementar a arte da cura pelo poder da mente.

O primeiro a partir foi o próprio Zac, deixando o governo central para seu filho mais velho, ali chegado com 15 anos. Criado com os mais altos valores ergs, seu nome era Ay-Mhoré, o primeiro rei de uma dinastia de Ay-Mhorés que durou sete gerações, sempre governando com amor e sabedoria. Antes de assumir o trono de seu pai, Ay-Mhoré I com então pouco mais de 45 anos convocou uma assembleia extraordinária das autoridades locais, príncipes e sumo sacerdotes, entre outros, onde solicitou que suas condições como futuro governante geral fossem avaliadas. Aceitaria com dignidade qualquer resultado e se curvaria respeitosamente caso outra pessoa fosse indicada.

Todavia, o príncipe herdeiro era muito querido por todos, não só por sua determinação, liderança e força de trabalho, mas também por sua sabedoria e bondade, exatamente como seu pai. Por muitos anos trabalhou como braço direito de Zac, substituindo-o com frequência conforme a idade do velho rei ia chegando. Não houve qualquer discussão, sendo aclamado rei na sequência. Embora houvesse grande pesar entre o povo pela morte de Zac, aqueles ergs ainda sabiam que a vida continuava e que todos voltariam um dia para seu verdadeiro lar nas estrelas na grande consciência universal. Os sacerdotes lutavam para não deixar esse tipo de entendimento desaparecer, mas, também isso, de alguma maneira, sob o passar impiedoso das eras, se transformaria e deixaria de ser uma certeza. Relativamente pouco tempo depois de sua chegada, os sacerdotes precisaram começar a adaptar os velhos conhecimentos para os novos herdeiros daquelas terras abençoadas.

Além disso, trinta anos depois dessa época, com o desaparecimento, por completo, daqueles que um dia dominaram a alta tecnologia na antiga Atlântida, e que, naturalmente, não tiveram condições de retransmiti-la a seus sucessores, até pela falta de instrumentalização, essas informações também foram desaparecendo lentamente, até se tornarem quase uma lenda. Vivendo nas terras novas, homens e mulheres que tinham sido grandes cientistas na Terra Mãe, assim como os engenheiros, físicos, médicos, biólogos, aeronautas, astrônomos e pesquisadores de todos os tipos, rapidamente adaptaram seus conhecimentos em prol da sobrevivência do povo. Todas essas ações foram feitas com maestria, resultando em uma nova geração de competentes construtores, pensadores e curadores dos mais variados tipos. Todos perfeitamente adaptados às condições locais.

As artes em geral e, em especial, o canto, o teatro e a dança, entre outras manifestações, foram as menos afetadas, como não poderia deixar de ser. Enormes escolas foram abrigadas em novos templos, denominados como Templo do Som e Templo do Vento, onde a dança e o teatro continuaram a ser ensinados e desenvolvidos. Enquanto isso, a música instrumental, solo ou orquestrada, foi desaparecendo, ficando restrita a poucos instrumentos de corda melhorados ao correr dos tempos, pois não existiam condições de reproduzir os instrumentos até então usados.

Lindas cidades surgiram em volta da grande cidade central, cada qual com características próprias, rivalizando em beleza e funcionalidade adequadas às condições locais. Algumas se situavam também à beira mar, mas alguns príncipes preferiram as florestas, como Krisna ou as regiões mais elevadas, como Shandar. Aliás, a intuição de Shandar de construir sua cidade numa parte acessível da grande montanha que limitava o reino das Araras Vermelhas no lado oposto ao do mar, no futuro, muitas gerações depois, inspiraria seus herdeiros a fazer o mesmo nas Terras Altas, o que viria a prover a sobrevivência da nação e de seu rei à época, filho do último e heroico Ay-Mhoré.

O grande domínio atlante nas terras do sul se expandiu e brilhou por quase oitocentos anos. Se comparado, entretanto, aos milhares e milhares de anos da civilização erg na Atlântida, mais de seiscentos mil anos, suficientes para um desenvolvimento tão espetacular, as poucas centenas de anos que a civilização sobreviveria no novo mundo antes de retroceder sua evolução para um estado quase tribal, representaram quase nada no tempo do planeta.

Basta o homem moderno pensar em seu calendário gregoriano e imaginar a vida em 600 DC, ainda tão absolutamente precária e sem qualquer tecnologia realmente importante além dos lapsos de genialidade de alguns arquitetos nas diferentes épocas. Pouco antes do desaparecimento da Terra das Araras Vermelhas em terras do atual Brasil, conhecido na época como Baratzil, durante o governo de Ay-Mhoré VII, o venerável de Sírius retorna para auxiliar o rei na busca de novo lugar para instalação do reino. Antes disso, vários cataclismos geológicos gigantescos já tinham acontecido e, novamente, iam mudando a face do planeta. E eles continuariam. Por esta razão urgia levar o povo para terras mais altas, cuja rota, no entanto, lhes era desconhecida. Outras partes das ilhas do antigo continente começariam a soçobrar nas águas profundas daquilo que hoje conhecemos como oceano Atlântico, levando consigo vários povos remanescentes, conforme havia mesmo sido previsto e causando a elevação dos mares em outras regiões do globo, como no Baratzil.

Nessas alturas, há mais ou menos quarenta mil anos atrás, todos os assentamentos do planeta, sem exceção, tinham perdido sua tecnologia há centenas de anos, o que causou enorme involução em suas civilizações. Tentavam os homens das estrelas controlar a moral descontrolada e os demais lados negativos dos terráqueos antes que se autodestruíssem. Precisavam, nesta nova oportunidade, usar seu tempo para sobreviver em vez de trabalharem unicamente em função do poder, das conquistas e das vantagens pessoais.

Os homens remanescentes de Ruta, por exemplo, já viviam nessa época imersos em total ignorância e na magia negra. Seu naufrágio completo, que aconteceria entre três a quatro mil anos, elevaria as águas dos mares em muitas outras partes do planeta, nos enormes tsunamis decorrentes. Daytia sobreviveria, mas iria perdendo terreno, até se tornar uma pequenina ilha conhecida como Poseidon e desaparecer totalmente quase trinta mil anos depois.

Pouco antes desses eventos catastróficos, ainda sobrevivia no norte de Ruta a última raça atlante que deveria participar de uma grande migração. Tendo regredido enormemente, era muito atrasada, vivendo em condições de precário desenvolvimento. Como previsto, foi de lá retirada pelos missionários de Órion e conduzida para o vale do Nilo, onde ficaria trinta mil anos sendo cuidada e tutelada por missionários das Plêiades. Recomeçava o Projeto das Dinastias Divinas. Esses milhares de anos foram necessários para que essa sub-raça atlante, conhecida como os semitas originais, pudessem, finalmente, serem introduzidos na direção de seus próprios destinos, em cerca de 3.200 AC.

Poucos milhares de anos antes da migração do povo de Zac, com o afundamento parcial de Ruta, o magnífico Império Paititi, fruto de migração atlante anterior, com sua bela capital Ophir e suas seis cidades satélites, mergulhou nas águas de seu imenso mar interno, na ancestral Amazônia. No entanto, Payê-Suman, que também dirigia os missionários desse trabalho, que, juntamente com a Terra das Araras Vermelhas fazia parte do Projeto Terras do Sul, conduziu o povo para terras mais altas ao sul, no limite legal da atual Amazônia. O império renasceu e sobreviveu mais alguns milhares de anos com sua esplendorosa cidade de Ibez, no atual estado do Mato Grosso.

Nessa localização o império foi dirigido durante algum tempo pelo discípulo de Aramu-Muru, o também venusiano Thamataê, que permaneceu mais de três mil anos à frente daquela civilização no papel de sumo sacerdote. Naturalmente, da mesma maneira que outros missionários, ele não permanecia na Terra todo o tempo. Trabalhava usando corpo vibrado e depois retornava a seu planeta. Sempre bom lembrar os diferentes modos de se vivenciar o tempo entre planetas mais adiantados e outros em desenvolvimento. Até por isso, seu contato era apenas com alguns poucos sacerdotes evoluídos no Templo de Cristal Rosa, que intermediavam suas orientações para o povo, que o tinha como um deus. O mesmo aconteceu em várias regiões do globo com muitos outros missionários, em diferentes épocas e por diferentes razões, como o próprio Payê-Suman, Thot, Kalami ou Hórus, por exemplo. Lendas se criaram em torno de seus nomes contando suas incríveis façanhas, inexplicáveis e assombrosas aos olhos daqueles povos ancestrais.

No nordeste do Baratzil, nas cidades que ainda sobreviviam, oriundas também de migrações anteriores e menores, inclusive aquela que havia sido reconquistada das forças da magia negra pelo missionário Kalami, irmão de Thamataê, muitos séculos antes, seus povos não tiveram a mesma sorte, desaparecendo completamente sob as águas na mesma época que Paititi. Ruínas dessas cidades podem ser encontradas em muitos lugares, especialmente na região do Piauí, em sítios arqueológicos gigantescos, como Itaoca, a Cidade das Pedras. Lagos de água salgada também já foram encontrados em meio à floresta amazônica, denunciando a presença do mar interno em tempos ancestrais.

Antes da subida do povo de Zac para cima de uma alta montanha, que logo virou um lugar à beira mar com a nova e formidável subida dos mares do planeta, e onde um novo império foi fundado com o nome de Terra dos Ay-Mhorés, as duas grandes civilizações atlantes do Baratzil já sabiam da existência uma da outra, pois foram, por um breve período, contemporâneas.

Não é difícil imaginar, todavia, que para elas, tanto a do Império Paititi quanto a da dinastia dos Ay-Mhorés, que já tinham perdido toda sua tecnologia uma vez, essas mudanças eram mais um recomeço praticamente do zero, pois tudo teve que ser reconstruído novamente. Seus desaparecimentos ocorreram também, entre outras razões, por causa das tramas incessantes de sacerdotes da magia negra e dos desejos egoístas dos homens comuns. Foi necessário. Ambos os reinos perderam todas suas lindas e desenvolvidas cidades para as águas implacáveis dos oceanos. E com elas tudo o que tinham conquistado no novo mundo.

Mas, ao contrário dos povos amazônicos, que mesmo depois de suas andanças fugindo dos cataclismos conseguiram se estabelecer por um tempo um pouco mais prolongado, o povo de Zac sobreviveria por apenas mais algumas gerações nas terras altas. Entre a Terra das Araras Vermelhas e a Terra dos Ay-Mhorés, cerca de seiscentos anos no total. Lutas internas pelo poder causadas por um descendente de um dos príncipes originais, terminou por causar o fechamento de todas as cidades em si mesmas. As cidades ainda eram todas governadas pelos descendentes dos doze príncipes atlantes, e mesmo após tantos séculos, continuavam a viver em harmonia, exatamente como na ancestral Terra Mãe. Todavia, com os problemas causados pelo príncipe rebelde, precisaram se desligar da unidade do reino, a contragosto de seus dirigentes, todos leais ao rei.

Seus povos se distanciaram para sempre e continuaram a viver quase da mesma maneira, com generosidade e lealdade. Porém, sem o elo que os unia, que era seu rei, o grande tuxauá, como era conhecido, com o passar dos tempos suas memórias foram sendo esquecidas e as novas gerações sobreviventes criaram suas próprias histórias. O sacrifício do rei, ao determinar o distanciamento das cidades, propiciou que a saga Nhengatú continuasse nas terras do sul, pois nenhum desses povos foi jamais destruído por guerras, ambições ou traições. Vários dirigentes, sacerdotes e soldados, além de muitos outros cidadãos da Cidade Central precisaram agir para salvar seu rei, filho do último Ay-Mhoré e se refugiar com ele em outra alta montanha, onde existia a linda cidade construída pelos descendentes de Shandar, que seguiam a tradição de sua gente de sempre morar em terras mais elevadas.

Foi preciso que aqueles descendentes dos atlantes destruíssem as passagens que levavam para seu novo lar através de grandes deslizamentos de rochas, fechando para sempre a ligação com a Terra dos Ay-Mhorés e com parte heroica de sua história. As terras do então príncipe Araripe, um dos príncipes leais e amigo particular de Tupayba, o atual rei, chamava-se Parama Sukha, a montanha da felicidade suprema.

Na antiga capital que, estrategicamente, não se fechou em si mesma, permaneceram muitos dos antigos e bravos companheiros do rei que partia, como o general Shem-han, que assumira o governo, além do alto sacerdote Paraty, que recebera os deveres de diretor espiritual e da sacerdotisa Sadynara, sempre atuando com discrição nos bastidores do governo, entre muitos outros amigos. Além desses, muitas outras pessoas importantes do reino também se estabeleceram fortes ao lado do grande Tabajara, o antigo híbrido e já quase centenário sumo sacerdote que guiara os passos do rei e de todos os outros nas terras altas e que lá permaneceu até sua partida para as estrelas, atendendo ao chamado de seu conterrâneo de Sirius, o mestre sideral Payê-Suman.

Apesar de tudo, também a cidade central sobreviveu aos insurgentes sem derramar uma gota de sangue, usando de notáveis estratégias pensadas por Tabajara. O povo resiliente que lá permaneceu também sobreviveu por mais algumas gerações.

Em Parama Sukha, apesar do enorme pesar que tomou conta daqueles ergs e seus descendentes, o novo reino, nomeado Terras de Tupayba, também sobreviveu unido e em paz por mais dois séculos, antes de, como todos os outros povos atlantes do Baratzil, em diferentes épocas, se distribuir lentamente em agrupamentos menores. Povos que, por sua vez, dariam origem, em futuro distante, aos silvícolas brasileiros, que se reencontrariam com antigas tradições e preservariam, em muitos lugares, não apenas os traços culturais e as lendas, mas o ancestral idioma nhengatú.

Em alguns vilarejos no extremo norte do Brasil ainda é possível encontrar grupos étnicos que tem como segunda língua o nhengatú, que, como outras, é originária do devanagari, o idioma dos deuses. O devanagari deu origem também a outras línguas, como o pali e o sânscrito, o que explica muitos nomes e expressões encontradas entre as civilizações ancestrais citadas, que diferem do nhengatú. A maioria das línguas até hoje preservadas pelos indígenas brasileiros, como o tupy, por exemplo, tiveram suas origens no nhengatú. Desta maneira, ao contrário do que se possa pensar, o sonho de Zac e de todos os outros atlantes trazidos para o novo mundo, foi realizado, com o sangue atlante-nhengatú correndo até hoje nas veias dos herdeiros da terra que os abrigou e acolheu um dia. O nosso Brasil.

E numa noite qualquer, quando o velho religioso Tabajara meditava contemplando as estrelas e se preparava para sua partida, ao avaliar a trajetória daqueles atlantes, pensou por um momento nos magos negros que passaram pelas colônias. Mesmo usando de magia menos eficiente, ainda assim, sua influência maléfica tinha prejudicado muito os ergs e seus companheiros no novo mundo. Avaliou as consequências que outros magos, muito mais poderosos, tinham produzido no velho continente através de eras sem fim. E no que seus discípulos faziam em outras civilizações do planeta e ainda poderiam fazer nas vindouras. Os morgs mais renitentes, seus asseclas, descendentes, seguidores e manipulados, também tinham se espalhado por toda parte.

Esses devaneios foram o suficiente para sua mente encontrar um dos mais importante desses magos negros, há muito estacionado em outro sub plano do planeta, por opção própria. Seu nome era Tibirissá e com ele pelejava há milênios sem conta. De fato, ele era quase uma lenda entre o clero de alto escalão. Há muito tempo não mais permitia esta conexão, pois achava que já tinham conversado o suficiente. Nesta noite especial, todavia, resolveu ter com ele um derradeiro encontro. Imediatamente vislumbrou sua figura à sua frente.

Sempre frio e distante, o mago negro jamais permitia que suas emoções transparecerem. Elegante e imperturbável, de olhar penetrante e enigmático, tinha por hábito não qualificar o que lhe era dito e fazer grandes silêncios, como se seu interlocutor simplesmente não existisse. Muitas e muitas vezes nada respondia. Tabajara não se importava com essa atitude. Desta vez, no entanto, foi diferente.

"– Salve, meu caro Tibirissá. Vieste para minhas despedidas? – indagou o sacerdote descontraído e desassombrado.

O mago das sombras se mantinha como sempre sereno, quase impassível, a olhá-lo profundamente. Depois de um tempo falou:

– Vim te dizer que, aparentemente, a vitória final foi minha. Teu povo se extingue em lenta agonia.

– Da mesma forma que outros povos que já passaram – foi a resposta direta, o que causou estranheza ao mago, que teve dificuldade em manter sua indiferença, para logo se recuperar.

– Isso não te dá pontos nessa luta. Ao contrário – ponderou Tibirissá.

– Continuas achando que disputas algo comigo, não? – falou meio desanimado o sacerdote.

– Estamos juntos há muito tempo. Eu te conheço e tu me conheces. Por tempos incontáveis, desde o início da eternidade tu vens pela luz e eu pelas sombras. Somos poderosos. Viemos ambos das estrelas e passamos por vários mundos, mas com propósitos diferentes. Eu precisava sobreviver e tu... Bem, tu precisavas dos miseráveis para reafirmar tua aura de bondade – pela primeira vez lhe falava com discreto tom de sarcasmo, ao qual Tabajara, apesar de surpreso, não deu qualquer atenção – já me derrotaste várias vezes e eu a ti. Isto não é uma disputa? Pois a mim parece ser.

– Isto é apenas a manutenção do equilíbrio, como já te disse em vezes anteriores. Se vês como luta, te garanto que lutas sozinho. Sei de nossas histórias, de nosso passado neste e em outros lugares, enfim. Não penses que me esqueci. Mas, meus personagens, digamos, as ilusões vivenciadas, são mesmo apenas histórias para mim neste momento. Não estou mais sentado em cima deles a me rejubilar pelos sucessos ou a me lamentar pelos fracassos. Serviram e passaram. Conheces bem o autor destas palavras, não?

Tibirissá que, naturalmente, não se dignava a responder quase nada que não o interessasse, veio com a mesma fala do princípio:

– Pois fracassaste de novo. Os orgulhosos atlantes da Terra das Estrelas estertoram.

Falava como se a Atlântida tivesse sido berço apenas dos ergs e não de todas as raças ora espalhadas pelo planeta. Tabajara fingiu não notar.

– De fato. Nosso povo se consome lentamente. Mas não foi por tua causa que esta grande civilização desaparecerá um dia. É apenas mais um ciclo que termina, como tantos antes deste e como tantos outros que virão. E eu te agradeço, pois sem tua colaboração, mesmo que desprovida de nobres intenções, não haveria como pôr à prova a evolução destas almas. Ainda precisavam de ti e de teus pares para tal tarefa, como ainda precisarão no futuro. Precisam da dor para compreender o amor.

– Ou estás enlouquecendo ou então estás te tornando orgulhoso demais para admitir a derrota. A idade desse corpo que usas te faz perder a razão – foi a resposta seca – eu venci e tu perdeste.

– É mesmo? Então, o que estás fazendo aqui? Sabes que tripudiar sobre mim não me abala. Sabes disso há milhares de anos. Pois penso que as recompensas por aquilo que chamas de tuas vitórias estão ficando sem graça, não é mesmo? – fez pequena pausa para continuar a seguir:

– Muito bem. Pensas que destruístes toda a Terra dos Ay-Mhorés e talvez outras colônias atlantes. E daí? E agora, o que vais fazer? Duvido que estas coisas passageiras ainda te tragam algum prazer. A quem foi que destruíste? Aqueles que não podem ser destruídos, pois a vida não está na matéria? A quem fizeste sofrer de fato? Aqueles cujas passagem por este mundo não são mais que ilusões, fagulhas frente à eternidade? Nada fizeste de fato, pois cada homem faz a si mesmo.

Fez nova pausa antes de prosseguir:

– Ora, tuas ações não foram tão importante, de fato. Fostes apenas mais um entre tantos coadjuvantes neste processo inevitável do universo. Perdes teu tempo se pensas que vais me impressionar, se bem que não parece ser esta a verdade. A verdade é que estás cansado disto tudo. Cansado de disponibilizar tua maldade para os homens ignorantes, que dela fazem uso com sofreguidão, para apenas, a seguir, se arrependerem e recomeçarem novamente a difícil caminhada para a luz.

Surpreendentemente, veio uma resposta:

– São tolos. Precisamos de tão poucos para atingir todo um povo. Se convencermos dois ou três homens a pular de forma incessante e cadenciada numa grande e magnífica ponte, nós a derrubaremos pela ressonância dessa ação. Não precisamos nos dar ao trabalho de nos conectarmos com um exército de saltadores. Os homens se conectam entre si de forma espontânea e são tão convincentes em seus desejos que, facilmente, derrubam outras pontes pelo mundo. Em instantes, atraem multidões para as pontes derrubadas, todos a clamar por justiça e pelo direito de ter uma ponte para atravessar o rio e por tudo o mais, completamente esquecidos de quem derrubou a ponte. Pacientes e persistentes destruidores de pontes se transformam, de um dia para o outro, em grandes e maléficos líderes que, rapidamente, conduzem povos ao sofrimento, à miséria, à maldade inimaginável e até mesmo ao extermínio. Isto sempre aconteceu em todas as humanidades – e enquanto Tabajara o ouvia admirado, concluiu com uma profecia:

– E continuará a acontecer por todo o sempre. Provocarão outras guerras estúpidas e grandes carnificinas. Alimentarão preconceitos, diferenças e rancores de todos os tipos. Bastam alguns deles – falou num sussurro quase inaudível.

Neste momento, o sacerdote, mesmo considerando a importância daquelas palavras, que demonstravam claramente que a Tibirissá faltava apenas sabedoria, pois o conhecimento ele obviamente possuía, interveio:

– E continuará a acontecer independente de ti e dos teus discípulos ou mestres, pois são os homens que ainda vão a ti e não tu que vens a eles. Por mais que saibas, tua falta de amor ainda faz que tuas técnicas sejam insuficientes para alcançar os homens por tua vontade, como fazem os verdadeiros deuses vindos das estrelas. Se um dia os homens não forem mais a ti estarás acabado para tuas ações, pois serás apenas um nada amorfo. Ficarás num limbo, pois a consciência que tens de teu estado é tão passageira quanto a brisa da tarde. Ainda não conheces a essência da verdadeira vida. Ora, de que adianta haver papiro contendo estupenda obra sem igual, se ninguém for lê-lo? Ele não será nada mais que um pedaço de junco transformado em página para os escribas, mas, sem usos e sem cuidados, mofará na mais obscura das câmaras pela eternidade.

Parou por uns instantes para depois completar:

– Tu apenas vives através daqueles que te procuram. Sem eles nem mesmo tu tem condição de viver por ti mesmo de forma estática, como quase todos os homens após deixar este corpo de ilusão onde habitam seus egos passageiros. Somos como os papiros, que podem ou não ser lidos. Não existe vida sem movimento, como bem sabes.

O velho mago das sombras demonstrava algo que parecia oscilar entre cansaço e resignação.

– E o que tu chamas de vida que não sejam as realizações individuais? – reclamou.

Acostumado a ser inquirido com perguntas diretas e difíceis por seus meninos, entre eles Tupayba e Shem-han, Tabajara chegou a sorrir com a lembrança, para depois responder:

– Penso que o que devem ser exaltadas são as realizações da natureza como um todo e não as individuais. Deveríamos poder contribuir sem esperar reconhecimentos de nossos feitos. Podemos até discordar sobre a continuidade deste personagem que acreditamos ser a vida e a quem somos tão arraigados a ponto de criarmos mil e uma teorias sobre sua perpetuação. Mas, se observarmos o universo de outro ponto de vista, veremos a estupenda continuidade da vida, que a cada segundo se perpetua, se modifica, cria e se torna mais e mais bela. Veremos a vegetação crescendo, os animais respirando, disputando, os insetos, as marés que se sucedem num ritmo contínuo, a chuva caindo e a noite descendo sobre os vales. Essa maravilhosa dança da vida eterna, sempre em mutação onde o homem é apenas mais um elemento. Mas, isto não interessa à maioria, preocupada apenas com a continuidade de "sua" própria vida, a qual quer controlar eternamente. Na verdade, os homens querem apenas preservar seus egos, suas personalidades. Antes e depois da morte. E para quê? Isso, como sabes, só acontece em planetas muitíssimo evoluídos, onde tu podes refazer suas energias em função de teus nobres objetivos – suspirou.

Deteve-se uns instantes a pensar. Depois continuou:

– Se tirássemos o homem e todo seu conhecimento deste planeta, por exemplo, isso seria realmente significante? Provavelmente, o resto da natureza viveria até melhor. Penso que o maravilhoso processo da vida continuaria ainda mais maravilhoso e intocado. Esta parte da natureza chamada homem, com seu orgulho e superioridade, muitas vezes, mais atrapalha que ajuda. Se assim não fosse, como tu mesmo o disseste, não teríamos tanto sofrimento sobre a Terra. É tão difícil perceber onde está a vida verdadeira?

Fez pequena pausa, dando ao outro tempo para pensar também, para depois falar:

– Ela não está no indivíduo homem. Está na renovação, na diversidade, no processo como um todo. Como é difícil aceitar que a vida em si é mais importante que a "minha" vida. Podemos até dizer que amanhã eu serei eu, mas com partes generosas de ti e de outros em mim, para que a diversidade continue, para que se possa contribuir mais e melhor do que eu poderia fazer sozinho. Com que eficiência contribuiria um velho e gasto embornal de conhecimentos adquiridos ao longo apenas das "minhas" parcas experiências. Se assim fosse, os homens ainda estariam vivendo em cavernas, meu caro.

Divertia-se com os próprios pensamentos ao perceber como o homem comum era, por vezes, engraçado, pois sequer se lembrará quem foi anteriormente quando "acordar" numa próxima oportunidade, da mesma forma que não tem consciência do que se passou com seu corpo durante a noite bem dormida. Chega a ser até estranha sua luta pela preservação de seu ego após a chamada morte. A noite não foi mais do que um piscar de olhos sem importância nenhuma, da mesma forma que os idealizados paraísos celestes também não.

– Somos como as gotas de água de um rio que se misturam continuadamente, se purificando, tanto pela quantidade quanto pela diversidade das milhares de gotas que também descem a correnteza ao mesmo tempo, se livrando das impurezas encontradas pelo caminho ou trazida de sua fonte. De quando em quando, totalmente purificada, uma minúscula gota escapa para fora do rio e se desfaz de sua matéria de forma permanente, umidificando a terra para a perpetuação de outras partes da natureza. Aquela gota que contém mil partes de outras gotas e que não se importa mais em permanecer gota para todo o sempre, que abandona sua pseudo e confusa individualidade e seu amado rio, se unindo de forma definitiva e generosa ao processo da natureza, como os deuses. Expandiu sua percepção de vida e se fundiu com a consciência universal. Isto é a vida. A vida eterna não está no indivíduo. Está na continuidade e na renovação permanente do processo da vida. Somos elementos da vida. Existe o fim do elemento e não da própria vida. Que maravilha! – falou verdadeiramente extasiado, antes de continuar:

– Os homens não precisarão mais ter medo da morte, do fim, da perda da individualidade temporária chamada ego. Os indivíduos são extintos, mas a vida no universo continua. Podem sim, preservar a personalidade como expoente da diversidade e criatividade, mas não precisariam mais fazer questão da manutenção do indivíduo eterno. Isto representaria, ao final, a absoluta ausência de egoísmo. Seria a contribuição desinteressada que os faria deuses quando isso não mais importasse. Estamos indivíduos, mas somos universo.

Tibirissá, que se afastava sem se virar, flutuando dentro de uma fumaça arroxeada, olhou para o velho sacerdote novamente, antes de desaparecer por completo. Mas, desta vez, em seu olhar havia um quê de tristeza, ou talvez de desânimo, que o humanizava. Sim, ele estava muito cansado.

Tabajara voltou calmamente a olhar as estrelas e logo aquela suavíssima sensação de frescor tão sua conhecida invadiu todo o ambiente e seu ser. Era o mestre que voltava uma última vez a falar em seu coração: ..."

Trecho entre aspas retirado e modificado do livro *Terra dos Ay-Mborés*, da mesma autora.

Enquanto isso, as grandes mudanças da face do planeta prosseguem, os povos se espalham pela Terra, florescem e desaparecem.

A roda das existências

Em algum lugar os magos refletem sobre as razões que levariam seres evoluídos a, aparentemente, encarnar em planetas mais atrasados, como Zukov, Albion, Tessá ou o próprio Tabajara, entre tantos outros, e depois retornar a seus planetas de origem. Seus corpos, também aparentemente, pereceram no planeta. Teriam esses adiantados homens das estrelas, oriundos de civilizações já inseridas na evolução da consciência, a capacidade de reconhecer suas origens depois do fim de um corpo na matéria e voltarem a seus egos anteriores? Na verdade, seria mais lógico pensar que, para eles, com sua enorme capacidade de controle da consciência, apenas impressionaram homens com cérebros físicos especialmente preparados e nascidos no planeta, com todo seu conhecimento, num tipo de influência de consciência tão intensa, que faziam esses terráqueos serem eles mesmos aos olhos das demais pessoas. Independentemente dos nomes usados. Não os comandavam como se pode pensar, apenas disponibilizavam, isto é, passavam ensinamentos e condições de percepção elevada à estas mônadas. Iluminavam seus caminhos para que pudessem aprender o processo sozinhos, o que também auxiliava muito na evolução desses escolhidos. Apesar da beleza da situação de fraternidade envolvida nesses casos, a não aprovação de Hylion em alguns processos desse tipo, como nos casos de Albion e Tessá, cujos representantes no planeta receberam os nomes de Nefrú e Inará, por exemplo, se deu pelo envolvimento emocional e permanente de ambos, que ficaram estacionados na Terra enquanto os acontecimentos se sucediam, sem necessidade, pois no afã de ajudarem se apegaram, por assim dizer, aos acontecimentos da época. De qualquer maneira, em Bhumi, um mundo ainda de evolução mais física, é difícil influenciar, pois as condições do planeta são ainda limitadas. Você pode adicionar novas possibilidades, mas não pode garantir ou determinar que ela vá acontecer, o que, de fato, ocorreu muitas vezes, resultando em ações aparentemente fracassadas, demandando novas estratégias por parte dos missionários. Grandes avatares que passaram pelo planeta, entre profetas e gênios, que auxiliaram no desenvolvimento moral, espiritual e científico dos terráqueos, usaram métodos semelhantes. Ou influenciavam ou usavam corpos fluídicos. Poucos realmente encarnaram. Não é difícil perceber que, até hoje, pairam dúvidas sobre momentos das vidas desses avatares quando, simplesmente, desapareciam das vistas dos homens comuns, criando-se duradouras lendas sobre seus paradeiros. De qualquer modo, seria muito difícil para seres tão iluminados adensarem suas vibrações dessa maneira, mesmo que por breves momentos. Até porque seria desnecessário, uma vez que ele estava ali vivendo o drama terrestre, apenas de outra maneira.

16. O êxodo final – o desaparecimento da Terra Mãe

> Nós existimos e essa existência é eterna. A onda alcança a praia, depois volta ao mar, mas não se perde.
>
> Yogananda

Cinco mil anos depois de Payê-Suman ter avisado Zac sobre a necessidade de levar seu povo para as terras do novo mundo, monumental e derradeiro cataclismo conduzirá Ruta para o fundo do oceano, levando consigo a maior parte de Daytia, ao sul, a outra grande ilha remanescente. Sua última porção de terra habitada ainda sobreviverá quase vinte mil anos mais, após ter trocado sua denominação original para Poseidon, nome que terminou por se tornar uma lenda no imaginário dos homens do futuro. Seria então um lugar cheio de guerreiros, deuses e fantasias. Na verdade, Poseidon afundou há cerca de nove mil e setecentos anos, e no rastro dos milênios que sobreviveu após a partida de todos seus conterrâneos do norte, criou para si histórias de magias e batalhas, pois, afinal, também eram atlantes.

Enquanto isso não acontecia o iluminado de Seir, Thot, conduzia a maior parte dos semitas originais, a 5ª sub-raça atlante, para o norte do atual continente africano e os assentava às margens do grande rio cujo delta se situava no mar que hoje conhecemos com Mediterrâneo. Os demais foram levados por Kartikeia, de Erg, para um lugar mais à nordeste, onde hoje se encontra a Palestina e lá iniciaram outras civilizações com características bastante diferentes.

Naqueles tempos, a região desértica ao longo do vale do Nilo que domina a paisagem nos dias de hoje não existia. O mesmo se dava na Palestina. Em ambos os lugares, savanas verdejantes e ricas floresciam, trazendo ainda mais vida para o entorno daquelas partes específicas do planeta, que, no futuro fariam parte do norte do continente africano e do oriente médio. Os humanos que estavam sendo trazidos estavam por demais atrasados e precisavam ser criados por seus pais estelares de forma semelhante a que tinha acontecido em outros lugares na Terra e em outros planetas, como os Thugs trazidos de Erg para Venus em tempos remotos. De fato, o processo evolutivo foi parecido. A diferença é que, em Venus, os homens das cavernas oriundos das montanhas afastadas em Erg, tiveram milhões de anos de trabalho genético e de aprendizado antes de serem liberados por seus orientadores e, aqui no planeta, os semitas da Atlântida teriam apenas pouco mais de trinta mil anos antes de começarem a conduzir seus destinos. Até porque já eram humanos e tinham apenas involuído moral e mentalmente.

No caso dos povos levados para o vale do Nilo, deixariam de ser diretamente tutelados com o início da primeira Dinastia Terrestre, onde surgiu o primeiro faraó humano. Escolhido por Hórus, o último faraó divino, que ocupava o cargo há alguns milênios, seu nome era Narmer. Hórus, na verdade, era o mestre Rashan Kama, das Plêiades. Narmer, assim como muitos outros, eram também homens das estrelas influenciando homens encarnados no planeta, com sua permissão, na condição que ficou conhecida como híbridos. Como já foi mencionado, estes tinham seus cérebros humanos especialmente modificados para poderem decodificar as lembranças e mensagens que recebiam dos mestres, além de aprender, usar e passar para as pessoas do povo os ensinamentos dos deuses, que só conseguiam ver a eles. Em cada lugar do planeta aconteceu um tipo especial de interferência, o mais adequado a cada situação e a cada povo.

Naquela região, nessa época de transição, vários trabalhavam desta maneira, o que era quase um sacrifício para aqueles seres tão despojados das coisas da matéria, pois mesmos estes humanos, eram muito evoluídos. A maioria destes híbridos atuava como sacerdote, pois eram estes que dominavam todos os conhecimentos possíveis à época, da magia às ciências, inclusive o sábio e poderoso sumo sacerdote Amoses, oriundo de Seir, assim como alguns de seus assistentes também vindos de Seir, além de Vênus e Erg.

Tudo fazia parte do Projeto Dinastias Divinas, que tinha

voltado ao planeta depois de tantos milhões de anos. Nos trinta mil anos seguintes os missionários das Plêiades e, especialmente, de Órion, sempre contando com a colaboração de muitos outros de origens diversas, lhes ensinaram quase tudo, desde a confecção dos primeiros abrigos, até a manipulação de artes sofisticadas como medicina, astronomia, agronomia e arquitetura, entre muitíssimas outras necessidades. Há pouco mais de cinco mil anos de nossa época, nas vésperas de se tornarem independentes, os ancestrais egípcios já sabiam de coisas extraordinárias e viviam de maneira formidável, se comparados à maioria das demais civilizações que lhes eram contemporâneas.

Porém, anteriormente, logo após sua migração, eles foram deixados sozinhos, apenas tendo-lhes sido providenciado um ambiente propício à sua sobrevivência, exatamente como havia acontecido com os Thugs, em Venus. Eram cuidados sem nenhum tipo de interferência direta ou indireta em seu aprendizado. Foi a época chamada de Dinastia Divina Silenciosa, que prevaleceu por mais de dois mil anos, enquanto se preparava a descida dos "deuses".

Depois disso, outras duas grandes dinastias divinas ficaram conhecidas como Dinastia Shu e Dinastia Rá. A primeira foi a Dinastia Shu, quando as interferências eram apenas indiretas e durou cerca de quatro mil anos. Invisíveis, os homens das estrelas observavam os terráqueos e planejavam seu progresso. Depois dela veio a Dinastia Rá, com intervenções diretas sobre os povos locais e durou quase trinta mil anos. Essa intervenções diretas eram feitas através de seus contatos com os híbridos, como já foi dito, mas também pela inversão das leis da natureza, quando necessário, pelo poder mental dos missionários siderais.

O período dessa segunda dinastia ficou marcado como a 1ª Idade, a idade das pirâmides e dela, historicamente, pouco se sabe. Foi nesse período que os missionários, dando seguimento ao projeto inicial, construíram ao longo do vale seus magníficos monumentos. Uma marca definitiva de sua passagem pelo planeta. Partindo do norte até o meio caminho para o sul, em direção da Etiópia que, por sua vez, era fruto de migração anterior, quando a raça negra da Atlântida foi trazida para o planalto africano, mais de cinquenta pirâmides foram distribuídas no banco oeste do rio Nilo. Tinham funções diferentes e inimagináveis para a maioria dos homens locais, que as viam apenas como símbolos religiosos.

Todavia, poucos séculos depois que os faraós humanos ascenderam ao poder, elas foram surrupiadas dos deuses e exibidas como construções próprias dos reis em diferentes épocas, que marcaram seus nomes e suas histórias em suas paredes e câmaras. A partir dessa época, cerca de três mil e duzentos anos antes de Cristo, as pirâmides passaram a ser vistas como símbolos de poder. Talvez sejam estas as razões pelas quais os arqueólogos modernos, entre outros especialistas, jamais conseguiram uma resposta plausível para a tecnologia de construção daqueles monumentos gigantescos, obviamente algo impossível para os trabalhadores da época, mesmo que fossem milhares. E tampouco descobriram as razões verdadeiras de sua edificação. Além da confusão armada pelos faraós ao colocar seus nomes nas diferentes pirâmides, as pedreiras mais próximas ficavam a mais de quatrocentos quilômetros de distância.

Cada pedra chegava a pesar até cinco toneladas. A famosa esfinge, por exemplo, é um monolito de setenta toneladas. No caso da esfinge, inclusive, sempre envolta em mistérios e enigmas, arqueólogos modernos modificaram as ideias anteriores sobre sua idade, acreditando hoje em dia remontar a mais de doze mil anos, num período pré-diluviano. De qualquer maneira, não haveria como transportar essas pedras colossais não fosse pelo poder mental dos missionários estelares. Mesmo que alguém pensasse num transporte fluvial, os frágeis barcos de junco e madeira jamais suportariam pesos dessa magnitude. Além do mais, as pedreiras não se localizavam ao longo do grande rio.

As únicas tumbas reais encontradas, realmente construídas pelos faraós, estão no Vale dos Reis, muito mais ao sul da última pirâmide, que fica próxima ao Oásis de Fayum. Aliás, também este, com suas monumentais eclusas, foi construído pelos deuses, entre numerosas outras benesses ofertadas para o desenvolvimento do povo. Situado numa região de pedreiras de calcáreo, as chamadas pedras moles, elas puderam ser escavadas para a construção dos túmulos.

Caso esses fatos não fossem o bastante, ainda mais impressionante é a disposição das pirâmides. Como já foi mencionado, todas estiveram alinhadas com a posição de estrelas das constelações visíveis à época, como Andromeda, Plêiades, Orion, Sirius e Leo, entre outras. Tão perfeitamente alinhadas, que seu desenho ainda hoje se assemelha a um espelho invertido do céu na terra. Ora, mesmo com tantos estudiosos de astronomia entre eles, como poderiam os homens naquele tempo atuar com tal precisão? Isso para não citar que a grande pirâmide do Vale de Gisé, chamada de Quéops pelos gregos em função de seu suposto proprietário, por exemplo, assim como muitas outras, apresenta impressionante precisão matemática e geométrica em sua estrutura. Se pensarmos que a Grande Pirâmide, como ficou conhecida, tem quase cinquenta andares de altura e que cada um dos lados de sua base mede 230,4 metros de comprimento, encontram-se diferenças de meros dois centímetros em cada lado, além de se alinharem nos eixos Norte-Sul e Leste-Oeste do planeta. Com esse tamanho descomunal, como isso seria possível naquela época?

Também não é demais citar outros fenômenos extraordinários que envolvem sua arquitetura. Por exemplo, se multiplicarmos por um bilhão a sua altura, teremos exatamente a distância do Sol à Terra. Ou quem sabe lembrarmos que ela se encontra no centro de gravidade dos continentes. E refletindo sobre seu posicionamento com as constelações, também não esquecer, entre muitas outras coisas, que os raios de luz de Sírius entram com precisão, de forma perpendicular, junto à face sul da pirâmide e os da Estrela Polar, pela face norte.

Esses são apenas alguns dos muitíssimos mistérios que envolvem a tão fascinante cultura egípcia, herdeira dos mais atrasados atlantes de Ruta que, guiados desde seu estágio mais rudimentar pelos missionários estelares e auxiliados pelos ergs do Baratzil que ainda não tinham voltado para sua pátria estelar, conseguiram evoluir para uma das mais esplendorosas civilizações de sua época. Civilização que até hoje, milênios após seu desaparecimento, deixa perplexos a todos nós, que somos os homens do futuro.

A 2ª Idade começou exatamente ao fim da Dinastia Divina Rá e o começo das dinastias terrestres, quando se deu o início do Império Antigo. Foi uma idade de transição que durou quase mil anos. Depois vieram a 2ª, 3ª e 4ª Idades, com outros impérios, até terminarem pouco mais de dois séculos antes da era cristã e do começo do domínio do império romano. Mais de 60 monarcas se sucederam durante esses impérios.

Em função dos habitantes locais durante muito tempo saberem da existência dos deuses do céu, além de toda mitologia que se formou ao longo dos milênios em torno deles, com híbridos demonstrando poderes extraordinários e acontecimentos tidos como mágicos brotando do nada por obra do poder mental dos missionários, estacionados ou não no planeta temporariamente, por muitos milênios eles acreditaram em seus reis-deuses, os quais não viam, mas aceitavam como seus governantes.

Poucas gerações depois dos faraós humanos assumirem, estes passaram a se autointitular também como reis-deuses, o que não aconteceu no início da época da transição entre as dinastias divinas e terrestres. Não aconteceu porque o primeiro faraó era um missionário híbrido muitíssimo evoluído, desprovido de vaidades ou desejos, que tentou colocar as coisas em seus devidos lugares desde o primeiro momento. Coisas como a humanidade dos novos reis, por exemplo, o que passava pela existência de apenas um deus único, que, por sinal, não era ele. Nessa época o país já escalava, a passos largos, para a praticidade de um enorme panteão de deuses, o que atendia interesses diversos, especialmente para os sacerdotes das sombras. Sim, eles ainda estavam lá, mesmo depois de intermináveis eras. E já havia, praticamente, um deus para cada detalhe da vida, o que atendia a todos os desejos dos implorantes, facilitando a vida dos clérigos mal-intencionados. A magia negra voltava a crescer, disfarçadamente, na calada da noite, com seus expoentes se fingindo de fiéis ao sumo sacerdote e ao faraó à luz do dia. Ambos, todavia, sabiam muito bem com quem estavam lidando.

Pouco mais de dois séculos depois de Narmer, infelizmente, o tempo, a esperteza e o orgulho dos homens venceram e se encarregaram de ressuscitar e modificar histórias antigas, além de criar novas e mirabolantes lendas sobre seus novos reis, os faraós, que se tornaram totalmente humanos. Com poderes e glórias inimagináveis a partir daí, é possível que eles tenham se entregado aos novos tempos com entusiasmo, porque afinal, ser um deus vivo não devia ser mal negócio.

Apesar do enorme avanço nas diversas áreas do conhecimento, especialmente na engenharia e nas artes médicas em geral, com Im-Hotep, de Órion, dirigindo esse crescimento, especialmente na transição das dinastias divinas, os egípcios da época não conseguiram se livrar do misticismo que envolvia sua cultura, o que deu largas à imaginação de sacerdotes das sombras, chamados de sacerdotes de Heqqa. Com tanta ingenuidade à disposição, facilmente capturavam a mente e o temor do povo, e até mesmo de gente de alto escalão, com suas tramoias sofisticadas. A cada dia os caminhos a serem percorridos após a morte para se alcançar os campos de junco, chamados de Sekhet-Aaru, ficavam mais e mais complicados, pois eram ditados por espertos sacerdotes, que obtinham ganhos pecuniários em quase todos seus serviços para auxiliar o cidadão nessa jornada.

Até mesmo o faraó era vítima desses complicadíssimos ritos de passagem rumo ao paraíso, se rendendo às vontades do clero. Naturalmente, nem todos eram corruptos ou aproveitadores, pois, entre eles, por séculos a fio, missionários híbridos e seus discípulos continuaram tentando ensinar e reverter o caminho, aparentemente sem volta daquela civilização, perdida em seus defeitos, desejos e, principalmente, seu egoísmo. Todos tentavam tirar proveito das muitas facilidades oferecidas pelos religiosos aproveitadores.

Como os faraós precisavam preservar seus corpos físicos, uma entre as muitas necessidades determinadas para alcançar seu lugar na eternidade, eles eram embalsamados pelos sacerdotes, que eram os únicos a conhecer os segredos e técnicas para tal. Logo outras pessoas da classe mais alta quiseram o mesmo para si, com muitas catacumbas, conhecidas como mastabas, que nada mais eram que construções de pedras, sendo erguidas ao longo do tempo por toda região de Saqqara, muito antes de sua desertificação. A maioria se situava também na margem oeste do rio, onde se encontravam as pirâmides. Eram construções baixas, de tetos planos e com entradas discretas para o subsolo, onde várias ou muitas câmaras mortuárias podiam abrigar sarcófagos.

Também os sacerdotes eram sepultados em mastabas, especialmente os de alto escalão. Os mais pobres, todavia, os homens do povo comum, quando não conseguiam uma vaga nesses lugares, eram enterrados perto delas. Achados arqueológicos em grande quantidade apontam para restos humanos espalhados por toda superfície da hoje árida região de Saqqara a partir de Gisé, depois do delta do Nilo.

Entretanto, apesar da pompa e recato com que o embalsamamento, a princípio era tratado, mesmo durante o período de transação entre as dinastias divinas e terrestres, os sacerdotes das sombras não demoraram para começar a usar esse ritual para magia negra. O povo logo se entusiasmou com a novidade apregoada por muitos religiosos sobre oferecer presentes aos deuses, pois era uma forma de obter vantagens divinas, dos mais diversos tipos. Como deuses e deusas proliferavam em toda parte, bastava escolher. Isso explica, por exemplo, os milhares de pássaros embalsamados encontrados no deserto de Saqqara. Os serviços prestados pelos religiosos, naturalmente, eram cobrados.

Quase dois mil anos depois do início das dinastias terrestres, em 1.350 AC, no meio dessa parafernália de sacerdotes corruptos e com centenas de divindades sendo adoradas de forma desenfreada, um novo missionário se torna faraó, trabalhando também com um híbrido. Seu nome era Akhenaton. Tentou restituir ao Egito a crença do deus único, construindo espetacular cidade onde não havia grande distinção de classes sociais e se praticava o monoteísmo. O fim dessa história todos conhecem. Foi morto e depois também seu filho, Tutankamon. Ainda criança ele foi levado para o alto Egito, para Tebas, quase quatrocentos quilômetros ao sul de Amarna, a cidade construída por seu pai. Seu sarcófago foi achado no

Vale dos Reis totalmente preservado, o que o tornou o mais famoso faraó de todos os tempos. O nome Tutankamon foi uma modificação feita pelos sacerdotes das sombras que tramaram a morte de Akhenaton, pois o monoteísmo prejudicava suas ações. Seu nome original era Tutankaton, em referência ao deus único, Aton.

E de Amarna, infelizmente, quase nada sobrou, pois terminou destruída e a maioria de suas pedras usadas para outras construções. Apesar disso, o legado de Akhenaton permanece vivo até hoje, com o surgimento de novos avatares através dos tempos, como Jesus, por exemplo. Além disso, muitos já pregavam a mesma coisa em diversas partes do globo. Estariam esses iluminados em corpos vibrados ou estariam inspirando híbridos por alguns instantes na matéria, apenas por amor aos homens da Terra? Jamais saberemos, mas, enquanto isso, a questão continua a levantar debates acalorados.

O que sabemos é que os homens das estrelas nunca desistiram de mostrar aos terráqueos o caminho da solidariedade e do amor, sempre provendo o planeta de novos missionários empenhados nessa tarefa gigantesca. Missionários como Sidartha Gautama, Confúcio ou Abraão por exemplo, espalhados pelos mais diferentes lugares e épocas, surgem de tempos em tempos para trazer aos homens novas oportunidades de entendimento e compreensão de sua verdadeira natureza divina.

Evolução na matéria

Em algum lugar os magos refletem sobre essa aparente insistência da semeadura da vida humana no planeta Terra e se vale a pena alimentar a ilusão da vida na matéria e porque isso deve acontecer. Para egos desavisados, pode parecer um contrassenso que os seres ainda necessitem fazer sua evolução através de mundos de diferentes densidades. Citariam como exemplo a encarnação aparentemente precoce dos morgs, em relação aos ergs, que os levaram à condições de encarnação piores, o que pode até parecer injusto, já que todos estiveram envolvidos na mesma tragédia planetária. Todavia, a qualidade de vida que espera cada um, depende apenas de sua evolução moral. Nestes casos, as possibilidades de encarnar aqui ou ali, depende do conjunto de indivíduos, isto é, do que será melhor para cada um, especialmente quando existe um carma coletivo, digamos assim. Diferentemente do que se possa imaginar, não existem julgamentos e muito menos punições. O universo apenas trabalha para o equilíbrio, auxiliando a evolução das mônadas ou almas e não dos egos temporários ou personalidades. De fato, cada ser necessita sentir as dificuldades que a vida nas matérias mais densas representa, pois isso auxiliará seu aprendizado na jornada de sua transformação, mesmo que tenha que retroceder entre os mundos. Isso o auxiliará para que, um dia, consiga atuar exclusivamente baseado no amor e na compaixão, como se espera de todos os seres. Como já foi muito dito, este caminho é o mais eficiente para sua contribuição com a grande consciência cósmica. A vida não estaciona na matéria passageira. O indivíduo precisa compreender que ele é a própria vida, como todos os homens despertos já perceberam. Existe um infinito número de possibilidades de enxergar essa verdade, mas o homem vai escolhendo e vivendo suas próprias realidades de acordo com suas crenças momentâneas, todas recheadas com suas emoções. Dessa maneira, nascer e morrer sem descobrir a maravilha que sua alma representa para o universo, dificulta seu aprendizado, mas, como o tempo não existe, seu caminhar aparentemente lento nesse quesito, um dia terminará por levá-lo a descobrir a imensa luz que existe dentro de si próprio. O homem precisa aproveitar os presentes que recebe dos outros seres que passam por si e aprender a observá-los como modelos a serem copiados ou evitados, eventualmente. E como nada e ninguém é cem por cento bom ou mau realmente, até porque essa dualidade não existe, como também já foi falado, sempre existirá algo a ser aprendido ou pelo qual ser agradecido. Por pior que pareça, mesmo os indivíduos que aborrecem nosso homem em desenvolvimento, todos sempre deixam um presente. Se ele vai abri-lo ou não, é escolha pessoal, como tudo na vida. Infelizmente, muitas vezes, ele ainda prefere reclamar do que aprender, pois, além de não se desapegar desse modelo com facilidade, não nota que desperdiça suas energias. De qualquer modo, fazê-lo pular etapas, isto é, tirá-lo de um mundo com densidade ainda pesada, onde tantas oportunidades se sucedem, e colocá-lo em outro de matéria rarefeita e já com diferente tipo de evolução, jamais seria eficiente, pois significaria o mesmo que tirar uma criança que ainda não sabe ler ou escrever de sua classe e levá-la para cursos superiores. Ela nada entenderia, sofreria e promoveria sofrimento para as demais pessoas. Em breve teria que retomar para as escolas mais básicas. Por razões diferentes e ainda mais sutis que esta, vimos isso acontecer com milhões e milhões de seres em todo o universo, ceifados de seus paraísos celestes para a vida trabalhosa em mundos primitivos. A vida nunca cessa e, por onde quer que se possa contemplá-la, ela caminha serenamente e de forma equilibrada, como deve ser.

17. Projeto Terra concluído – a partida dos missionários

Os mestres, os bons pastores deste mundo, descem de seus altos planos e dedicam suas vidas à busca de discípulos que estão perdidos nas trevas.

Sri Gyanamata

Dezoito milhões de anos terrestres depois do primeiro missionário cósmico ter retornado ao planeta na segunda tentativa de colonização do lindo lar sideral escolhido para os homens rebeldes que não mais puderam desfrutar de seus paraísos originais por diferentes razões, o segundo Projeto Terra vai chegando ao fim. Desta vez, todavia, mesmo com seus relances tresloucados e com sua natureza caótica e egoísta se sobressaindo, a humanidade ainda sobrevive.

Três milhões de anos de silêncio depois do primeiro projeto ter fracassado nas mãos cheias de desejos e defeitos da coletividade que antecedeu a atual, as primeiras avaliações para o recomeço eram feitas sob o comando do divino ser de Vênus, Sanat Kumara. Nessa época, tudo estava por ser feito, pois o próprio planeta tinha toda sua superfície e atmosfera semidestruídas, sem condições de abrigar vida, que havia sido varrida de seu solo sagrado quando os locais se autocondenaram ao extermínio. Desta maneira, foi preciso começar praticamente do zero e uma enorme força tarefa mobilizou missionários de muitíssimos lugares.

Muitos milhares de anos antes desta decisão ter sido tomada, isto é, de ter se optado por terminar aquilo que já não tinha mais jeito de prosseguir em função da enorme sucessão de erros que os povos providenciaram para si mesmos e para o planeta, o planejamento para outro piedoso Projeto Terra ocupara os resilientes homens das estrelas na condução dos destinos de Bhumi. O aniquilamento de toda vida pode até parecer cruel aos nossos olhos desinformados e sempre prontos para julgar o que é certo e o que é errado dentro da dualidade na qual vivemos. Porém, os primeiros terráqueos já haviam traçado para si mesmos seu destino. A diferença estava nas enormes tragédias e nas dores incomensuráveis que aconteceriam antes de conseguirem realizar seu intento. Sofrimento já inútil ao momento e que, portanto, não traria nenhum benefício para aquelas almas inflexíveis no egoísmo, o pai de todos os males e de suas decorrências.

Os habitantes da Terra haviam construído magnífica civilização, onde tecnologia impensável para os atuais terráqueos tinha se tornado corriqueira. Seus brilhantes cientistas dominavam desde a antimatéria até as dobras espaciais. Cruzavam o cosmos em suas brilhantes naves e construíam formidáveis estações orbitais. Seus médicos realizavam prodígios e a vida caminhava para uma longevidade ímpar.

Todos dispunham de tudo. Todavia, nada disso foi suficiente para que os avançados moradores do belo globo azul se dessem por satisfeitos ou fossem felizes de fato. Na volúpia do conhecimento e do domínio dos elementos, se esqueceram do amor e da fraternidade. A maioria jamais conseguiu transformar conhecimento e informação em sabedoria. Tão logo deixaram de ser tutelados pelos homens das estrelas e passaram a governar seus próprios caminhos, foram se prendendo mais e mais na ilusão da matéria, iniciando o processo irreversível da prevalência de seus egos poderosos sobre suas almas, abandonando o caminho da iluminação para eles traçado naturalmente.

Tolas e infelizes disputas fraticidas começaram a acontecer no planeta e respingar para fora dele. A humanidade se polarizou em duas grandes facções disputando o poder entre si. Na busca desenfreada por criar parcerias e dominar desafetos, não foi difícil começarem a levar a contenda para fora de suas fronteiras, tornando-se uma ameaça a outros planetas. No momento que começaram a seduzir outros povos, tentando arrastá-los para sua miséria moral, além de provocar desavenças que poderiam conduzir os demais à finais dramáticos, os missionários envolvidos no projeto interferiram de forma definitiva, colocando um ponto final na trajetória daquela humanidade já perdida. Para isso acontecer toda a vida material precisou ser aniquilada, o que incluía fauna e flora, sem exceção palpável. O próprio planeta agonizava com os desmandos infindáveis sobre os recursos de sua natureza, explorada de tal forma que nenhuma tecnologia conseguiria equilibrá-la novamente.

A maioria dos habitantes já vivia, há muitos séculos, em domos de atmosfera equilibrada artificialmente, pois o ambiente do planeta estava por demais poluído e, deste modo, os missionários já anteviam o desfecho com a tranquilidade do tutor que zela sobre crianças travessas e malcomportadas. Professores pacientes e atentos sabiam que em breve teriam que construir uma nova brinquedoteca para desenvolver seus tutelados indisciplinados e pueris com atividades lúdicas. Com sua evolução angelical incomparável não se preocupavam em apressar a evolução dos terráqueos, pois o verdadeiro trabalho estava sendo realizado naquelas almas, na biografia do universo e não em seus pequenos egos transitórios. Além do mais, sabiam perfeitamente que o tempo, assim como a vida na matéria, não passavam de meras utopias. A verdadeira vida estava na consciência e esta era eterna e acolhedora.

Depois da pausa necessária na jornada dos terráqueos, o planeta precisou alguns milhões de anos de repouso e solidão para iniciar sua recuperação. Como já foi dito, as dinastias divinas formadas, em sua maioria, por seres das constelações de Órion, Plêiades e Sírius, tinham conduzido a evolução dos primeiros colonizadores, das cavernas ao espaço sideral, o que, no entanto, não foi suficiente para que conseguissem sobreviver ao apogeu de sua magnífica raça, pois o desenvolvimento moral não conseguiu acompanhar o intelectual. Os homens obtiveram extraordinário conhecimento, mas deixaram a sabedoria em segundo plano

Nunca é demais lembrar que essa primeira humanidade, diferentemente da nossa, era composta em sua totalidade de degredados egressos de muitos planetas, que aqui chegaram em condições de miserabilidade evolutiva física, emocional e mental. Não eram como nossos velhos conhecidos, os Thugs, criados sem interferências de outras raças. Mesmo estando também nos primórdios de sua evolução, já tinham sido diferenciados sexualmente ainda em Erg. Ao contrário dos terráqueos, se transformaram em seres evoluidíssimos e capazes, já na época do Projeto Terra, de dirigirem uma segunda colonização no planeta como jardineiros e missionários estelares. Legítimos filhos dos mais evoluídos seres de toda a galáxia, os ergs, os venusianos construíram uma humanidade iluminada e para cá vieram como missionários e discípulos sob o comando do dirigente geral da segunda leva colonizadora, seu alto sacerdote Sanat Kumara.

Aqui, os homens da primeira humanidade que aportaram vindos de lugares diferentes e com origens raciais também diversas, além de hermafroditas, não eram dotados do mental, isto é, não tinham sequer noção de si mesmos, como já foi explicado. Todavia, essa condição não era natural, como aconteceu com primeiros habitantes de Vênus. Foi imposta numa tentativa de uniformizar suas condições mentais, já que vinham de povos e civilizações com níveis de desenvolvimento desiguais. Começaram todos do zero, como primitivos homens das cavernas, digamos assim.

Esse primeiro Projeto Terra fazia parte do grande e bem-sucedido plano de semeadura de vida neste Sistema Solar pelos jardineiros cósmicos. O final dessa primeira aventura terrestre já sabemos. Com a eternidade à disposição, outros lares celestes estavam preparados e cada qual seguiu seu caminho. Talvez muitos tenham voltado para uma segunda experiência nesta nossa atual humanidade. Quem sabe muitos outros tenham aproveitado as oportunidades em seus novos domicílios e evoluído a ponto de voltarem como trabalhadores desta incrível saga planetária. E, com certeza, muitos terráqueos já tinham, à época, atingido um grau de evolução que os conduziu de volta a seus maravilhosos planetas de origem, pois, afinal, os homens não são todos iguais.

Nesta maravilhosa dança das cadeiras sideral, idas e vindas fazem parte da vida e da evolução de todos nós. Teríamos também estado aqui antes, oriundos de algum dos planetas que já tinham enviado seus degredados na primeira colonização? Sempre bom ter em mente que seres de alguns planetas completaram o grupo dos numerosos ergs e morgs que eram a maioria desta vez. Teríamos nossas origens em Morg? Ou, quem sabe, em Erg? Basta que cada um olhe para si mesmo com olhos menos míopes e reflita sobre seus reais defeitos e virtudes. Estamos ainda claudicando entre enganos e condicionamentos, repetindo as mesmas bobagens de sempre ou quem sabe ainda teimando em querer tudo de nosso velhíssimo jeito? Já estamos crescendo em direção à luz de um amor fraterno e universal? Um honesto balanço final trará uma boa pista das origens cósmicas de cada um de nós.

De qualquer maneira, como se percebe, o mal e a punição não existem como costumamos avaliar com as limitadas perspectivas de nosso ainda pouco funcional cérebro físico. Nossos parâmetros sobre o bem e o mal, sobre o certo e o errado, estão precariamente embasados em alguns poucos milênios de história mal contada de nossas civilizações recentes ou, o que é pior, talvez nas poucas dezenas de anos que abrigam este nosso ego atual, que tanto presamos. Sabemos que a noção de moralidade muda com o vento, de pessoa para pessoa, de lugar para lugar, de tempos em tempos, dependendo apenas dos acontecimentos e dos interesses. E a ética? Bem, ela não pode ser modificada, mas é muitas vezes negligenciada ou esquecida num canto qualquer quando está atrapalhando. Isto nos condiciona a determinados julgamentos precipitados.

Na realidade, o que se percebe, é que não aconteceu nenhum genocídio, como poderiam pensar alguns puristas. Do ponto de vista daqueles missionários celestiais da Federação dos Planetas, interessados unicamente no amor e na solidariedade, foi apenas um rearranjo de condições para a continuação da vida, que, para eles, de fato, acontece de outra maneira. Não havia como deixar que aqueles jovens humanos desperdiçassem seu possível crescimento correndo atrás de si mesmos na devoção insana de seus egos inflados e efêmeros.

A grande diferença da primeira colonização para a segunda, a atual, foi justamente o exemplo dos venusianos. Como já foi visto, em vez de para cá serem trazidos degredados de toda parte, bastando ter como ponto de convergência a incapacidade de acompanhar o progresso moral de seu povo, desta vez foram escolhidos, basicamente, apenas duas raças opostas: os ergs e os morgs. Eles encarnaram no planeta em terços semelhantes, sendo completados e coadjuvados por seres de apenas alguns outros planetas no terço restante, e que eram, a princípio, neutros. Nesta segunda parte do Projeto Terra outra diferença foi os grupos serem enviados em épocas diferentes e em diversos estágios evolutivos. Não mais foi usado um pareamento de condições iguais para todos, como no projeto anterior. Durante milhões de anos e depois com mais frequência no ultimo milhão de anos, milhões de seres foram conduzidos para o planeta. Os motivos que trouxeram cada grupo também não eram mais uniformes, o que ajudou a provocar diversidade e progresso.

Apenas o local escolhido para a lapidação de suas almas foi único, a Atlântida, a grande Terra Mãe, cuidadosamente preparada para receber a todos que já estivessem de posse de si mesmos e prontos para seu desenvolvimento espiritual. Tudo foi pensado: desde suas magníficas terras férteis e ricas em recursos naturais de subsistência até sua posição estratégica, que permitia que migrações acontecessem para os quatro cantos do planeta. Foi apenas precedida, temporariamente, pelo enorme continente lemuriano, local preparado para o lento desenvolvimento físico e mental dos primeiros assentados, que eram os mais atrasados moralmente, os morgs, nossos velhos conhecidos.

Depois do período dos três milhões de anos de paz e regeneração que o planeta precisou, um tempo sem fim se passou para a recuperação das condições de vida da Terra antes que os primeiros expatriados pudessem ser trazidos. Outros milhões de anos se passaram até que pudesse haver a separação dos sexos. A dotação do mental se deu muito depois disso, há aproximadamente um milhão e meio de anos atrás. Todos esses acontecimentos se deram no ancestral continente de Mu, a Lemúria. Fazer o ser humano perceber sua individualidade era, naturalmente, essencial. Um dia, no futuro, será ainda mais essencial que ele perceba o contrário, isto é, sua unidade com o todo.

Muitos já descobriram esta interessante e óbvia verdade, único e irônico caminho, aliás, que evitaria uma segunda destruição da humanidade terrestre. Se o egoísmo atávico do ser humano não desaparecer em favor da fraternidade e da compaixão, dificilmente sobreviveremos. E o pior é que, desta vez, não precisaremos de ajuda para terminar com nossa jornada coletiva. Neste momento atual não é difícil perceber que podemos estar caminhando, a passos largos, para a conquista deste troféu de insanidade, o que nos colocará de novo nas andanças erráticas e trabalhosas no cosmos, nos afastando do caminho direto e glorioso preparado para todos nós. Neste caso, é possível que muitos terráqueos se tornem náufragos siderais, uma vez mais.

Nos milhões de anos que se passaram, partindo da Atlântida, os homens se espalharam pelo planeta. Alguns construindo notáveis e avançadas civilizações e outros preservando sua cultura em tribos ou grupos fechados. Dos babilônios aos povos do Himalaia, dos caldeus aos esquimós, dos incas às nações nhengatús de pele vermelha do Baratzil e da América do Norte, dos etíopes aos povos da Indochina, do Egito aos povos arianos europeus, do Ártico à Antártida, do extremo ocidente ao extremo oriente, não houve um só lugar onde os formidáveis atlantes não tenham explorado e fincado raízes.

Civilizações e culturas brotaram, cresceram e transformaram o planeta por onde passaram. Alguns povos, como os tiwanakus, os caldeus, os babilônios ou os egípcios originais, por exemplo, entre muitos outros, cada qual à sua maneira, seguiram essa fantástica trajetória de sucesso indescritível, para depois também desaparecerem sob o peso impiedoso das eras. E se não desapareceram totalmente, o povo remanescente perdeu, há muito, o contato com seu passado glorioso. Há vários milhares de anos, alguns povos mais recentes desta história sobreviveram nas cercanias de suas terras originais, mas, naturalmente, as gerações foram se modificando e na luta para resistirem frente às mudanças necessárias, foram esquecendo a maioria das lendas sobre suas origens. Seus historiadores e cientistas tentam preservar uma cultura quase perdida.

É curioso que tenhamos de chamar essas civilizações de recentes, mas, frente à história da humanidade, alguns poucos milênios não representam muito. Muitos homens se acostumaram a pensar no tempo considerando apenas a era cristã, o que nos leva a erros irreparáveis no entendimento da saga humana sobre o planeta. Nestes parcos vinte incríveis e, ao mesmo tempo, terríveis séculos que precederam nossas recentes gerações até chegarmos aos dias atuais, construímos disputas e desavenças de todos os tipos com nossos vizinhos nesta nossa morada maravilhosa e até, muitas vezes, com nossos próprios irmãos. Traçamos nossas fronteiras e demarcamos claramente os limites de nossas propriedades no planeta, que disputamos e dividimos até o último metro quadrado, como se ele nos pertencesse. Não há local que não tenha um dono, não tem região onde não mande um povo, não existe pedaço de terra que não tenha sido conquistado à custa de sangue e sacrifícios. A natureza humana jamais conseguiu se transformar. Continua ávida pelo mando, pelo poder, pelo domínio do mais forte sobre o mais fraco.

A humanidade ouviu falar de um sem-número de guerras sangrentas em sua história, mas, quase indiferente, se esquece que o solo onde ainda pisa está também manchado de sangue. Se percebesse, talvez pudesse refletir um pouco mais sobre nosso papel nesta história que está sendo escrita. Mesmo nos conflitos recentes onde as atrocidades da raça humana puderam ser registrados com imagens, indo muito além de uma biografia contada, nada parece abalar estes distraídos seres humanos. As disputas continuam em todos os níveis, desde as que acontecem entre governantes até aquelas entre vizinhos e por qualquer futilidade. Guerras e conflitos de todos os tipos e para todos os gostos, desde os de cunho falsamente religioso, onde o meu deus é melhor que o seu, passando pelos étnicos, onde minha raça é melhor que a sua, até chegar às ideológicas, onde minha a verdade é superior e única.

Mas, como não é difícil notar, todas as causas tidas como nobres são falsas. Mentiras inventadas desde sempre no planeta para justificar a conquista, a posse, o mando, todos filhos diletos do egoísmo. Atrocidades sem fim são executadas em nome de nossa arrogância infinita. Gastamos a vida a nos julgar melhores ou mais merecedores disto ou daquilo que os demais, quer sejamos simples cidadãos ou membros de uma facção qualquer, ou ainda representantes de um governo estabelecido. Tanto faz. A busca desta humanidade pela afirmação de sua superioridade como desculpa para tomar o que não lhe pertence, destruir o que não gosta ou simplesmente eliminar a quem não ama, é perene.

Uma nação invade e destrói a outra usando argumentos politicamente corretos, grupos extremistas espalham suas ideias sociológicas à força pelo mundo e o homem abandonado se sente no direito de espancar ou matar a mulher que não mais o quer. Milhares de seres, ou até mesmo milhões, têm suas vidas ceifadas nesses processos enquanto os demais assistem, mais ou menos indignados, mas também mais ou menos apáticos, quase abobados. É como se os desejos exacerbados de poder, em suas diversas apresentações, e a violência usada como meio de sua realização, em todos os níveis, já fizessem parte dos hábitos e costumes desta civilização que agoniza por conta disso mesmo.

Na onda destrutiva dos recursos planetários e também dos comportamentos meramente morais, exatamente como na primeira humanidade que por aqui esteve, o homem pensa em soluções simples para resolver questões difíceis, especialmente àquelas que não pode controlar: eu tomo a sua água, eu quero suas riquezas minerais, eu preciso de suas terras, eu roubo suas ideias, eu destruo o que você construiu, eu quero o ar que você respira, eu mato seu corpo para que ele pare de me atrapalhar. E por aí vai, com o mais atrasado e egoísta sempre buscando caminhos ilícitos para tentar prevalecer.

Enquanto isso, uma outra parte da humanidade assiste horrorizada. Chora, sapateia, reza ou grita em vão pelas ruas com cartazes de protesto em punho, desconfiando que uma nova onda destrutiva ameaça seu belo planeta. Alguns, desesperados, partem para inglórias batalhas com suas precárias ou até mesmo singelas formas de convencimento. Porém, o verdadeiro poder planetário, retido nas mãos de alguns poderosos, desfila silenciosamente nas sombras da vida, longe do alcance dessas pessoas indignadas.

Estas são as almas que se lembram. Almas que já assistiram os mesmos espetáculos, onde o desamor e a falta de fraternidade prevaleceram. São aquelas que, muito provavelmente, já estavam aqui desde tempos ancestrais e testemunharam o fim de eras que poderiam ter sido ainda mais gloriosas e duradouras. Quem sabe ainda não compreendam que nada foi em vão, como também não está sendo desta vez. Apenas um momento na eternidade e que talvez não precisasse acontecer dessa maneira, é verdade. Mas, na sabedoria habitual da grande consciência que governa o cosmos, tudo será devidamente aproveitado e não é preciso sofrer por causa disso.

Caso os terráqueos saiam de novo perdedores ou, aparentemente fracassados nesta atual empreitada, outros recomeços sempre acontecerão, até porque, apesar do trajeto ser coletivo, a evolução é a de cada alma. Estaremos sempre vivos em nossas andanças siderais. Aqui ou ali, em algum lugar, sempre haverá uma nova aventura para ser aproveitada e vivida. Cada um de acordo com o nível evolutivo conquistado pelos que cultivam os mesmos caminhos.

Em breve os missionários terão partido, mas, seus corações generosos não permitirão que nos abandonem inteiramente. Como pais que amam seus filhos, mesmo os mais rebeldes, estaremos sempre em seu radar de atenção e compaixão. Eles nos deixaram voar e agora observam nosso voo torcendo por nosso sucesso. Entretanto, aqui e ali no planeta, através de híbridos, missionários ainda trabalham indiretamente em determinadas regiões e situações mais delicadas. Circunstâncias que ainda demandam esforços dos dedicados homens das estrelas. São grandes professores, importantes cientistas que glorificam a vida, talentosos músicos, escritores de temas edificantes, religiosos de almas universalistas, grandes palestrantes do amor inabalável, grandes defensores da paz planetária, da ecologia ou dos animais, políticos que se pautam por ética irretocável, entre muitas outras atividades que deixam rastros a serem compreendidos e seguidos.

Além disso, interferências ainda mais indiretas também continuam acontecendo através da intuição de terráqueos escolhidos. Isto quer dizer que não estamos abandonados à própria sorte, como nunca estivemos, mas, também como sempre, depois de determinado estágio de colonização e evolução, os mestres siderais não mais interferem em nossas escolhas. Enfim, como no passado, já somos livres para acertar e errar, mas também já somos responsáveis pelas consequências de nossos atos. A vida floresce e o homem da Terra aproveita as últimas oportunidades que lhe são oferecidas. Resta esperar que cada um faça o seu melhor por si e por todos, no aqui e no agora.

Dualidade e o movimento do Universo

Em algum lugar os magos refletem como sempre existirão no universo as atrações de intensões, isto é, sempre que uma intensão é criada, quem tem afinidade com aquele propósito, com aquele objetivo, vai se conectar. As mônadas ou almas, digamos, se aproximam espontaneamente, o que explica os mesmos gostos por determinadas ações ou trabalhos. O que o homem não compreende é que estas afinidades são muito anteriores ao momento que assumem seus egos transitórios. Mas, ao mesmo tempo, criam-se também as probabilidades do trabalho, da ação ser desta ou daquela maneira. Originalmente, este grupo de magos promove ações que movimentam o universo em suas necessidades, sem ser, necessariamente, o que os terráqueos, com sua visão limitada, chamariam de bem. Sem ação o universo não existiria. Numa escala descendente, no mundo colapsado dos homens, começam as divergências sobre como fazer, o que não existe aqui, pois não temos interesses. Aqui podemos fazer uma ação indispensável através da liberdade ou através da restrição. São apenas possibilidades e, desta maneira, o bem e o mal não existem neste nível. Porém, com os homens, com suas afinidades, embora todos queiram a mesma coisa, que também é a ação, as estratégias podem ser diferentes e surgirem as disputas pelo melhor caminho, que pode então ser o do mal ou o do bem. As pessoas sempre tomam partido, às vezes até por uma questão de sobrevivência e, neste momento, surgem os interesses. Geralmente as disputas são por poder, divergindo sobre os melhores métodos de se atingir uma meta. Nesta fase os indivíduos se reconhecem, mesmo que um esteja trabalhando para o bem e o outro não. O objetivo pode até ser o mesmo, porém, isso explica por que uns dão certo e outros não, dentro de um mesmo grupo, pois existem jeitos diferentes de fazer as mesmas coisas. Cada um acha que seu método será mais eficiente. Tanto faz se é pelo amor ou pela subjugação. Naturalmente, a maneira de ser mais contributivo com o universo e também mais eficiente é sempre através do amor. Quando as disputas começam, muitas pessoas são atraídas para outros interesses, abandonando suas afinidades originais. Outros, avessos às discórdias, até se deixam usar como marionetes, o que não é eficiente, pois o homem nunca tem o controle do que o outro vai fazer a seguir pelo método do mal. Além de ser prepotência, pois com sua passividade, pode estar, inconscientemente, interessado na modificação do outro à sua vontade, deixando-o extrapolar seus limites. Então, a atitude mais adequada para o ser é não permitir que o outro invada seu caminho e lhe faça mal, isto é, todo indivíduo tem o direito de se defender contra as agressões do mundo, pois, caso contrário, partilhará a posição alheia, que pode ser a do mal. Entretanto, só conseguirá fazer isso, de forma eficiente, quando a ação for sem interesse pessoal. Como diria antigo missionário que passou pelo planeta, pode sair do conflito e atuar apenas na base do "serve e passa" e com bom senso, o que também ainda é muito difícil para o homem da Terra. Os terráqueos julgam os outros o tempo todo e não compreendem os momentos em particular, o que é compreensível em seu estágio de evolução. O mais adequado seria dizer, simplesmente, que o caminho do outro também é correto, para o outro, se ele entende que é o mais eficiente. Talvez pudesse dizer: "neste instante eu acho que ele está errado" e, se necessário, agir, não permitindo que o mal o alcance, pois poderia prejudicar sua organização interna ou externa. Lutar, se necessário, mas não ter raiva, o que também é difícil. E, depois, se afastar e deixar o outro seguir o caminho que acha ser mais eficaz, arcando com as consequências de seus atos, se for o caso. Na verdade, tudo isso parece estranho, pois essas conexões não são deste mundo e as pessoas quase não percebem o que está acontecendo. De fato, são situações muito sutis no dia a dia dos homens. De qualquer modo, como se pode notar, a dualidade não existe nas hierarquias superiores. Ela só prevalece nos planetas moralmente mais atrasados, onde ainda sobrevivem os conflitos.

18. A grande pandemia – a história se repete

Ou aprendemos a viver, a cooperarmos uns com os outros e a reconhecermos a dignidade dos demais, ou pereceremos todos.

Barack Obama

O século é o XXI da era cristã.

Muitas eras após o início desta história, o homem da Terra continuava às voltas com suas próprias dores, fruto de sua incompreensão dos objetivos de sua jornada no solo sagrado do planeta. Na maior pandemia jamais vista ou prevista, com milhões de pessoas infectadas, por todo o mundo milhares morriam, sem que país algum fosse poupado. Nesse meio tempo, a maioria ainda saudável, ou quem sabe assintomática, desfilava seus medos entre queixas e gracejos enquanto muitos falavam sobre as tragédias de forma quase indiferente, da mesma maneira que anteriormente discutiam sobre as novelas da televisão ou sobre o futebol.

Outros sustentavam furiosos embates filosóficos ou políticos, mais por hábito que por qualquer outra coisa. Talvez em consequência do fato que, naturalmente, ninguém mais tinha voz para nada, moviam-se todos pelos traiçoeiros caminhos da frustração, que por sua vez levava às irritações e toda a cenografia que as acompanham. Achismos de todos os tipos surgiam a cada dia, assim como rótulos sensacionalistas para este ou aquele inimigo público número um do dia. Um dia vilão e no outro herói. O medo de uma morte nunca pensada, declarado ou não, parecia confundir a cabeça das pessoas. As mesmas que outrora pareciam tão centradas, inteligentes ou perspicazes. Muitos buscavam amparo nas religiões, nos rituais, nas crenças ou em teorias científicas arriscadas. Todos construindo castelos onde poderiam se refugiar em busca da segurança subitamente perdida.

Os profissionais de saúde, improváveis heróis da nova era, observavam, atônitos e impotentes frente à escassez de recursos, informações e mão de obra, a perda trágica de muitas das centenas de pessoas que passavam por suas mãos exaustas a cada dia. Em alguns momentos cenas aterradoras se difundiam nas redes midiáticas mostrando casas de saúde já abarrotadas recusando novos pacientes, enquanto enfermeiras se sentavam nos corredores chorando e consolando umas às outras, além de médicos desesperados clamando por mais ajuda.

Nos países mais ricos hospitais pré-fabricados de emergência eram construídos às pressas ou hospitais de campanha eram montados pelos exércitos para receber a multidão de doentes. Grandes centros esportivos ou de eventos, assim como gigantescos navios de cruzeiro eram igualmente adaptados. Além disso, os governos se esforçavam em campanhas de amparo social de última hora.

Mas, nos países mais pobres, com suas economias sempre cambaleantes e agravadas pelos distanciamentos e paralizações decretados para evitar contágios, pouco havia a se fazer além de observar o êxodo de milhões de indivíduos miseráveis, sem trabalho ou renda, fugindo para vilas no interior, onde esperavam obter abrigo e alimentação nas casas de seus também pobres parentes. Essa movimentação, naturalmente, só serviu para espalhar ainda mais a epidemia. Muitos, sem ter para onde ir, perambulavam em metrópoles sujas e paradas no tempo, escondidos da vigilância do isolamento forçado, atrás de alguma forma de subsistência.

Houve um tempo no qual forças policiais vagavam meio perdidas pelas cidades vazias, atendendo ocorrências aqui e ali, enquanto os cemitérios e os crematórios lotados viravam manchetes. Em muitas localidades, até mesmo da desenvolvida Europa, atingida em cheio desde os primeiros momentos, até mesmo igrejas eram usadas para a guarda das dezenas de caixões que aguardavam sepultamento. Já em alguns países da América do Sul os corpos eram colocados em precários caixões de papelão por falta de possibilidades melhores, enquanto em pontos isolados da porção mais rica do extremo oriente outros tantos morriam pelas ruas, gerando cenas inacreditáveis nos chamados tempos modernos da civilização.

Milhares de famílias ficavam desoladas a cada dia ao serem impedidas de acompanhar os féretros e de se despedir de seus mortos, que partiam e eram enterrados em caixões lacrados, na mais absoluta solidão. Muitas vezes em covas coletivas abertas às pressas. Criou-se uma espécie de depressão coletiva, permeada de críticas e até com cenas de desobediência, pois o fechamento natural do luto é essencial para a maioria das pessoas.

Enquanto isso, em toda parte, dezenas de trabalhadores das diversas frentes de batalha também morriam a cada dia, assistidos por companheiros impotentes. Outras centenas deles adoeciam, desfalcando terrivelmente os serviços de resposta rápida à pandemia. Equipamentos de proteção ineficientes e até mesmo inexistentes, não impediam que os bravos trabalhadores continuassem o atendimento aos doentes nas enfermarias ou nos bastidores das necessidades humanas do dia a dia. Aquelas pessoas de uniforme simples que geralmente nos são invisíveis. Nos primeiros meses da longa epidemia todos esses fatos replicaram mundo afora numa velocidade assustadora, até porque nada se sabia sobre eventuais tratamentos e menos ainda sobre o vírus causador, que embora tivesse tido seu genoma decifrado com celeridade ímpar, como destruí-lo era quase um enigma.

Em muitos lugares, uma quase indiferença frente à sistemática repetição dos fatos, tomava conta dos noticiários. Nada mais causava espanto. A dor deixava aos poucos de ser a protagonista para dar lugar à intermináveis explanações estatísticas ou a disputas veladas entre grupos partidários desta ou daquela figura pública. A morte, aos poucos, se transformava em dantesco espetáculo burlesco, cheio de personagens caricatos tentando tirar algum lucro da situação, como políticos ao redor do planeta trocando frenéticas acusações entre si, para depois reivindicar, mesmo que veladamente, o papel de salvador da pátria. Quase que ridiculamente, pareciam não perceber que a posição já era ocupada pelos milhares de super-homens e supermulheres anônimos que enfrentavam a doença nas ruas, nas estradas, nos hospitais e em outros serviços essenciais. E muitos morrendo por conta disso.

Tendo adentrado os primórdios de um tempo de alta tecnologia, o mundo virtual já era acessível para grande parte dos habitantes do planeta. Milhares de mensagens, de todos os tipos, eram trocadas de forma sôfrega. Muita gente do gigantesco grupo dos encastelados pelo isolamento compulsório, com pouca coisa para fazer em casa, logo se tornou fã ardoroso do novo esporte. As mensagens cruzavam o mundo em todas as direções e eram traduzidas em velocidade espantosa. Mensagens de esperança, de desânimo, de raiva ou desespero, reclamações de todos os tipos, além das milhares ou milhões de inevitáveis soluções infalíveis contra o mal que assolava o planeta. Rezas, remédios caseiros, conselhos aleatórios, filosofias complicadíssimas, meditações estranhas, métodos alternativos aos borbotões, ginásticas impossíveis ou rituais esotéricos. De tudo um pouco.

Médicos e outros especialistas defendiam, quase que ao vivo na mídia, diferentes, para não dizer opostas, opiniões, levando as redes sociais à loucura. Orientações de higiene e prevenção para a grande população iam e vinham ao sabor dos ventos e do bom senso nos primeiros tempos: "Faça isto. Não, faça aquilo. Tome esta vitamina. Só aquela outra é eficaz. Use máscara. Não use. Só as do tipo X são eficientes. Não, as feitas em casa são as melhores. Vá trabalhar. Fique em casa. Corra para o hospital. Não vá, é perigoso. Trate precocemente. Espere seu caso ficar grave." – e por aí seguia a confusão, enquanto milhões de pessoas apavoradas não sabiam ao certo qual conselho seria o mais adequado.

Em cada nação, em cada povo, uma orientação própria. Sem consenso, o mundo globalizado começava a desmoronar, com os países, que até então se declaravam aliados, dando às costas uns aos outros, desqualificando ou se fazendo de surdos aos pedidos de ajuda. Alianças antigas, construídas em cima de outras tragédias, como a grande guerra ocorrida em meados do século XX, que dizimou milhões, se esvaneciam como pó.

Alguns países da recém-formada União Europeia, com suas poucas décadas de existência, por exemplo, fecharam suas fronteiras e ignoraram os apelos dos vizinhos mergulhados num mar de dor e sofrimento, com sua capacidade de atendimento hospitalar esgotada nos tempos quando ainda não se sabia qual seria o melhor tratamento. Tempos em que nenhum serviço de saúde estava preparado para disponibilizar aos médicos toda a estrutura hospitalar complexa de medicina intensiva que a doença exigia. O espantoso número de pessoas que necessitava desse tipo de atendimento era imenso, como jamais visto anteriormente. Nos países mais ricos leitos de terapia intensiva eram montados às centenas por toda a parte e ainda assim não conseguiam suprir às demandas.

Enfim, no meio desse mar de necessidades, um vizinho virava as costas para o outro. Foi o que governantes da Espanha e da França fizeram com a Itália na primeira onda da pandemia, por exemplo, o que trouxe centenas de italianos à público, pelas redes sociais, numa denuncia dramática e, ao mesmo tempo, heroica, quase romântica da situação, levando todo um planeta indignado às lagrimas. Talvez as lágrimas mostrassem a cada um sua verdadeira face.

Todavia, poucas semanas depois, nas voltas que o mundo dá, esses e outros países que, provavelmente, acharam que suas decisões bairristas os faria transpor a pandemia com mais facilidade, em atitudes próprias de mentes que não compreendiam a necessidade da luta comum para o bem de todos, vieram a sofrer o mesmo colapso. O egoísmo começava a mostrar suas garras entre os parceiros do mundo globalizado. Em tempos passados a grande vítima desse descaso havia sido, e ainda era, o continente africano, entre outros lugares empobrecidos e desprezados do globo. Porém, em tempos de uma crise que não se interessava por raças, antigos discursos bem elaborados não foram mais capazes de esconder o viés xenofóbico da humanidade, especialmente entre povos economicamente mais evoluídos. Demorou muito até as primeiras levas de auxílio, ainda que insuficientes, chegar aos países mais necessitados.

Os poderosos do mundo começavam a cair, um a um. Em pouquíssimo tempo o país mais rico do planeta, os Estados Unidos da América do Norte, se via às voltas com o problema, que cruzava os oceanos em velocidade espantosa, não poupando ninguém no seu caminho. Em determinado momento o epicentro da pandemia saiu da Europa e se transferiu para Nova York, a mais conhecida, famosa e desejada metrópole do mundo, causando a morte de outras tantas milhares de pessoas. Morreram mais americanos infectados pelo vírus que em todas as guerras que o país havia participado nos séculos XX e XXI.

Para o espanto daqueles homens do chamado primeiríssimo mundo, autoproclamados líderes da humanidade, acostumados a ditar as regras entre os povos e a se postarem como os grandes defensores da liberdade, se necessário pela força das armas, ficava claro que nem mesmo um poder econômico gigantesco conseguia frear a contento o caminhar determinado de um insignificante vírus. De nada lhes adiantava possuir a maior e mais bem equipada força armada do mundo, por exemplo, com seus exércitos, enormes navios e submarinos, moderníssimos caças de combate ou armas nucleares. Todos eram absolutamente inúteis.

A verdade é que durante a primeira fase da epidemia, batizada posteriormente de primeira onda, que já havia consumido milhares de vidas ao redor de todo o planeta, pouco ou quase nada se sabia sobre o comportamento de seu agente causador, o misterioso vírus surgido no extremo oriente, na China, mesmo após milhares de pesquisadores dedicados se debruçarem dia e noite sobre o problema. Tudo engatinhava. Dezenas de desastres estratégicos foram cometidos em sequência, na base de tentativa e erro, pelos próprios governos e seus respectivos ministérios ou institutos responsáveis pela saúde, com suas, até então, quase perdidas equipes especializadas. Não havia como ser muito diferente. Nos lugares aonde a epidemia chegou um pouco mais tarde, como na América do Sul, entre outros lugares um pouco mais distantes, observou-se algum aproveitamento das experiências bem-sucedidas alheias. Raros países insulares conseguiram boas estratégias de resposta, como a Nova Zelândia, por exemplo.

Mesmo trabalhando sem descanso, os cientistas sabiam que uma vacina poderia não chegar a tempo de salvar toda uma geração de potenciais vítimas. Infectologistas famosos se lançaram a releituras de antigos medicamentos usados para outros problemas viróticos, tentando encontrar uma possibilidade de serem viáveis no combate da virose em curso, trazendo alguma esperança para outros facultativos ou dirigentes de todo o planeta, apesar da grande controvérsia gerada sobre suas eficácias terapêuticas. Para esses cientistas a hora não era de discussão, mas de ação.

Todavia, como é normal nessas circunstâncias, no rastro dessas tentativas logo surgiram os podes e não podes envolvendo outros cientistas. A turma dos não pode dizia que não havia comprovação científica. Para os que pensavam ter descoberto uma nova terapêutica, a ciência médica também se fazia sob o parâmetro da observação. Seu argumento era simples, pois assim funcionava a farmacologia em tempos antigos, quando as indústrias farmacêuticas ainda não patrocinavam grandes pesquisas. O fato é que, apesar de muitos médicos espalhados por algumas regiões do planeta, em especial as mais carentes, aderirem ao uso dessas medicações reposicionadas, alguns movidos talvez pela falta de recursos e outros até por acreditarem em sua premissa, muitos mais permaneciam na posição contrária.

Os servidores da saúde permaneceram divididos entre as duas vertentes e nada demoveu nem um lado e tampouco o outro. Nem mesmo quando alguns governos proibiram o uso de tais remédios, o que de nada adiantou, já que poucos países tinham leis que impedissem a atuação independente dos médicos. Como resultado, esta polêmica, uma entre tantas que se formaram na questão dos protocolos de tratamento, jamais foi resolvida. No caso em questão, a cura implicaria no uso exclusivo de experiências acadêmicas ou tratava-se de considerar as observações práticas? Não se sabe se um dia os homens saberão quem tinha de fato razão.

Por consequência, durante todo o transcorrer da pandemia, independente do lado escolhido, todos os médicos tiveram que se reinventar a cada nova dificuldade surgida pelo caminho durante seu longo tempo de duração, pois o vírus, indiferente aos debates entre os homens, sabia fazer isso muito bem, apresentando uma nova mutação a cada momento que perdia terreno para os cientistas.

O planeta nunca esteve tão unido como na pandemia. Uma humanidade logo se viu unida em todo o tipo de crítica, na maioria das vezes desprovida de razão, pois faltava a todos conhecimento sobre a doença. Unida também no egoísmo de milhares de indivíduos, que pouco ou nada se importavam com o bem-estar alheio. Até aí nenhuma novidade, mas, curiosamente, estava ainda unida frente à morte, que passou a ser assunto do dia a dia. Não havia quem não houvesse perdido um amigo, um parente, um conhecido ou o amigo do amigo. E mesmo com muitos seres humanos se importando pouco, de fato, com a dor dos outros, a morte, aquela coisa distante e da qual não se deve falar, quase como um tabu, como se fossemos imortais, passou a rondar a vida de todas as pessoas, gerando temores diversos.

O medo generalizado provocou interessantes reações nas pessoas e, entre elas, de repente, observou-se que todo mundo tinha algo a dizer. Mesmo sabendo que poderiam ser palavras jogadas ao vento. Todo mundo era especialista em alguma coisa, especialmente em ciências políticas e ciências médicas, com milhões de pós-doutorados de última hora dando suas opiniões. O que houve, naturalmente, é que muitas mensagens careciam de um mínimo de bom senso. Outras nem tanto, mas, de uma forma geral, além dos óbvios conselhos, dois cenários se destacavam nas redes sociais. Muitos, ferozmente, procuravam culpados, dando largas à sua raiva e indignação, e, muitas vezes, também à sua imaginação, pois não faltaram as teorias da conspiração para mexer com as mentes e sensibilidade das pessoas e tampouco milhares de soluções mágicas para a doença. Enquanto isso, outros tantos procuravam quase que se iludir, distribuindo sessões de completa alienação, com montanhas de inutilidades ou piadinhas mórbidas.

Sobre as teorias conspiratórias que, quase ao fim da primeira onda da pandemia, a grande carga inicial de infestação viral, já não se mostravam tão improváveis assim aos olhos das pessoas comuns, pois intelectuais famosos e, principalmente, a mídia, já exploravam fervorosamente toda e qualquer pista que surgisse, quer para negar, quer para botar mais lenha na fogueira. O assunto jamais deixou de fervilhar nas redes sociais ou, ao menos, na mente das pessoas. Coisas como, por exemplo, o vírus ter sido criado ou manipulado propositalmente com fins econômicos ou políticos no extremo oriente. Esta hipótese até começou a ser considerada por alguns países importantes num dos picos da segunda onda, quando começaram a exigir explicações. Outra teoria seria a possibilidade de existirem planos secretos para alterar o DNA das pessoas implantando chips ou usando vírus geneticamente modificados através de vacinas, que seriam distribuídas por todo o planeta. Elas seriam feitas por fábricas bancadas por milionários filantropos e fixados na ideia que diminuir a população do planeta seria a única solução para esta humanidade. Isto tudo entre muitas outras ideias tresloucadas, apesar de alguns deles terem realmente defendido a tese no passado. Conspiração ou realidade? Será?

E no rastro das teorias conspiratórias, a mais popular entre os intelectuais, dizia respeito a fatos relacionados às muitas sociedades secretas cujos berçários estão espalhados pelas mais famosas universidades do mundo, muitas bancadas pelas mais poderosas famílias conhecidas. Mas, de secretas, ao mesmo na aparência de inofensividade, elas já não têm nada. Muitos reis e presidentes, além de outros mandatários e famosos não negam que fizeram parte delas quando jovens. O que acontece depois disso, todavia, pouco se sabe. Há muito se falava num "governo oculto do mundo", formado justamente pelos egressos dessas irmandades. Numa humanidade onde o maior poder econômico está, sabidamente, nas mãos de poucos, teriam eles o poder de manipular os desígnios do planeta? Estariam fazendo isso? Estariam, de alguma forma, envolvidos nessa pandemia? Se sim, por quê?

Sabemos que somos todos condicionados pelos costumes sociais dos ambientes que transitamos, pelos valores da comunidade onde vivemos, pela família e, principalmente, pela mídia, a pensar de determinada maneira e gostar de determinadas coisas. Coisas que vão desde nossas ideologias, passando pelas roupas que usamos, as músicas que preferimos, até o time de futebol que torcemos. Geralmente nada foi uma escolha consciente nossa. Essa nossa característica de rebanho nos torna extremamente manipuláveis nas mãos de poderes econômicos ou de outros ainda mais perversos. Centenas de teses foram escritas, livros publicados e segredos aparentemente revelados. Um batalhão de arqueólogos de mistérios ocultos buscam evidências que nos revelem detalhes desse suposto governo oculto. Cartas de baralho, profecias, animações midiáticas, histórias em quadrinhos, entre dezenas de outras possibilidades são esquadrinhadas, sem que ninguém possa bater o martelo sobre uma possível verdade a respeito dele. Seríamos, neste momento da humanidade, marionetes nas mãos dele? Parece que jamais saberemos.

De qualquer maneira, a falta de respostas rápidas e de perspectivas mais otimistas logo gerou uma ansiedade que começou a tomar conta das pessoas. Depois de mil horas assistindo televisão, fazendo bolo ou jogando vídeo game, por exemplo, elas começaram a sair de um pensamento interno meio insano tipo: "Oba! Posso ficar em casa.", para um estado de desânimo, apatia ou irritação mais ou menos intenso e continuado. A absoluta impotência dos povos frente não apenas a ameaça de uma doença potencialmente mortal, mas também às decisões de seus governos, algumas estapafúrdias, e às dificuldades financeiras que deixou milhões de pessoas sem renda, assim como restrições sociais que, em diferentes aspectos, desestabilizou muita gente e gerou manifestações de revolta mundo a fora.

Chegou um tempo que, mesmo em grupos de amigos e conhecidos, havia sempre quem vociferasse quando um post mais dramático ou realista surgia. Para esses, já no limite de suas forças, era como se a realidade não fosse mais para ser mostrada ou como se o assunto tivesse se esgotado, inibindo os que buscavam, aflitos, informações a cada dia. "NÃO AGUENTO MAIS ESSES VÍDEOS! JÁ SEI O QUE ESTÁ ACONTECENDO!" – gritavam em letras maiúsculas dentro da etiqueta das redes. Parecia que o mundo em volta deveria começar a ser ignorado até que, por encanto, um novo dia surgisse e todos se dessem conta que tinha sido apenas um sonho ruim. A paciência se esgotava. Bem, infelizmente, estava longe de ser apenas um pesadelo. E as pessoas continuariam a morrer a cada dia, por meses a fio, mais e mais. Parte de uma geração inteira de pessoas da terceira idade, vítimas preferenciais da doença, estava sendo dizimada e levando consigo grandes talentos e as memórias vivas da humanidade.

Enquanto isso, muita gente sem compaixão ou talvez irresponsável, especialmente os jovens quando começaram a pensar que tinham mínimas chances de adoecer gravemente, se expunha sem medo e sem usar qualquer forma de proteção que servisse de barreira à contaminação. Apesar dos avisos e apelos das autoridades enlouquecidas, frequentavam reuniões, festas, praias e bares de todos os tipos, indiferentes à possibilidade de se tornarem vetores do vírus para os demais, especialmente seus parentes mais velhos, que se mantinham em casa.

Em muitos lares, especialmente os menos favorecidos, onde as pessoas moravam aglomeradas, a quarentena se tornou uma armadilha para uns por causa da indiferença de outros. Em função disso tudo, em muitos bairros pobres, ir para a praça, para debaixo de uma árvore na calçada ou para um jardim público, era menos perigoso para o idoso que ficar em casa convivendo com a família. O egoísmo, grande mal da humanidade em todos os tempos, era exercido publicamente sem grandes pudores em toda parte e em todos os níveis das sociedades de todo o mundo. Não havia nem como argumentar que era falta de informação dos menos letrados ou das camadas mais empobrecidas das populações.

Por outro lado, milhares de grupos de ações solidárias se multiplicavam, a maioria sem ajuda de seus governos. Cidadãos comuns corriam a angariar provisões dos mais variados tipos, como alimentos básicos ou artigos de higiene, distribuídos de forma organizada e cordial aos mais necessitados, especialmente no início da pandemia, quando os auxílios governamentais aos desempregados e outros grupos carentes ainda não tinham sido disponibilizados pelos governos. Em muitos países eles jamais chegaram, levando grupos populacionais inteiros à miséria absoluta e à insegurança alimentar.

Por toda parte, na maioria das vezes, os bens doados eram simplesmente deixados à disposição de quem precisasse e, estranhamente, ao contrário dos abastados que abarrotavam suas casas de suprimentos, ninguém levava mais do que precisava. Benfeitores se multiplicavam pelo planeta e a solidariedade nunca esteve tão presente na história recente desta humanidade. Um sem-número de mulheres em todo o mundo costurou milhares de máscaras de proteção, doando-as a quem não as tinha. Outros grupos dedicados fabricavam e distribuíam remédios naturais aos menos favorecidos, em especial nos asilos e abrigos. Psicólogos prestavam atendimento gratuito pela internet às pessoas angustiadas e deprimidas, que se multiplicavam pelo medo e pela solidão no isolamento que lhes havia sido imposto. Médicos faziam consultas à distância para evitar o deslocamento das pessoas, muitos sem nada cobrar por elas. Professores de educação física ensinavam exercícios básicos para a manutenção da saúde, de forma simples e didática. Pessoas mais jovens passaram a cuidar e ajudar seus vizinhos, amigos ou conhecidos mais idosos, muitos dos quais sequer conheciam direito.

Grupos de orações convidavam para preces de compaixão pelas vítimas e suas famílias. Muitos ensinavam confortadoras técnicas de meditação mundo afora, enquanto centenas de sacerdotes das mais variadas crenças transmitiam suas cerimônias religiosas pela TV ou pelas redes sociais, realizadas em templos vazios, mas chegando em lares repletos de corações necessitados de conforto e do exercício da fé. Em toda parte, a humanidade demonstrava também seu lado generoso e destemido, tirando forças de onde não havia, movida talvez pelo receio da própria finitude ou, quem sabe, pela súbita compreensão que o sofrimento de um era o sofrimento de todos. A mensagem de que "somos todos um", tantas vezes percebida camuflada em parábolas ou de relance nos diferentes evangelhos, livros santos e filosofias, parecia começar a dar seus primeiros passos nos corações de uma humanidade exausta. Perdia o medo de se expor, saindo dos esconderijos por onde estivera oculta por centenas e até milhares de anos.

Apesar de irritar alguns céticos que os viam como piegas,

vídeos emocionados de pessoas pregando amor, solidariedade, compaixão e desapego varriam o planeta de norte a sul. Os indivíduos aprendiam a demonstrar suas crenças positivas, filosofias de vida, religiões ou credos sem temores ou vergonha social, coisas tão comum anteriormente. Ninguém mais ligava para "o que vão pensar de mim?". Apesar de tantos esforços, muitos sucumbiram às próprias dores e frustrações. Casos de depressão se multiplicaram, assim como os de suicídio. Para muitas pessoas é especialmente difícil lidar com as contrariedades da vida, especialmente aquelas que escapam de nosso controle.

Também não faltaram os rebeldes ou mais individualistas, para não dizer egocêntricos, sempre confrontando as autoridades sanitárias ou as forças de segurança, decidindo por si mesmos como seriam suas vidas, independentemente de estar ou não ocorrendo uma epidemia. Andavam pelas ruas mesmo durante as proibições, organizavam bailes para centenas ou milhares de pessoas, davam enormes festas. E, não raro, eram detidos pela polícia ou então confrontados, para a histeria dos ativistas de plantão, sempre prontos para politizar todo e qualquer fato novo. Essas coisas eram vistas em toda parte, independentemente da solidez histórica de suas democracias. Não fazia muita diferença se já havia um processo de estabilização em curso, se era uma ditadura ou se era um país já politicamente equilibrado. A pandemia foi, sistematicamente, usada como munição pelos diversos grupos em toda parte, por mil causas diferentes.

Muitos governantes que deveriam se levantar como líderes confiáveis de seus povos e serem exemplos de trabalho incessante no combate à pandemia, dela se valeram para propósitos escusos ou projetos pessoais. A todo momento chegavam notícias com denúncias de corrupção e desvios milionários de verbas destinadas à saúde em países onde a democracia ainda avançava em passos lentos e as leis não serviam para todos. Politicagem, ganância e arrogância ímpar ao tramarem manipulações em proveito próprio, entre outras pérolas, também não foram eventos raros entre dirigentes espalhados pelo planeta.

O certo e o errado, a ética, as convicções pessoais ou eventuais interesses políticos e, principalmente, o que seria melhor ou pior para todos, ganhavam novas conotações com defesas apaixonadas de ambos os lados de uma mesma moeda. O verde ou o vermelho deixaram de ser definições por si só. Verdades viraram mentiras e vice-versa, como se isso fosse normal. O mundo foi lentamente se polarizando em poucas cores e se tornando um lugar cada vez mais desconfortável, com as pessoas começando a medir palavras para conversar com o amigo de time diferente, exatamente como foi com a religião em outros tempos. Como já foi visto, cada vez mais pessoas achavam alguma coisa em assuntos nos quais eram absolutamente leigos, como infectologia ou economia. E, em toda parte no planeta, cada ser defendia uma solução, isto é, desde o gari que limpava as ruas até o governante de alto escalão, todos sabiam o melhor caminho a seguir. Naturalmente, não se chegava a lugar nenhum.

Enquanto isso, mesmo no meio do caos instalado, houve um tempo em que a epidemia começou a dar sinais de esgotamento, pois, lentamente, as populações pareciam ter se convencido das medidas higiênicas mínimas, que iam se tornando corriqueiras e globalizadas. Tão logo o número de novos casos e óbitos começaram a diminuir, de maneira irresponsável, talvez pela pressa de alguns em "viver" a vida ou quem sabe pelo simples desespero de precisar sair atrás de recursos financeiros, milhões abaixaram a guarda, tentando voltar à uma vida normal, mesmo tendo sido explicado, milhares de vezes pelos especialistas que isso não aconteceria tão cedo ou que, talvez, nunca mais as coisas pudessem ser como era antes. O mundo como o conhecíamos, incluindo as relações humanas, provavelmente, nunca mais voltaria a ser o mesmo.

Abre a escola ou deixa fechada? Continuam todos em home office ou voltam a trabalhar presencialmente? Libera-se ou não o comércio? Fica em casa ou libera tudo? E os desempregados? O que é mais importante, a economia ou a saúde? A confusão e os protestos por uma ação ou outra oposta jamais deixaram de existir, pois quem estava em casa trabalhando em home office ou com o sustento garantido queria uma coisa, mas o pai de família desempregado, naturalmente, queria outra. Decisões dramáticas e difíceis de serem tomadas realmente. Então, por um tempo, cada um começou a fazer o que achava melhor, muitas vezes desafiando até mesmo os decretos sanitários locais. Em nenhum momento, todavia, os indivíduos conseguiram, de fato, distinguir entre o coletivo e o particular.

Esse intervalo com tantos eventos desencontrados entre os homens de todo o planeta, foi o bastante para que nosso vírus oportunista passasse a se modificar geneticamente de forma mais intensa e a se unir a outros vírus, como todos os vírus, se fortalecendo em busca de novos hospedeiros, o que conseguiu de forma incrivelmente eficiente. Após breves semanas de expectativas e esperanças as estatísticas dispararam novamente em toda parte, caracterizando o que se convencionou chamar de segunda onda.

Na maioria dos países, apesar da média móvel de óbitos estar estável num primeiro momento, pois as pessoas já tinham aprendido, a duras penas, que precisavam correr em busca de ajuda no primeiro sintoma e não apenas quando estivessem passando muito mal, como preconizado no início, o número de novos casos crescia assustadoramente. Mais tarde as duas curvas começaram, novamente, a crescer em paralelo. Profissionais das linhas de frente, exaustos e incrédulos, davam declarações emocionadas pedindo que suas vidas fossem mais respeitadas, já que as pessoas não respeitavam as próprias.

Numa análise mais criteriosa, todavia, não havia como apontar culpados, até porque ninguém sabia nada sobre como conter uma pandemia desse nível, inédita neste século. Grandes epidemias faziam, até então, parte da história e não eram factíveis, apesar dos avisos sistemáticos de alguns cientistas e até mesmo de profecias, para quem nelas acredita. Além disso, os homens são como são neste momento de sua evolução coletiva enquanto humanidade e suas ações não poderiam mesmo ser muito diferentes, o que, sem dúvida, atrapalhou muito o curso total da doença. Não havia como esperar mais deles.

Se pensarmos numa biografia de milhões de anos, não é mesmo possível esperar mudanças num período tão curto de tempo. O que são alguns meses ou anos comparados com a longa trajetória humana sobre o planeta? Nada mais que uma gota num oceano de experiências e aprendizados no vai e vem da vida. Como esperar que bilhões de pessoas se transformassem do dia para a noite em seres solidários e gentis. A crença criada, talvez como afago coletivo para nossas almas era de que tanta dor modificaria o planeta para melhor. Bem, o que se viu de verdade é que cada ser continuou a ser como sempre havia sido, isto é, a natureza íntima de cada homem não se modificou. Ninguém se beatificou de um dia para o outro.

Vacinas passaram a ser desenvolvidas às pressas nos grandes laboratórios e universidades de países mais adiantados. Porém, como é sabido, nada acontece nesse ramo do conhecimento com rapidez, pois apesar das incríveis inovações tecnológicas na biologia viral, existe um tempo de testes que não podia ser alterado. Testes que são feitos em organismos vivos, no caso, em humanos. Naturalmente, a desinformação por parte dos leigos gerou novas brigas e discussões por toda parte, com muitas organizações de mídia e mandatários querendo decidir não apenas qual seria a melhor e mais eficiente, sem critérios científicos, como também o melhor momento para sua utilização, sem esperar a conclusão das análises. Além disso, de maneira inacreditável, em todo mundo muita gente continuava tentando lucrar de alguma maneira com a situação. Aliás, como foi desde os primeiros dias.

Todavia, iniciativas mais ou menos apressadas, ou quem sabe desesperadas, usando incríveis técnicas de engenharia genética, resultaram em maior eficácia que aquelas feitas com antigas tecnologias, mas também levaram a alguns perigosos eventos anafiláticos, neurológicos ou circulatórios, entre outros, como confundir o sistema imunológico de algumas pessoas. Levou tempo para os médicos entenderem o que estava acontecendo e fazerem as correlações entre as vacinas e algumas mortes que começaram a ser relatadas. Essa situação levou associações médicas de alguns países a pressionarem seus governos, que ordenaram então a suspenção temporária de algumas delas para dar mais tempo de estudo e avaliação aos cientistas.

Enfim, a vacinação acabou acontecendo, muito lentamente, em todo o planeta, de uma maneira ou de outra, com os profissionais de saúde das linhas de frente sendo vacinados em primeiro lugar em toda parte. Depois os mais idosos, os com comorbidades, os demais trabalhadores de serviços essenciais e assim por diante. Apesar do grande alvoroço inicial com a chegada das vacinas, problemas de vários tipos, como logística, preservação, eficácias diferentes e, principalmente, quantidades insuficientes de cada uma delas causaram novas altercações. Os institutos de pesquisa e laboratórios, no entanto, poderiam levar meses ou anos de esforço ininterrupto, não apenas para conseguirem ir aprimorando seus produtos, como também para produzir bilhões de doses. Sem falar nas novas cepas que já começavam a surgir.

Cepas que deram início ao que foram chamadas de variantes dos vírus, rebatizado com nomes diferentes em vários países do globo. Esses novos e mais poderosos vírus se tornaram também mais perigosos, causando um número muito maior de casos graves e, desta feita, atingindo em cheio uma surpresa população mais jovem. Aquela mesma que se julgava imune e que tinha talvez ajudado a replicar a contaminação por toda parte e, em especial, para dentro de suas próprias famílias. Uma vez mais fronteiras foram fechadas e países praticamente isolados, o que não impediu o ágil agente de se espalhar com relativa facilidade.

Se iniciava um longo período de altos e baixos, de estranheza, de medo e de exaustão. Desta vez, no entanto, estavam todos no mesmo barco. Muitos idosos já vacinados conseguiram, aparentemente, um período de imunidade, pois o número de casos entre essa faixa etária diminuiu drasticamente. Discutia-se a interferência da vacina para esse fato maravilhoso, mas também já se pensava se os casos mais graves que aconteceram entre pessoas que haviam se vacinado, sem saber que já estavam contaminadas, e que surgiam aqui e ali pelo mundo, não poderiam também ter sido causados por alguma confusão do sistema imunológico deles, por assim dizer.

Enfim, quase tudo continuava ainda para ser descoberto.

Até a famosa imunidade de rebanho ser atingida, nunca bem compreendida, levaria um tempo extra, talvez longo, mas, aos olhos esperançosos da humanidade, como não poderia deixar de ser, isso aconteceria amanhã. No mundo todo as autoridades se multiplicavam em súplicas, através de seus assessores, para que os cuidados preventivos não fossem jamais abandonados, mas poucos mandatários vinham à público para explicar fatos tão simples ao homem comum. Talvez pelo impacto negativo que tais observações fariam às suas imagens.

De qualquer maneira, independente das taxas díspares de imunidade que cada vacina conferia e de discutível perigo que lançavam à sorte os indivíduos, pois não havia mesmo outro caminho, seria o começo do fim da pandemia, assim como o fim de uma era para os orgulhosos homens da Terra? Homens que se julgavam acima dessas coisas, sempre acreditando em sua superioridade e fazendo questão de ter tudo sob seu absoluto controle. Quantas e quantas vezes já ouvimos que somos a raça dominante do planeta? Teríamos levado uma surra de um ser tão diminuto ou teríamos flagelado a nós mesmos com nossa arrogância, enganos e outros tantos defeitos? Seria uma possibilidade de reflexão para uma nova vida? Poderia um recomeço já ser vislumbrado no horizonte? Quem sabe?

Um dia, muito tempo depois e para o espanto de todos, tudo terminou. Um silêncio jamais notado tomou conta de todas as terras e de todos os homens. As pessoas, os enclausurados de corpo ou de pensamento, foram lentamente saindo de seus esconderijos físicos ou mentais, tentando se situar naquele estranho novo mundo. Todavia, mais que se situar, precisariam tentar entender, compreender o que havia acontecido. Aparentemente, ainda parecia algo um tanto fora de cogitação nas mentes daquela nova humanidade. Muitos se julgavam apenas os felizardos sobreviventes ou os escolhidos de alguma divindade suprema. Ou, simplesmente, nada pensavam. A maioria, nem de longe, atentava para o que diziam os antigos em situações como essa, muitos que, inclusive, haviam partido: "Pode acontecer de novo".

Sim, mas ela foi rapidamente esquecida e todos se concentraram, de novo, em seus pequenos egos e suas pequenas vidas. Deixaram o assunto e as modificações necessárias para os cientistas, intelectuais, governantes e religiosos, entre outros grupos. Todos esquecidos de sua própria modificação e de sua parcela de responsabilidade.

Muitas profecias, em diferentes tempos, citam este limiar do século XXI como um divisor de águas. O que todos esses profetas dos velhos ou dos novos tempos querem dizer é algo bem simples: ou o homem da Terra se modifica e abandona seu velhíssimo hábito de olhar apenas para seu próprio umbigo, isto é, deixa de ser egoísta e sem compaixão, como sempre foi desde o princípio de sua trajetória como ser pensante ou, em breve, partirá deste seu lar sideral numa viagem sem volta. De fato, nem importa muito o que cada um acredite ser seu destino quando tiver que abandonar este corpo onde habita sua, igualmente frágil e temporária, personalidade atual.

Naturalmente, nem todos ainda vivem o drama da superioridade ou prepotência incontestáveis, porém, lembrando a ciência das probabilidades, será preciso que todos se convençam do que seria melhor para o planeta e não apenas para si próprios. Caso contrário, poderá bastar apenas um homem para pôr tudo a perder, nos lançando para longe deste nosso belo e generoso planeta. Estará o duvidoso tempo do nosso lado? Poderemos continuar como somos deixando o problema para ser resolvido para os que virão? Haverá tempo para que eles venham?

Ninguém tem a resposta para estas questões, mas pensando em toda confusão e sofrimento que esta humanidade já criou para si mesma através de tantos e tantos milênios, culminando nesta pandemia que lançou a todos, sem exceção de local, credo, raça ou idade, numa loucura coletiva, todos podem lembrar a frase que também era dita pelos antigos e por todos os avatares que por aqui passaram: "Os tempos são chegados!".

Só depende de nós.

Governo oculto do mundo

Em algum lugar os magos refletem sobre os homens que ditam, secretamente e com interesses egoístas, as regras em planetas mais atrasados sem que a maioria da população saiba. Na Terra, no último século, muitos seres mais despertos perceberam esse tipo de influência e criaram o termo "governo oculto do mundo". No princípio esse assunto sempre foi mantido nas sombras, pois nunca pôde ser falado publicamente sem que o agente fosse submetido à chacota, por exemplo. Todavia, nas últimas décadas do tempo terrestre, os homens foram perdendo o medo e o assunto vem se tornando público, embora ainda cercado de uma aura de fantasia pelos mais céticos. Independente da denominação que se queira dar a esse tipo de ação, ela acontece nesses planetas devido às facilidades que as pessoas delegam, em função das próprias limitações que seus defeitos lhes impõem, se deixando manipular, o que também acontece por seus próprios interesses. Esses supostos "governos planetários" são instituições com hierarquias impecáveis e compostas por seres extremamente evoluídos intelectualmente que ainda habitam os globos em questão, e fazem parte de poderosas famílias. Em Bhumi esses seres foram chamados através da história de magos negros e, ao contrário do que as pessoas imaginam, são sempre homens encarnados no planeta. Primando pela falta de ética ou sentimentos amorosos, nada mais são que alguns morgs originais ou poderosos jardineiros cósmicos corrompidos pelas facilidades do ambiente terrestre, onde a ignorância lhes facilitava grandemente as ações desde os primeiros tempos, como acontece ainda hoje. Se atrelaram ao planeta e perderam o brilho de suas vibrações sutis, que se adensaram. Manipulam e subvertem as leis universais e os demais homens, visando, exclusivamente, criar disputas que alimentem sua vaidade e poder. O interessante seria observar que se trata de uma hierarquia onde o indivíduo de nível inferior, geralmente não tem a menor noção que está sendo manejado e nem mesmo que existem outros, de categoria superior e extremamente mais evoluídos, embora todos se beneficiem de alguma forma. Em seus níveis ainda mais inferiores a hierarquia se miscigena com indivíduos de governos formais, que nem sonham estarem também sendo manipulados. A maioria sequer supõe que esse tipo de organização exista, pois, cada um visa apenas sua própria satisfação. De qualquer maneira, os homens despertos questionam a possibilidade de grandes tragédias vivenciadas nesse período, como as grandes guerras, por exemplo, que envolveram grande parte da população do planeta, incluindo a pandemia pela qual passam neste amanhecer de um novo século, terem sido decretadas por eles. Na verdade, tenham eles colaborado ou não com qualquer tipo de conflito mundial, todos os terráqueos são responsáveis ao se deixarem manipular. Por exemplo, é fácil observar neste exato momento da humanidade, as pessoas correndo e até trapaceando para se vacinar pensando na proteção pessoal, esquecidas de que a proteção somente ocorrerá quando for coletiva, pois nenhuma vacina foi pensada para ter cem por cento de eficiência, como era para ser mesmo. Se mil bolinhas forem colocadas num cesto, sendo que apenas uma é de cor diferente das demais e for solicitado a alguém de olhos vendados que retire uma delas, sempre haverá a possibilidade dele retirar justamente essa. Na questão das probabilidades, enquanto existirem interesses, tudo pode acontecer. Enquanto os homens não perceberem que seus objetivos devem ser coletivos, sempre vão esbarrar com consequências, mais ou menos graves. Neste evento, alguns países apostam, veladamente, qual conseguirá imunizar sua população mais depressa, sem se importar com os demais, pois chegam a estocar vacinas sem necessidade. Os terráqueos ainda não pensam na unidade e, desta forma, mesmo que existam alguns ditando as regras no planeta de forma egoísta, a maioria manipulada também se comporta da mesma maneira, pois somente se preocupa com os próprios interesses. Neste estágio de evolução, quando sequer percebem que são apenas um com seus irmãos de jornada no planeta, seria demais pretender que compreendam a unidade com a grande consciência universal e se transformem em seres mais amorosos e solidários? Isto significaria pararem de prejudicar uns aos outros, de todas as maneiras, e começarem a olhar para os lados onde verão outras pessoas que também estão lutando as mesma lutas, cada qual lidando com suas próprias histórias. A vida, aquela que nunca cessa, trará esta resposta.

19. Considerações dos mestres – valeu a pena?

> Se podes ver algo de bom em mim, então não está em mim, mas em nós.
>
> Buda

Em algum momento na história recente do planeta, no tempo de Bhumi, um encontro de mestres acontece em Colope, no centro da galáxia. Novamente Hylion, o grande dirigente galáctico, na companhia de seus fieis conterrâneos de Erg, recebem os missionários que trabalharam no enorme Projeto Terra, especialmente nesta sua segunda parte, a do renascimento do planeta. Muitos deles já tinham, inclusive, participado até mesmo da primeira parte do projeto, denominada Dinastias Divinas, envolvendo este pequeno e distante planeta localizado num dos braços de Órion, quase na borda da galáxia.

O Projeto Terra, como já sabemos, em função de acontecimentos que se precipitaram pelas ações dos homens, se dividiu em duas etapas. A primeira foi aquela antes dos três milhões de anos de silêncio que o planeta necessitou para se recuperar depois do banimento de toda natureza, o que incluiu também os homens. Tratava-se de uma civilização desenvolvida através de milhões de anos, sendo já usuária de altíssima tecnologia.

A segunda etapa, a da nova colonização, se dividiu em outras três. A primeira parte foi o desenvolvimento da raça e começou depois da regeneração planetária e as primeiras migrações de seres moralmente atrasados para um novo incremento da raça, na Lemúria, até estarem prontos para serem dotados do mental. Esses primeiros homens primitivos eram os morgs. Com o desaparecimento da Lemúria, a tarefa continuou com as encarnações desses morgs na Atlântida e, alguns milhares de anos depois, com a encarnação dos ergs e a chegada dos homens neutros degredados de outros planetas.

Homens que não haviam conseguido acompanhar a evolução moral de seus lares de origem.

A segunda parte desta segunda etapa, foi o início das grandes migrações atlantes por toda a Terra, o que incluiu, entre centenas de outros projetos, a volta do Projeto Dinastias Divinas, com magníficas e adiantadas civilizações sendo erguidas e desenvolvidas em todo planeta sob a tutela dos mestres estelares durante milhares de anos. Algumas das mais antigas aconteceram nos Andes, como a civilização dos Twantisuius, precursora ancestral dos Incas e uma das mais recentes e significativas, foi a do antigo Egito, quando os governantes, assim como em muitos outros lugares, eram invisíveis aos homens e tidos como deuses por milhares de anos. Foram eles os primeiros faraós, sendo esse ciclo conhecido também como as Dinastias Divinas. No momento adequado, os "deuses" passaram o poder para aquele que foi por eles escolhido para se tornar o primeiro faraó humano, surgindo então a chamada primeira Dinastia Terrestre.

E a terceira parte da nova colonização, completando a segunda etapa do incrível Projeto Terra, foi formada por muitos projetos migratórios menores espalhados por todo o planeta. Se destacou, por exemplo, milhares de anos antes do esplendor egípcio, o Projeto Terras do Sul, com o assentamento de povos atlantes no chamado Novo Mundo, em especial nas terras chamadas de Baratzil, o nosso Brasil atual.

A Terra Mãe afundava lentamente e os povos escolhidos iam sendo retirados de lá pelos homens das estrelas. Surgiu o magnífico Império Paititi na Amazônia e, milhares de anos depois, a Terra das Araras Vermelhas no litoral do hoje estado do Espírito Santo. Enormes impérios atlantes que se transferiram posteriormente para outros lugares quando novos cataclismos, que mudariam uma vez mais a face do planeta, lhes foram revelados pelos mestres estelares. Desta vez as forças poderosas da natureza seriam causadas pela grande ilha de Ruta, que submergiria com violência, no já despedaçado continente da Atlântida.

A cidade de Ophir e suas seis cidades satélites às margens do mar interno da Amazonia, que constituíam o grande Império Paititi, se transferiram para a Serra do Roncador, no Mato Grosso, modificando seu nome para Ibez, enquanto a Terra das Araras Vermelhas, com suas 13 cidades, situada nas praias paradisíacas do sudeste brasileiro com suas treze cidades, escalou enorme montanha e se transformou na Terra dos Ay-Mhorés.

Alguns milhares de anos depois do fim deste incrível projeto que envolveu o Brasil de forma tão profunda, o afundamento da Atlântida ainda estava em curso e a segunda grande ilha, Daytia, continuava perdendo terreno. Seu nome, posteriormente, foi mudado para Poseidon, vindo finalmente a naufragar nas águas do atual oceano Atlântico há pouco menos de dez mil anos atrás.

Em Kendom Silá, na sede da Federação dos Planetas, centenas de missionários chegavam para participar, pessoalmente, do Grande Conselho da Fraternidade Cósmica da galáxia, especialmente aqueles que lideraram as diversas delegações de missionários em diferentes épocas. Milhares de outros, a maioria na verdade, já empenhados em outros projetos, acompanhavam o encontro espalhados pela galáxia em suas novas frentes de trabalho ou até mesmo de seus planetas natais, onde desenvolviam um sem-número das necessárias tarefas de bastidores. Coisas como logística e planejamento cuidadoso, pesquisas e desenvolvimento de tecnologias específicas para este ou aquele projeto nas mais diversas áreas, educação e treinamento exclusivo de novos missionários e muito mais para os intermináveis trabalhos ora em curso.

Com milhões de planetas espalhados apenas nesta galáxia, sendo que milhares deles eram ou seriam habitados, a diversidade de povos em diferentes estágios de evolução e com necessidades desiguais era enorme. Porém, como tudo seguia a seu tempo, no ritmo do universo, cada planeta ia recebendo o necessário para seu desenvolvimento, cuidadosamente, exatamente como havia acontecido com Vênus ou com a própria Terra. Nada de fato era visto pelos missionários como um problema e o resultado deveria ser apenas uma consequência natural do caminho, tanto individual quanto coletivo. O engano, a perda ou o atraso, o dano aparente, a tragédia, o sucesso ou a glória eram apenas possibilidades com as quais lidavam cotidianamente.

Naturalmente, a vida nos lares siderais desses seres evoluídos continuava e nem todos os habitantes eram ou viriam a ser missionários, embora fosse essa a vocação coletiva da maioria dos planetas federados. Todos sabiam disso e, cada um à sua maneira colaborava, pois compreendiam a unidade de cada ser com o todo. E essas contribuições se distribuíam por centenas de ocupações diferentes, que iam desde tornar a vida sustentável para todos, proporcionando meios seguros e saudáveis para que as tarefas necessárias se realizassem, tanto no planeta onde residiam como nas regiões das missões. Isto é, trabalhavam para tornar a vida, percebida em toda sua grandeza, algo belo, amoroso e compassivo.

Receber um salário pelo trabalho realizado ou o próprio dinheiro, assim como a riqueza ou a pobreza eram coisas incompreensíveis para essas adiantadas civilizações. Vivia-se pelo simples prazer da contribuição ao bem comum. É difícil ao homem terráqueo, em qualquer época, compreender essas coisas, pois são próprias de almas que já superaram a ilusão da vida na matéria e sabem que estarão sempre vivos. Até porque, é difícil entender como é a matéria não tridimensional desses lugares. Lugares onde o tempo é contado de forma diferente. Planetas onde seus habitantes podem prorrogar ou renovar suas energias "materiais" vibratórias pelo tempo que quiserem, se acharem necessário. Seres capazes de alterar as leis da natureza até mesmo em mundos de matéria densa como a Terra, modificando-a pelo simples poder do pensamento.

Para muitos dos que não podiam comparecer ao encontro em Colope, todavia, em função de sua avançadíssima evolução, não era necessário sequer uma tecnologia de suporte para perceber com clareza o que acontecia nas diversas reuniões e festividades. Sabiam que o tempo e o espaço eram meras fantasias e então, simplesmente, sintonizavam suas mentes poderosas ao local do encontro galáctico e participavam, como, aliás, era mesmo a maneira mais usual de comunicação entre eles. Outros, talvez mais ocupados, preferiam fazer uso de métodos menos sofisticados de comunicação, aproveitando a tecnologia disponível na enorme rede energética que envolvia toda a galáxia e além.

Enfim, todos queriam participar de alguma forma, o que incluía convidados de constelações vizinhas às bordas da galáxia, pois era um evento de grande alegria e comemoração, apesar de que, numa primeira avaliação apressada, poder-se-ia dizer que outro fracasso espreitava à frente o esforço de tantos milhões de anos. Mas, não era dessa forma que as coisas eram avaliadas pelos sábios homens das estrelas, pois, para eles não havia esforço e tampouco frustração. Era apenas a existência que continuava, como sempre, em toda parte.

Afinal, a humanidade terráquea, lar de tantas almas errantes, como eles próprios tinham sido em centenas de locais diferentes nas estrelas antes de despertarem para o verdadeiro sentido da vida, era apenas uma criança ainda necessitando de atenção de mestres dedicados. Às vezes, muitas vezes na verdade, essa criança pulava o muro e fugia da escola, se esquecendo por completo de seus deveres enquanto se deliciava mergulhando no chafariz da pracinha. Logo surgia um professor atencioso que, apesar da aparência bondosa e fala branda, não acariciava sua cabeça. Ao invés disso, apesar da paciência com que se dirigia à criança levada, tratava de reconduzi-la aos bancos escolares.

Tudo terminava com tarefas de casa adicionais ou até com repetências do ano escolar quando a teimosia era tanta que a atrasava demais dos colegas. E, em todas as vezes, o educador explicava que não estava sendo castigada, ao contrário, estava sendo auxiliada e protegida, pois todos se preocupavam com sua felicidade. E, como esperado, em quase todas as vezes, como não é raro com crianças, os conselhos entravam por um ouvido e saíam pelo outro.

Outra e outra vez, especialmente no último milhão de anos de sua evolução no planeta, mesmo já possuindo certo discernimento para escolher não mais pular o muro, lá ia nossa criança banhar-se novamente nas águas divertidas do chafariz. Isso quando não se atirava na poça de lama mais próxima atrás do brinquedo que achava ter caído por lá. Ainda assim, sempre aparecia o professor que nunca se zangava. Porém, quando a rebeldia era demais e começava a prejudicar seu próprio desenvolvimento, atrapalhando, inclusive, o de outras crianças, muitas vezes precisou ser trocada de escola, recomeçando em novos lugares. Escolas onde os muros lhe pareciam sempre mais altos e as tarefas escolares também davam ares de serem maiores ou mais difíceis de serem cumpridas.

Neste início de uma nova e emblemática era de extraordinário avanço das comunicações no planeta, neste estágio de desenvolvimento tecnológico jamais visto por seus habitantes, poderia a humanidade de Bhumi já dispensar os mestres pacienciosos? Conseguiria nesta nova oportunidade fazer seu senso moral, ainda tão defeituoso, chegar ao patamar de sua ciência? Ao longo da jornada que ainda lhe faltava percorrer no planeta chegaria a conhecer o verdadeiro amor, isto é, a compaixão, obra mais sublime de sua divina alma em unidade permanente com tudo e com todos no universo? Bem, os mestres siderais achavam que sim, pois talvez muitos estivessem cansados de tentar pular muralhas cada vez mais altas e de se frustrarem quando não conseguiam. Ou, quem sabe, pudessem estar entediados de chafurdar na lama, já que o lindo chafariz havia secado há muitos e muitos anos terráqueos. Ainda assim, volta e meia tornavam a se enlamear nas mesmas poças, o que os deixava sujos e quase irreconhecíveis para suas próprias almas.

Embora parte da humanidade vivesse uma fase de aparente indignidade neste limiar do século XXI, onde verdades e mentiras invertiam papéis a cada novo sopro de ar, era preciso seguir em frente. Seguir em frente na esperança de que uma onda de moralidade e compaixão tomasse conta da maioria, pois, grande parte dos terráqueos já começava a se erguer para ver além dos olhos e estava ansiosa por mudanças no jeito de ser das coisas.

Pessoas que não mais aceitavam permanecer nessa sofrida apatia mental que parecia acometer muitos, num quase consentimento de rebanho ao inesgotável sofrimento globalizado da humanidade, aparentemente promovido por gente que detinha algum tipo de poder. Muitos, aqueles que ainda não tinham aprendido a pensar com clareza, ainda se deixavam enganar com os brinquedos coloridos que lhes eram oferecidos, quase como migalhas de felicidade ilusória, aos quais, facilmente, se tornavam apegados ou aprisionados. Coisas como as luzes brilhantes que adornavam as festas ou bares de suas noites, as disputas, por vezes ferozes, de seus times esportivos, os enredos envolventes dos filmes feitos na medida para distrai-los da realidade ou, quem sabe, aquela montanha de outras iscas apetitosas que os faziam esquecer das dificuldades do dia a dia.

Felizmente, apesar de tudo, para os incansáveis professores dessas crianças, essa onda de atitude e mudança está cada vez mais perto, como um tsunami que poderá arrastar todos para um despertar na fraternidade. Acordar para uma felicidade mais verdadeira, solidária, fora desse mundo de faz de conta no qual a humanidade ainda vive. Sem esquecer, avaliavam os mestres, que além disso tudo, talvez para a maioria dos homens da Terra, não houvesse mesmo mais graça proclamar suas inúteis vitórias por sobrepor-se à obstáculos criados apenas por suas próprias mentes. Dedicar-se a derrotar quem não podia ser derrotado, pois o outro era tão somente parte de si mesmo. Assim como fazer planos ambiciosos para o futuro contando os minutos de um tempo que sequer existia ou esconder debaixo da cama tostões conquistados ou surrupiados, que logo teriam que ser deixados para trás na marcha da vida.

Embora alguns ainda nem notassem seus egos cheios de cicatrizes ou as marcas deixadas pelos ferimentos depois de cada tombo, ou ainda a sujidade de suas mentes, a esperança dos mestres é que a exaustão da maioria frente à sofrimentos absolutamente inúteis, alavancasse a humanidade para um desenvolvimento relevante de suas almas. Aquilo que o ser humano ainda entendia como dor, muitas vezes poderia fazê-lo compreender melhor sua verdadeira natureza e as bençãos de fazer parte da vida no universo. Um universo, um mundo, muitos mundos, seres e deuses que julgava apartados de si.

A festa da Terra poderia estar apenas começando para a

jovem humanidade que a habitava e não tinha hora marcada para terminar. E era do início dessa festa que todos aqueles missionários que tinham varrido um pedacinho de seu lindíssimo salão, preparando-o para este evento ao longo de milhões de anos, queriam agora participar. Nem que fosse trazendo apenas um sorriso, uma vibração amorosa, uma esperança.

Em Colope, no centro da Galáxia, por ser sede de diversas outras organizações estelares com propósitos diversos, era sempre um movimentado vai e vem de missionários e de outros trabalhadores. Naquele momento em especial, ali se reuniam, uma vez mais, aqueles incansáveis mestres estelares de origens tão diferentes, cuja bondade natural unia nos mesmos propósitos. Seres para os quais o ego não mais existia como o imaginamos.

Doze ciclos depois da última reunião do Grande Conselho, ou seja, quase cinquenta mil anos terrestres, pois cada ciclo dura cerca de quatro mil anos no tempo da Terra, voltavam os vinte conselheiros a se reencontrar, pessoalmente, todos de uma só vez. Naturalmente, a cada ciclo ou meio ciclo ou ainda dependendo das necessidades, quando grandes decisões precisavam ser tomadas de acordo com novos acontecimentos, muitos outros encontros se davam e contavam sempre com a participação de um ou mais conselheiros. Até porque não era só da Terra que a Federação cuidava. Muitos outros planetas tinham diferentes projetos em andamento, envolvendo missionários de quase todos os cantos da galáxia e muitos assuntos pontuais precisavam ser observados.

Para a alegria daqueles dirigentes ergs reunidos no salão externo da Federação dos Planetas, vibrado novamente no imenso jardim público, de onde se avistava o magnífico palácio de cristal a seu lado, que continuava a servir ao governo central do planeta, um a um ou em alegres grupos, todos iam chegando sem pressa. Eram mais que convidados. Eram todos amigos. Esse tipo de encontro se dava mais por questões afetivas, pois, normalmente, como é óbvio, todos os contatos habituais que envolviam aqueles milhares de seres, eram através do pensamento ou por sofisticada tecnologia.

Desta feita, inclusive, estavam presentes entre os ergs

todos os elementos que sobreviveram à explosão de seu planeta e que acompanharam o imperador para Vênus. Eram os mais evoluídos de todo o planeta. Nem todos tinham estado em missão em Bhumi, mas todos, sem exceção, haviam laborado por milhões de anos ajudando a desenvolver àquela e outras notáveis civilizações, principalmente a de Shukra, seu lar adotivo por tempos incontáveis, quando seres primitivos foram transformados em venusianos angelicais.

Dos quatro cantos da galáxia, e além, vieram companheiros de tantas labutas generosas. E eles chegavam, às dezenas, de Órion, das Plêiades, de Sírius, de Zangadahr, da Ursa Maior e de Cocheiro, entre muitos outros lugares. Sempre bom lembrar que os venusianos, que originalmente também eram ergs, residiam em Colope agora, pois o planeta que lhes serviu de lar temporário já havia entrado em obscurecimento, isto é, a vaga de vida que ali tinha permanecido por tantos e tantos milhões de anos, já havia se transferido para outro lugar no cosmos, reproduzindo o movimento contínuo do universo.

Entre o grupo original de ergs que se fixaram em Vênus e que ficaram conhecidos como "os 42", estavam presentes alguns que quase nunca participavam dessas reuniões grandiosas, pois eram trabalhadores de alta tecnologia ou da defesa, sem tempo para o que chamavam, meio brincando e meio a sério, de burocracia. Pessoas como Liver, chefe dos cientistas especializados no desenvolvimento e construção das sofisticadíssimas naves de transporte sideral e Gabor, comandante supremo das forças de defesa, não só do planeta como de toda a Federação. Ambos, com sua engenhosidade, tinham conseguido transportar até Venus o imperador e os demais membros de sua equipe quando da explosão de Erg.

Da mesma maneira, alguns outros cientistas como Karttikeia, Albion e Tessá, por exemplo, permaneciam pouco tempo no planeta, pois estavam sempre trabalhando em algum projeto pela galáxia. Os três já tinham, praticamente, terminado sua participação no Projeto Terra, mas a ele voltariam se fosse preciso. Incansáveis em seu amor pelos terráqueos, dedicaram-se em cada etapa de sua evolução. Além de liderarem ou acompanharem migrações internas, como as do Projeto Terras do

Sul, eram biólogos e geneticistas de origem e, assim, também participaram da evolução biológica na preparação planetária para um novo assentamento da vida humana. Depois, no desenvolvimento do próprio ser humano, como na separação dos sexos, por exemplo. Já haviam feito o mesmo em Vênus, pois já dirigiam, ainda em Erg, o desenvolvimento dos Thugs, por eles mesmos resgatados quando da explosão do planeta e levados na fuga dos 42 para o início de uma nova colonização humana.

Apesar de tantas aventuras e trabalhos realizados ao longo de milhões de anos, se considerado apenas o tempo da Terra, esses cinco ergs eram considerados jovens. Naturalmente existiam aqueles ainda mais "velhos" e experientes. Difícil falar em idade em povos que conseguem renovar suas energias vitais de acordo com as necessidades. De qualquer maneira, os mais velhos entre os pioneiros eram Agazyr, Zukov e, naturalmente, o próprio Hylion. De qualquer maneira, alguns, não só entre os ergs, gostavam de plasmar seus corpos vibrados em figuras de pessoas mais idosas, como Payê-Suman, de Sírius, por exemplo. De fato, todos os membros do Grande Conselho eram mesmo mais velhos e vários também optavam por essa maneira de se apresentar. Independente disso, o respeito por essas figuras de evolução ímpar era extraordinário e suas histórias eram contadas em todas as constelações.

Interessante sempre ter em mente que o tempo nas estrelas é compreendido de outra maneira. É quase impossível para os terráqueos imaginarem um ser celestial como o divino Sanat Kumara, por exemplo, que comandou as primeiras migrações de degredados para a Terra, permanecendo no comando de todo Projeto Terra por muitos milhões de anos, ser muitíssimo mais jovem que qualquer erg que encarnou no planeta. É só lembrar que quando houve a explosão atômica que despedaçou Erg e deslocou Morg de seu eixo, seres como Sanat Kumara ainda eram menos que homens das cavernas, carinhosamente salvos e desenvolvidos, biológica e mentalmente, por seus carinhosos irmãos, como os citados acima. Na verdade, era hábito os venusianos se referirem aos ergs como seus pais, e aos terráqueos, como seus filhos.

Todavia, isso tudo nos mostra que, no universo, idade não

é sinônimo de evolução, pois muitos dos ergs originais, aqueles que ficaram milhões de anos em vida suspensa no astral de Venus e depois no da Terra, até o planeta estar em condições de recebê-los, ainda perambulam por aqui. Mesmo com tantas oportunidades desprezadas ou não compreendidas, e mesmo com a maioria dos demais ergs já tendo retornado a seu lar nas estrelas, não foram jamais esquecidos ou abandonados por seus irmãos.

Alguém poderia se perguntar as razões dos 42 jamais terem encurtado o tempo de vida suspensa de seus conterrâneos. Ao contrário de uma suposta lógica, eles, inclusive, pouparam mais de duas centenas dos mais adiantados de encarnarem em lugares ainda primitivos. Assim, estes permaneceram no astral por alguns milhares de anos a mais que a maioria. Mas, insistindo, poderíamos perguntar: como seres oriundos de um planeta tão avançado, eles não poderiam ter ajudado, ainda em Vênus, na tarefa monumental de desenvolver uma fantástica civilização partindo quase do zero, para que depois todos pudessem auxiliar no desenvolvimento dos demais em Bhumi? Seria possível que apenas os 42 tivessem condições morais e mentais para todo esse trabalho?

Para responder essa pergunta basta lembrar a história de alguns jardineiros cósmicos, já relatadas. Mesmo quando o ser é extraordinariamente evoluído, como nesses casos, dois pontos precisam ser lembrados. O primeiro, naturalmente, é que tudo na vida incessante do universo, são escolhas, e o segundo é a questão do acaso não existir. As leis da natureza não giram aleatoriamente, o que quer dizer que, apesar de mentes poderosas poderem modificá-las, não se trata de fazê-lo atendendo aos nossos desejos ou necessidades. Essas interferências precisam ser extremamente relevantes, em especial quando o ser, em algum momento, é incapaz de autodeterminar-se para seu próprio progresso. Como os pais fazem com as crianças. O que é, exatamente, a história da civilização terráquea e também dos ergs que ficaram em vida suspensa.

Essas leis são uma relação de causa e efeito. Desta maneira, foi escolha, consciente ou não, daqueles ergs mais adiantados que não conseguiram chegar à Venus, não auxiliar a contento e de modo eficiente na defesa da invasão de mentes promovida pelos morgs. Se tivessem avaliado melhor e se engajado mais na luta mental ou, quem sabe, se tivessem acreditado mais nos altos sacerdotes cientistas que a mostravam como única solução a união das mentes em torno de um mesmo propósito, incluindo o Conselho Planetário que assessorava o imperador, a destruição do planeta em função de outras escolhas equivocadas, como o uso de tecnologia nuclear, poderia não ter acontecido. Às vezes, mesmo as convicções mais desprovidas de orgulho e vaidade ou as mais respaldadas por evidências, precisam ser revistas, especialmente quando consequências sérias estão em jogo.

De fato, tudo na vida são probabilidades. Se existe, digamos, um por cento de chance de algo acontecer, pode simplesmente acontecer, porque a oportunidade está lá, disponível para advir. Foi assim com muitos seres evoluídos de muitos planetas, que não deixaram tragédias acontecerem, pois, mesmo hesitantes, trabalharam no último instante possível e com margens de acerto minúsculas, mas que foram suficientes para evitar destruições caóticas. Isto é, suas escolhas finais salvaram civilizações inteiras. Como já vimos, nem tudo são flores no cosmos. Ainda existem civilizações à espreita para prejudicar outras, como foi o caso dos morgs.

Lembrando desses detalhes, Hylion não poderia jamais mudar o destino escolhido pelos demais. Não tinha o direito de intervir em suas opções. Tampouco de julgar. Seres dessa magnitude não julgam. Apenas compreendem. E, mesmo tendo, por breve período, o coração sofrido pelos companheiros que, de certo modo, atrasavam suas jornadas, tomou para si a tarefa que lhe cabia no momento que suas naves pousaram em Shukra. Não deixar a vida humana desaparecer naquela região da galáxia, pois a civilização de Erg já trabalhava nisso enquanto criava os Thugs nas montanhas do planeta. Por estas mesmas questões, não aceitou a assistência da Federação quando seu povo começou a permitir a invasão de suas mentes, já que cada um teria sido capaz de impedir. Eram todos muito evoluídos nesse quesito. Caso aceitasse, estaria interferindo na escolha de cada um.

O mesmo aconteceu quando teve que deixar Tessá e Albion para trás quando seu povo partiu para Colope, por escolha deles, que preferiram ficar mais tempo para monitorar um dos povos da Terra mais de perto. E depois Zukov, que decidiu voltar, com sua anuência, por amor a ambos. Mesmo tendo aconselhado os jovens a não ficarem tão ligados ao planeta, pois seria algo infrutífero frente ao enorme potencial que possuíam, como de fato foi, fez mais que aceitar passivamente, respeitou a decisão, como também fizera na guerra em Erg com seus compatriotas. O casal arcaria com a lei universal, o que aconteceu milhares de anos depois em nova missão heroica em Bhumi.

O mesmo aconteceu com os indecisos ergs, com a diferença que estes precisaram de muitas encarnações até a maioria conseguir voltar para Colope, já que suas escolhas causaram enormes danos coletivos. Com o iluminado venusiano Thamataê se passou a mesma coisa, permanecendo muito tempo no planeta, em diferentes épocas, sem necessidade, antes de voltar para seu lar sideral, já no centro da galáxia, mesmo depois de tantas tarefas aqui realizadas. Aparentemente, seres muito evoluídos, posteriormente aos atos que os colocou na roda da Lei, avaliados por si mesmos, fazem escolhas mais difíceis. O que seria insignificante para o homem mais simples, para eles é fundamental. Não se trata de ser algo indesculpável. Trata-se de correr atrás e aproveitar melhor as oportunidades, o que em mundos muito avançados, talvez não fosse possível.

Muitos desses ergs extraordinários que poderiam ter ajudado enormemente e não se dedicaram o suficiente, fizeram parte do grupo dos 250 que foram poupados e encarnaram apenas em Ruta, já em condições excepcionais de evolução do planeta. Alguns encarnaram um pouco antes. Vários ainda estão por aqui em vidas também heroicas. De forma geral, em vidas trabalhosas, no sentido de estar sempre tentando iluminar os homens comuns e colaborar ao máximo com esta humanidade, como já foi visto. Preparam, calmamente, sua partida em breve. Talvez até alguns façam como Tessá e Albion e queiram ficar mais que o necessário. Nesta altura dos acontecimentos, difícil dizer que esta escolha não seria a mais correta.

Isto posto, seria oportuno questionar se esses seres de evolução quase inimaginável para os terráqueos, teriam como fazer essas escolhas após o abandono de seus corpos materiais, ou se seria apenas a grande consciência cósmica agindo para o equilíbrio geral no universo? Teriam já consciência plena desse jogo da vida ou apenas se lembrariam, em vivências posteriores, onde e como possíveis partes de si mesmo colaboraram aqui ou ali?

No grande salão externo da Federação tudo estava pronto para o início dos trabalhos. Por todos os lados grandes sorrisos e confraternizações saudosas do contato pessoal. As poltronas flutuantes estavam vazias, pois ninguém ousava se sentar e perder a oportunidade de um abraço. Na verdade, ninguém sequer entrava no salão. Do lado de fora, na continuidade do enorme parque florido de onde se avistava o magnífico palácio de cristal, que dividia as atenções com a moderna sede da Federação Estelar, a felicidade era geral. Mais além era possível observar o rio que delimitava uma das bordas do parque, cuidadosamente planejado para atrair as atenções pela beleza ímpar de suas águas turbulentas que rodopiavam ao bater nas rochas do caminho.

Os participantes estavam espalhados em grupos de conversas animadas. Alguns estavam sentados nos confortáveis bancos dispostos com graça em meio aos canteiros floridos, enquanto outros se reuniam embaixo dos caramanchões naturais improvisados como presentes pelas árvores frondosas, onde os cuidadosos funcionários colocaram muitas poltronas de material leve para poderem ser organizadas da maneira como cada um preferisse.

As delicadas ruelas existentes entre os canteiros, e por toda parte no grande jardim, também estavam movimentadas, pois como sempre, os frequentadores do local não eram absolutamente impedidos de continuar seus passeios ou outras atividades por ali. Ninguém se via privado de seu momento de lazer e muito menos as crianças, com vários professores trazendo seus alunos para aulas de várias matérias, como botânica, por exemplo. Além disso, os jovens aprendiam a ser respeitosos sem se sentirem contidos ou obrigados. Dezenas de mesas para os estudantes também se espalhavam pelo enorme parque, assim como pequenos anfiteatros onde os mestres podiam reuni-los. Toda uma parafernália quase imperceptível estava disponível em cada uma dessas instalações, desde as mesas até os anfiteatros, por exemplo.

De longe os missionários observavam sorridentes a movimentação e, por vezes, até mesmo ouviam um pouco da alegre algazarra juvenil nos recreios. Nada muito diferente do que acontecia em seus planetas. De vez em quando um brinquedo voador caía por perto e logo apareciam crianças esbaforidas e felizes atrás dele. Extremamente sociáveis nunca esqueciam um cumprimento, nem que fosse um abano de mão, dirigido aos visitantes, mesmo sem conhecê-los, mas sabendo que não eram dali, pois suas roupas ou traços, às vezes, eram um pouco diferentes entre si e dos ergs em geral.

A correria mesmo, habitualmente, acontecia quando avistavam Hylion pelo parque, pois o imperador costumava caminhar por ali e fazer pequenas reuniões com seus assessores ou outras pessoas nesses passeios. O que não tardou a acontecer naquela tarde. Vindos do palácio de cristal, ele e os demais conselheiros caminhavam calmamente em direção ao salão acompanhados de seus assistentes. Como era de praxe, uma reunião prévia apenas com os membros do Grande Conselho e seus assistentes tinha acontecido no gabinete do governador galáctico. Podia-se notar as presenças de mestres de lugares como Zangadahr, Aldebaran, Ursa Maior, Orion, Sirius, Plêiades, Virgo, Leão, Cocheiro, Andrômeda, Lira, Centaurus, Antares, Gemini, entre vários outros.

Logo os mestres foram cercados de forma respeitosa, apesar de ruidosa, pois todos queriam falar ao mesmo tempo, por muitos jovenzinhos, o que provocou risos também neles. É fácil imaginar a alegre confusão quando um grupo de sessenta ou mais altos dignitários é cercado por outro grupo, também numeroso, de crianças. Carinhosamente deram a elas a atenção solicitada, fornecendo informações interessantes quando questionados sobre seus planetas, por exemplo. Todos queriam um abraço do imperador ou de Payê-Suman, ou de outros mais conhecidos por eles, como Hórus ou Melchisedec. Isso para não falar dos venusianos e ergs, como o próprio Sana-t-Kumara, que nunca se furtava àquelas conversas ou ainda Zukov, muito popular com as crianças. Aprendia-se nas escolas sobre todos os planetas da galáxia, federados ou não, sobre seus líderes, suas histórias e seus grandes mestres. Ter a oportunidade de estar com alguns deles, mesmo que momentaneamente, era quase um presente para os pequenos. Contariam a breve aventura para os amigos por muito tempo.

Enfim, o grupo pôde seguir seu caminho, todos sorridentes depois do alegre encontro, enquanto as crianças se afastavam ainda afogueadas, abanando as mãos e quase gritando palavras de agradecimento. Algumas saíram em disparada, ávidas por contar a novidade aos colegas. Dois instrutores, acostumados com esses eventos, pois sempre acompanhavam grupos de jovens, também se despediram às pressas, indo atrás de seus alunos.

Payê-Suman, naturalmente, não podia deixar de brincar, confidenciando aos companheiros que caminhavam mais próximos, que não puderam conter o riso:

– Vamos apertar o passo amigos, pois se a notícia se espalhar, só sairemos deste jardim depois que todos os planetas da galáxia se iluminarem.

A chegada do grupo foi muito comemorada nas cercanias da federação, mesmo com quase todos tendo se visto antes da reunião dos conselheiros. Era mesmo um dia de festa. Em breves momentos estavam todos sentados dentro do grande salão, com suas poltronas flutuantes movidas pelo pensamento, assim como suas enormes telas que pareciam surgir do nada em cada canto da instalação.

Também na plataforma flutuante os membros do conselho foram se acomodando. Com Sanat Kumara, de Vênus, sentado de um lado e Maytreia, das Plêiades, do outro, os dois divinos mestres que se revezaram na coordenação geral do Projeto Terra, Hylion, o governador galáctico, deu início aos trabalhos unindo as mãos espalmadas ao peito numa saudação, gesto seguido por todos. Logo após aconteceu o habitual momento de meditação individual quando o som da harmonia universal ressoou pelo salão submergindo aquelas centenas de almas evoluídas na grande consciência cósmica. Todos se tornaram um e apaziguados, enquanto, lentamente, se sintonizavam ainda mais com a harmonia poderosa do ambiente e disponibilizavam suas vibrações de amor para Colope, para Bhumi, para seus próprios planetas e para todo o universo.

Ao mesmo tempo, espalhados por toda a galáxia, outros milhares de missionários que participaram de alguma fase do projeto acompanhavam a assembleia e uniam suas mentes ao grupo reunido em Colope. Estavam felizes com o encerramento do projeto, que se avizinhava, e com vitória parcial dos terráqueos naquele momento que se candidatavam a deixar de ser tutelados pelos homens das estrelas.

A felicidade naquele salão energizado pelo amor desinteressado daqueles seres também tinha contagiado a todos, presentes e ausentes. Como sempre nessas ocasiões Hylion percorreu a plateia com seu olhar bondoso enquanto, ao mesmo tempo, não podia deixar de sorrir. Todos esperavam por suas palavras. Nas telas gigantes que surgiram ao redor da plateia e atrás do palco, rostos sorridentes de centenas de missionários se sucediam, à vontade de cada um.

– Sejam bem-vindos, meus irmãos queridos e filhos do meu coração – começou o dirigente máximo da galáxia, dirigindo-se aos milhares de missionários daquela empreitada – que grande alegria nos une neste momento glorioso. Depois de quase cinco mil ciclos de renascimento do magnífico planeta azul, cá estamos a comemorar a vitória daquela civilização – fez pequena pausa e continuou abrindo um largo sorriso que a todos contagiou – e ainda a vitória de todos que tanto trabalharam para que chegássemos a este ponto, especialmente vocês, missionários e trabalhadores de tantas áreas de bastidores que possibilitaram tudo isso.

O imperador dos ergs lançou um olhar fraterno para seus companheiros no palco e foi logo tomado de uma onda de energia amorosa que deles emanava em sua direção. Maytreia, a seu lado, sorrindo brandamente, aproximou sua poltrona e depositou sua mão sobre o braço do amigo, que o acolheu com a outra mão, emocionando a todos. Sem palavras aqueles mestres mostravam o respeito e o amor mútuo, que devia unir todos os seres.

Com a intimidade habitual, aproveitando a pausa do amigo, o sábio de Sírius declarou, exatamente, o que todos pensavam:

– E pensar que toda essa trajetória começou com uma insanidade catastrófica, quando Rakasha, aquele que se dizia inefável, o comandante supremo de Morg, lançou-se contra teu planeta e cujo desfecho todos sabemos – balançou levemente a cabeça num movimento aparentemente de desaprovação, mas que, de fato, mostrava admiração pela Lei Universal – nada escapa ao caminho devido quando não nos furtamos à ação amorosa e produtiva.

E como Hylion continuasse apenas a ouvi-lo, prosseguiu:

– Vós, ergs, poderiam simplesmente ter usado as energias do átomo modificado contra eles, logo a princípio, e acabado com sua interferência sem causar prejuízo ao vosso planeta. Porém, optastes por não infringir a lei da vida. Poderiam ainda, após vossa ida para Shukra, depois que eles também terminaram por ser destruídos, deixá-los presos eternamente nos planos inferiores do astral do orbe. Ou, quem sabe, nos da Terra, para onde os conduzistes com grande habilidade e sem nenhuma violência.

Nesse momento o venusiano Sanat Kumara fez um pequeno gesto e interveio, com tom de concordância absoluta:

– Grande habilidade, realmente – falou repetindo as palavras do amigo – poderiam ter ficado por lá estacionados por eras sem fim, não fosse o plano original dos ergs, em aproveitar o florescimento do planeta para dar-lhes nova oportunidade – parou por um instante lançando um olhar de agradecimento aos muitos ergs presentes antes de continuar – por quantas vezes semeamos a vida pela galáxia espelhando essa bondade infinita que aprendemos e apenas repetindo o que aconteceu conosco – terminou humildemente.

A história maravilhosa dos Thugs passou pela mente de todos, num instante, fazendo muitos se lembrarem da trajetória de seus próprios planetas. Numa galáxia tão pequena em relação à outras no universo, mas tão grande para as civilizações de milhares de planetas que a chamavam de lar, não era de estranhar que muitos tivessem biografias semelhantes. Uma galáxia que já possuía uma federação de planetas tão avançada no trabalho único de cooperação fraterna para o desenvolvimento ou regeneração da vida nos planetas mais atrasados, como a Terra, ou por lugares onde a vaga de vida jamais havia passado, como em Vênus, por exemplo.

O imperador segurou nas mãos de ambos os companheiros e, inesperadamente, cada mestre acomodado no palco, estendeu a mão para o amigo ao lado, o que fez as poltronas se aproximarem, gerando novamente uma notável energia amorosa, que a todos contagiou. Os missionários da plateia também foram se dando as mãos e, num instante, ali estava representada a grande missão da Federação dos Planetas. De repente, eram todos um só corpo e não mais uma porção de pessoas em poltronas apartadas umas das outras. Lentamente foram se acomodando em suas posições originais até que Payê-Suman falou, trazendo graça e descontração ao lugar:

– Bem, penso que já cumprimos o propósito de estarmos aqui e podemos então encerrar a reunião, meus amigos. Vamos embora para passear um pouco mais nesse magnífico parque que nos cerca.

Foi o bastante para todos rirem com gosto e se animarem ainda mais para o resto do encontro. Logo a seguir, quando todos se aquietaram, mestre Mérilee, a divina dirigente que representava a constelação de Gemini no Grande Conselho, falou com sua voz suave e melodiosa:

– Que alegria poder estar aqui neste momento e desfrutar da companhia de todos vós. Minha esperança é que, um dia, todos os planetas que já estejam com suas civilizações desenvolvidas queiram partilhar deste sonho de fraternidade. Que nunca mais ouçamos falar que um povo, como aconteceu com a raça L, precise entregar seu planeta a homens ainda belicosos e sem compaixão, como os morgs foram um dia. E não por fraqueza, mas por grandeza – fez pequena pausa enquanto era observada brandamente por todos, que de muito a conheciam e admiravam, pois Gemini e seu povo eram também trabalhadores incansáveis.

Depois concluiu:

– Sabemos dos caminhos sem pressa neste universo sem tempo, porém, cada vez que um evento como este acontece, isto é, cada vez que um planeta deixa de ser tutelado por missionários, outros planetas ganham a chance de receberem o mesmo presente, pois os libertos, um dia, também poderão vir a ser missionários e jardineiros cósmicos. Quanta felicidade relembrar as histórias que nos foram trazidas hoje.

Hylion sorriu e fez um gesto de aprovação com a cabeça em sua direção enquanto a ela se dirigia:

– Quanta felicidade realmente, minha irmã querida. Quantos percalços foram sobrepujados para que a jovem humanidade de Bhumi chegasse aonde está. E quanta resiliência de todos os trabalhadores, que jamais desistiram – parou um instante enquanto parecia pensar consigo mesmo – as vidas entrelaçadas de vários planetas como Erg, Venus e Terra, por exemplo, nos mostram claramente que nada acontece por acaso nas leis cósmicas. Toda ação gera uma reação, imediata ou tardia. Nada se dá sem razão ou impunemente.

Parou por mais alguns momentos enquanto passeava seu olhar sereno pelos grupos de ergs e venusianos presentes na assembleia. Com o coração cheio de amor olhou para aqueles seres iluminados e pensou como, na verdade, todos eram filhos de uma mesma raça e, finalmente, estavam juntos em Colope. Reunidos novamente depois de milhares de anos apartados em função de suas solidárias aventuras siderais. Abriu largo sorriso quando, de repente, observou que todos eles lhes sorriam também.

Andora, o doce e sábio mestre de Zangadahr, sentado numa das extremidades do grupo de poltronas postadas no momento quase em semicírculo no palco, também sorria quando lhe dirigiu a palavra. Na verdade, pareciam todos contagiados pela leveza vibratória do ambiente quando o incansável missionário falou em seu tom baixo e envolvente:

– Parece que pensas muito alto amigo. Todos teus conterrâneos ouviram teus pensamentos. De fato, até eu ouvi – falou brincando e, enquanto toda a plateia se envolvia num único sorriso, completou quase que para si mesmo – pensamentos de amor são tão mágicos. Às vezes penso que os habitantes dos mundos mais atrasados estão corretos quando contemplam fenômenos quase incompreensíveis sob a lógica simples da magia.

Hylion refletiu um momento e depois concordou:

– Tens razão, meu querido amigo. Muitas vezes a simplicidade supera as teorias – e depois, também em tom de brincadeira, concluiu – e sim, preciso aprender a pensar mais baixo.

A amizade e amor fraterno que unia aqueles seres tão evoluídos pareceria quase pueril aos olhos dos terráqueos atuais, especialmente entre os que exercem posições de autoridade. Muitos dirigentes tratam seus pares com deferência forçada e com arrogância àqueles que julgam seus inferiores ou subordinados.

Depois dos momentos de feliz descontração o governador retomou a palavra, reverenciando e agradecendo os dois principais coordenadores do Projeto Terra: Sanat Kumara e Maytreia. Em distintos momentos de evolução dos terráqueos cada um tomou para si a direção do enorme trabalho, seu planejamento e execução. Sob suas lideranças e tendo como auxiliares próximos equipes de seus próprios planetas, Vênus e Plêiades, respectivamente, outros milhares de missionários de muitíssimos lugares diferentes igualmente se desdobraram nas diversas frentes de trabalho.

O primeiro ficou conhecido como o Divino Sanat Kumara e o segundo como o Senhor Maytreia, e ambos, como os Donos do Mundo, pois estiveram presentes nas duas partes do Projeto Terra, relembrando o longo trabalho realizado através de eras incontáveis desde a primeira colonização. Todo o desenvolvimento da civilização desaparecida quando estava em seu auge tecnológico, pouco antes do longo tempo de repouso pelo qual o planeta passou, até a retomada do projeto com a nova preparação biológica para a reintrodução da vida na Terra.

A seguir, a pedido de Hylion, que lhes passou a palavra, ambos contaram em mais detalhes história do projeto, já tão conhecida por todos. Enquanto falavam cenas desse longo desenvolvimento eram apresentadas nas telas ao longo do salão. Passando pela pioneira colonização destruída por gigantescos cataclismos em sequência e, depois, as inúmeras e colossais transformações geológicas da crosta planetária, providenciadas também por grandes cataclismos, tudo foi mostrado, uma vez mais.

Depois relembraram as raças lemurianas e atlantes e, a seguir, as grandes migrações. O maravilhoso florescimento da vida nos quatro cantos do planeta, desde as quentes estepes no hemisfério sul até as regiões geladas hiperbóreas. Montanhas, desertos, florestas, tundras, grandes planícies, regiões pantanosas ou praianas, como também ao redor de imensos lagos e às margens de grandes rios. Tudo foi sendo ocupado em cada momento da evolução dos homens. Conforme a história ia sendo contada surgiam as imagens plasmadas pelo pensamento daqueles que tinham trabalhado em cada um daqueles subprojetos específicos. A cultura e personalidade de cada povo, a transformação e adaptação das raças aos lugares para elas designadas no planeta. Um observador distraído veria que em muitas delas aconteceu magnífico esplendor e depois rápido desaparecimento, o que lhe pareceria estranho. Várias civilizações extremamente avançadas para suas épocas precisaram terminar e, além disso, muitas foram destruídas por seus próprios habitantes.

Sem esquecer a necessária retirada da tecnologia para que os humanos sobrevivessem quando sua evolução começou a se parecer com a da primeira civilização, tanto na tecnologia quanto na agressividade e no egoísmo, assim como suas lutas, suas glórias e derrocadas. A disparidade material entre os povos, como também a diferença moral entre os homens, a ganância e o gosto pelo poder, corroía o planeta em batalhas eternas e inúteis. Algumas de longo alcance em função dos chamados barcos voadores, como seus artefatos aéreos foram chamados por seus descendentes, que não os conheceram. Essa providência fez o planeta desacelerar muitos milhares de anos em sua evolução material, o que, todavia, possibilitou o incremento ou até mesmo o surgimento de valores morais mais consistentes entre seus inquilinos. Se assim não fosse, esta segunda humanidade, já teria destruído a si mesma há muito tempo.

Depois deles outros dirigentes de delegações ou de tarefas

específicas, e que também participaram ativamente, se manifestaram, como Aramu-Muru, Arya, Andora, Rama e Amoses, entre muitos outros, até mesmo os conhecidos apenas dentro do projeto. O trabalho nunca começava com a simples chegada dos degredados ou com a transferência de povos daqui para ali. O planeta precisou ser meticulosamente preparado, corpos e lugares precisaram ser desenvolvidos para a evolução das raças para que todas essas almas errantes pudessem encarnar, cada uma de acordo com suas necessidades próprias. Os degredados que não estiveram na contenda entre ergs e morgs, especialmente, demandaram esforços de enormes equipes para serem preparados para sua transferência para o planeta. Não era uma questão de dizer, simplesmente:

– Bem, vocês não deram certo aqui neste planeta maravilhoso e agora vão para aquele outro mais atrasado para ver se conseguem evoluir.

A compaixão desmedida dos trabalhadores que cuidaram, ensinaram e confortaram milhões de seres que foram submetidos à essas drásticas mudanças de lares siderais, proporcionou que a maioria chegasse mais conformada e esperançosa. Tempos sem fim foram despendidos nesse trabalho tão sutil e generoso. Como se pode ver, afazeres imensos requisitaram milhares e milhares de missionários altamente especializados durante toda essa longa trajetória. Durante todo seu desenvolvimento ao longo de tantos milhões de anos terrestres o formoso planeta azul recebeu auxílio fraterno de missionários de todas as partes. Era chegada a hora dos terráqueos entenderem que era preciso acelerar sua própria evolução, pois, muitos outros precisariam de sua ajuda no porvir, quando pudessem também fazer parte disso tudo do outro lado, isto é, quando passassem de assistidos a cuidadores.

Finalmente, depois de todos ouvirem atentamente os relatos e reverem as cenas de como tudo se passou, sim, rever, pois a maioria conhecia toda a saga ou tinha estado lá, de alguma maneira, Hylion se prepara para retomar a palavra enquanto percorre toda a assistência com o olhar bondoso, esperando todos na plateia terminarem seus comentários. Demora-se um pouco, pois o momento, apesar de alegre, também é de gravidade, já que a humanidade está numa encruzilhada. Todos sabem disso, mas a esperança é maior que qualquer pensamento pessimista.

– Que grande jornada meus queridos amigos – começou o dirigente do Grande Conselho – chamamos a nós mesmos de missionários de uma Fraternidade Cósmica e criamos uma Federação de Planetas baseada nos princípios de sua denominação: a fraternidade – sorriu levemente enquanto sentia a emanação vibratória de amor que pairava no ambiente proporcionada por seus ouvintes – enorme é minha alegria ao constatar, uma vez mais, como continuamos a seguir fielmente seu propósito. Observar o entusiasmo de todos, aqui neste fórum, faz bem até para um coração acostumado ao amor – calou-se por alguns instantes.

Um sorriso sereno não abandonava sua face, contagiando a todos, que se sentiam leves e animados. Diziam que o imperador sorria também com os olhos e era mesmo o que parecia acontecer. Logo depois retomou sua fala, não sem antes demorar-se a contemplar seus companheiros de bancada, sentados a seu lado. Todos sorriam levemente da mesma maneira, de um jeito quase contemplativo. Naturalmente, todos os presentes sabiam o que vinha pela frente e não iriam desistir agora.

Lendo, por sua vez, o pensamento que tomava forma clara no ambiente, o governador assentiu:

– Sim, meus amigos, o homem da Terra está na mais difícil encruzilhada que um ser, na maioria das vezes, encontra em sua caminhada. Vai precisar escolher entre tentar viver num mundo de indivíduos egoístas que só pensam em si mesmos, isto é, simplesmente continuar no mesmo caminho que muitos adormecidos ainda estão trilhando ou se transformar em um ser compassivo e amorável. Aquele tipo de ser, cujo comportamento nosso querido Payê-Suman define tão bem quando diz: "Serve e passa".

Essa pequena frase era, praticamente, o norte para aquela federação e todos a conheciam muito bem, pois viviam de acordo com ela. Largos sorrisos se abriram e muitas vibrações amorosas foram direcionadas ao divino mestre de Sírius.

Hylion fez pequena pausa para depois prosseguir:

– A primeira opção, como todos sabem, é o caminho que os levará, rapidamente, a uma tecnologia poderosa, porém, desenfreada e ainda mais egoísta, afastando as pessoas umas das outras, além de não ter volta, pois o objetivo será obter cada vez mais poder ou benefícios. Para tanto, obviamente, será preciso controlar a vida dos outros com crimes, golpes, artimanhas, negociatas, promessas ou pelo medo, como já vimos acontecer em tantos lugares.

Apesar das palavras fortes, mantinha seu semblante sereno, como sempre. Passeou com seu olhar bondoso pelos demais conselheiros e todos demonstravam a mesma paz. Os missionários espalhados pelo salão conheciam todas as pedras do caminho trilhado pelos homens da Terra e sabiam como isso tudo poderia terminar, mas, seus pensamentos eram apenas de que o bem maior pudesse acontecer, o que era, por si só, uma energia mais poderosa que qualquer ideia pessimista. Todos estavam tranquilos, pois apesar da importância da situação, não tinham expectativas e muito menos desejos sobre a concretização de um trabalho bem-feito para sua glória pessoal.

Cultivavam em seus corações uma esperança altruísta de evolução para pessoas que, a bem da verdade, nem conheciam de fato. Talvez não conhecessem seus egos efêmeros, mas sabiam que todos aqueles seres, atrasados ou não, eram partes deles mesmos. Eram todos um com a grande consciência cósmica.

Analisando o pensamento da assembleia, que vibrava intensamente no ambiente, sentiu enorme amor por todos aqueles seres que dedicavam suas vidas a cuidar, aparentemente, de estranhos. Tudo em nome de um amor e de uma sabedoria que dispensava a dualidade como coisa absurda. O governador sorriu discretamente e, como sempre, a todos contagiou pelo amor genuíno que irradiava. Em seguida continuou:

– Se aproxima o dia que essa escolha deverá ser feita. Os terráqueos ainda se digladiam por coisas banais, sejam materiais ou até mesmo, como gostam de dizer, espirituais. Brigam para saber quem acumula mais bens, qual raça é a mais pura, quem tem a melhor aparência, quem é o mais esperto ou qual divindade é superior, por exemplo, entre muitas outras quireras – suspirou de forma benevolente, como quando se repreende uma criança travessa, para prosseguir depois – brigam por tudo e por nada. Promovem guerras irracionais onde soldados, milicianos ou fanáticos motivados invadem e destroem. Os soldados se julgam com mais direitos para tais atos, pois além de representarem algum governo estabelecido legalmente, dizem estar defendendo algum direito vilipendiado. Todavia, no fundo, ambos os lados de qualquer disputa têm sempre questões ideológicas e interesses outros, egoístas, que passam ao largo do simples direito de defesa de um grupo ou de um povo, na maioria das vezes.

Hylion parou por um instante enquanto percorria novamente a assembleia com o olhar, como se questionasse, para depois lançar a pergunta que todos esperavam:

– Quantas vezes já vimos isso acontecer, não é mesmo meus queridos amigos? E não apenas em Bhumi, mas por toda parte.

Os missionários balançavam a cabeça concordando, pois todos conheciam essas mesmas histórias e, com certeza, muitos até se recordavam de eventos semelhantes em suas andanças pela galáxia. O governador esperou calmamente que as discretas conversas motivadas pela questão, depoimentos inclusive, se encerrassem. Depois, com a mesma tranquilidade do início, prosseguiu:

– O homem da Terra deverá escolher. Se escolher a primeira opção, a de continuar insanamente adormecido, poderá decretar seu próprio fim – vaticinou o dirigente – como também já assistimos tantas vezes entre diversos povos e civilizações no próprio planeta. Poderá estar também decretando o fim das possibilidades de vida de seu próprio lar sideral, como já aconteceu na primeira grande tentativa de colonização, como todos sabem – pensou por um momento antes do continuar:

– Se não despertarem para a vida real, que é a de suas próprias almas, isto é, se não despertarem para conhecer em profundidade quem realmente são, os terráqueos continuarão a idolatrar seus egos e, por consequência, também continuarão a lutar pela sobrevivência de seu mundo de ilusões, sem dar atenção para a própria vida. Precisarão continuar lutando, dia após dia, pela própria salvação, desperdiçando oportunidades de crescimento e felicidade. Por outro lado, se optarem por sua transformação, que é a própria razão de ser deste empreendimento, o maravilhoso momento do planeta estará cada vez mais próximo.

O imperador dos ergs silenciou. Nenhum som se ouvia além do cantar de pássaros em revoada ao longe. De repente todos sorriam ao compreender o silencio de seu líder. Era a vida em evolução que estavam ouvindo. Se o ruído alegre dos pássaros trazia tanta felicidade, quanto mais alegre deveriam todos estar com a evolução dos terráqueos, seres enormemente mais evoluídos.

Todos os conselheiros também sorriam e, um a um, falaram de suas esperanças naquela jovem humanidade. Todos sabiam que tudo precisa se transformar na natureza e com o homem da Terra em seu estágio atual, não poderia ser diferente. Ou caminharia em direção ao amor escondido em sua alma, o que o salvaria, ou se perderia em meio a seus próprios defeitos. Este homem já tinha feito muitas caminhadas pelo solo de seu sagrado planeta. Muitas idas e vindas. Não era mais possível estacionar ou recuar. No tempo de Bhumi, muito ainda sobrava para as modificações necessárias, porém, no jogo das possibilidades da vida, já tão comentado, bastaria um homem para pôr tudo a perder.

Desta maneira, os mestres mostravam que era preciso iniciar o resto da caminhada em direção à luz agora. Não se tratava de pressa, já que o tempo também é uma ilusão, mas de lógica, pois já existiam bilhões de almas cansadas e ansiando enormemente pela paz, pelo amor, pela solidariedade e, em especial, pela compaixão. A vida, no eterno presente, não importava muito onde poderia se dar, mas por que não aproveitar da enorme jornada de crescimento num planeta tão maravilhoso e cheio de pessoas igualmente maravilhosas a espera apenas de uma oportunidade para brilhar mais intensamente? Sim, pois o brilho de tantas almas estava empalidecido pelo rigor prepotente de alguns dominantes que se achavam no direito de brilhar sozinhos. Os autointitulados protagonistas da raça humana.

Porém, o brilho dessa maioria silenciosa não poderia ou deveria continuar escondido nas sombras do medo ou da ignorância. A luz sempre encontra uma fresta para fazer desaparecer as sombras. E era nessa luz de tantos corações ávidos pela paz e pela sabedoria, e nas muitas frestas deixadas pelas trevas do egoísmo, que os mestres tinham apostado desde o princípio, quando o primeiro ser foi trazido para a Terra.

Com a maravilhosa reunião chegando a seu término, muitas cenas de paz e harmonia entre os terráqueos, como o voluntariado vibrante nas dificuldades e tragédias, por exemplo, foram sendo mostradas nos telões do salão. Muitíssimos grupos iluminados por vibrações intensas de amor também se espalhavam pelo planeta, já trabalhando, sem fazer ideia, arduamente dentro dos preceitos da Federação, também podiam ser observados. Muitos eram dirigidos por ergs originais, morgs ou degredados de outros orbes que se iluminaram e que por aqui ficaram por diferentes razões. Vários não tinham partido apenas por amor aos homens do planeta que os acolheu.

Ao final, com todos revigorados em suas esperanças e o salão vibrando em respeito e compaixão àquela humanidade que tanto auxiliaram sem esperar recompensas, Hylion se levantou, sendo imitado por todos. Um grande sorriso estava estampado em seu rosto e todos sabiam que o generoso governador sorria agora para cada um deles. Novamente os milhares de rostos sorridentes voltaram às telas. Dos mais distantes lugares da galáxia e além, os demais missionários envolvidos no projeto se rejubilavam naquela festa de esperança em homenagem à vida.

O governador galáctico é aquele erg que esqueceu a própria tragédia e primeiro impulsionou a continuação da vida humana nesta região do cosmos, pacientemente criando outra humanidade. Aguardou sua fantástica evolução para depois virem juntos a socorrer o planeta e os milhões de seres que tinham ficado pelo caminho nesta interminável jornada a caminho da luz.

E a fala deste ser iluminado, adivinhando o que ia lá no fundo dos corações de todos, começou assim:

– Não vamos abandoná-los. Pais não abandonam seus filhos.

Embora todos já soubessem, era como precisassem ouvir de novo as mesmas palavras. As esperanças se renovavam, enquanto Hylion prosseguia:

– O Grande Conselho pensa que os trabalhos em Bhumi devem prosseguir, em intervenções indiretas, até quando for necessário. E pelos sorrisos parece que todos concordam – falou fazendo graça e contagiando aquele grupo tão seleto de seres iluminados. Muitas exclamações de concordância, alegria e até de certo alívio percorreu o salão.

– Todavia, em apenas mais uma geração terrestre, os mestres e demais missionários, assim como a maioria dos antigos ergs que por lá recomeçaram suas caminhadas, assim como os colonos de outros planetas que, como eles, se transformaram em servidores amorosos, terão todos partido de volta para casa – esperou um momento e depois voltou a falar:

– Sei que é apenas um momento para nós, mas para os terráqueos, apesar da forma primária de compreenderem o tempo, já que tudo lhes parece demorado e longínquo, a notável evolução de sua tecnologia e, em especial, as de comunicação, pode fazer com que esta fase se torne muito curta para eles, ao contrário do que sempre foi. Muitos estão por demais ocupados, para não dizer distraídos, iludidos ou soterrados pelas montanhas de mensagens e notificações, muitas inúteis ou aleatórias, às quais buscam sofregamente todos os dias. Escutam versões e opiniões sobre tudo, e assim, não lhes sobra muitas ocasiões para refletir sobre suas vidas e decidir, por si mesmos, o que seria mais importante, justo ou benéfico para si e para os demais seres no planeta. E muito menos repensar o que significa a própria vida. Basta pensarmos que muitos deles ainda acreditam, talvez a maioria, que sua história começou há pouco mais de dois mil anos ou talvez poucos milhares de anos a mais – fez pequena pausa – de qualquer maneira, estaremos por lá no máximo mais noventa ou cem anos no tempo da Terra. Talvez menos, pois depende da opção que tomarem enquanto humanidade. Não quer dizer que a humanidade se destruirá em cem anos, mas suas dificuldades poderão ir se tornando intransponíveis e, nesse caso, não é difícil imaginar como essa saga pode terminar.

Parou por um instante e depois profetizou:

– Estaremos por lá nesse curto período, mas sem tutelá-los, como já foi dito. Intervenções indiretas aos mais evoluídos moralmente se intensificarão. Muitas coisas poderão ir se modificando aos poucos, até sua libertação total. É a nossa esperança. Se optarem pelo abandono do egoísmo, começarão uma evolução vertiginosa em direção à esta federação e a nós – sorriu levemente – aí poderemos nos apresentar mais diretamente e auxiliar ainda mais, como amigos fraternos. Estaremos aqui esperando por mais esta conquista deles.

E sem turvar a fisionomia, concluiu:

– Mas, se optarem por continuar a viver suas vidas da mesma maneira, carregados de culpa, raiva, medo e ambição, também estaremos aqui para resgatar e providenciar novos lares a todos quando a hora chegar, pois a Mãe Terra está perto de seu limite de propiciar vida sem receber quase nada em troca de seus filhos. Neste caso, cada ser, com suas peculiaridades especiais, será gentilmente conduzido, no devido tempo, para um planeta condizente com a evolução já conquistada. Quero crer que esses serão a maioria. Os demais, os muito renitentes, deverão seguir para uma colônia de acolhimento – o dirigente parou e se virou para mestre Andora, de Zangadahr, que continuava com seu olhar tranquilo e afável. Seus olhares plácidos de amigos fraternos, por eras sem fim, se cruzaram e o sábio do planeta vizinho à Colope sorriu. Adivinhando o que Hylion diria a seguir, antecipou-se:

– Sim, meu querido amigo. A Federação pode contar conosco. Sempre. Estaremos à postos em Bahnboldor para receber os mais necessitados. Naturalmente, muitas outras colônias espalhadas pela galáxia também estarão prontas. Mas, como bem dissestes, vamos continuar a trabalhar para que a opção de nossos irmãos terráqueos seja muito positiva para eles mesmos – Andora calou-se por um momento, como a vislumbrar os próximos passos daquela humanidade. Depois prosseguiu:

– O tempo que lhes resta como alunos desta fraternidade, mesmo sendo tão distraídos, é quase uma eternidade para eles e, desta maneira, a próxima geração, a que ainda vai nascer, herdará o planeta e poderá tomar suas próprias decisões. Todavia, seus pais ou avós, cuja maioria já se encontra por lá, deverá fazer a grande opção muito antes disso, isto é, em breve, pois a geração dos futuros terráqueos precisará herdar não apenas um lugar para morar, mas, principalmente, uma ideologia de vida mais fraterna e compassiva – o zangadahriano calou-se.

Maytreia, em seu habitual tom de voz modulado, discreto e harmonioso tomou a palavra por breves instantes.

– Estás coberto de razão meu caro amigo. A maioria dos humanos da Terra ainda vive de acordo com seus condicionamentos. Pseudo verdades que vêm de suas comunidades, de suas famílias ou de suas mídias, por exemplo, e estas, sabemos que serão enormemente incrementadas nesse espaço de tempo. De qualquer forma, essas fontes de desejos, hábitos, amores e ódios, ordens e contraordens, estão todas entrelaçadas – como era seu hábito olhou profundamente para toda a assembleia, como se pudesse penetrar cada alma ali presente com seu amor interminável. Depois concluiu:

– O que dizes amigo, é que esta ideologia do amor fraterno e inabalável, da solidariedade e da compaixão, precisa começar a ser construída agora, por esta geração mais produtiva do planeta. Estes que são ou serão pais e avós daqueles que tomarão a decisão final.

O venusiano Sanat Kumara, até então calado, pois apenas vibrava intenso amor para todos os seres do universo, completou o pensamento do companheiro de tantas jornadas em Bhumi:

– A seu favor os terráqueos têm, como muito já foi dito, os milhões, eu diria até bilhões, de corações bondosos e ansiosos por esta grande transformação. Mesmo sabendo que nem todos compreendem a precariedade do ego ou do tempo, suas convicções morais, mesmo que apenas religiosas ou dualistas, os movem para a escolha da atuação pelo amor, ainda que restrito aos mais próximos, na maioria das vezes. Mas, já anseiam por querer o melhor para todos. Muito se fala por lá sobre deixar um mundo melhor para as próximas gerações – fez pequena pausa enquanto olhava para o imperador e para Maytreia, ambos a seu lado, que concordavam com o olhar, para depois terminar:

– Acredito que quando tiverem mais voz, as mudanças definitivas começarão a se acelerar, pois com o planeta chegando à era digital, a informação chegará a todos em ritmo ainda mais frenético, como bem disse nosso querido governador. Todavia, se aprenderem a discernir e selecionar, em breve todos saberão de tudo que for realmente significativo ou importante para a vida no planeta ao mesmo tempo. Nesse momento, talvez passem a considerar o presente o instante mais adequado para viver de forma fraterna e se transformem.

– Que assim seja! – exclamou feliz o governador. Feliz, tão somente, com o vislumbre da felicidade dos homens de Bhumi.

– Porque assim será! – recitaram todos em resposta.

Novamente uma enorme vibração amorosa invadiu o ambiente. No ar sentia-se o aroma das flores do jardim embalando a todos. Neste momento de alegria genuína Hylion levantou-se, uniu as mãos ao peito e, curvando-se diante da assembleia, encerrou a reunião agradecendo uma vez mais a todos os missionários, presentes e ausentes, pelo extraordinário esforço dispendido na tarefa gigantesca.

– Que possamos ir abrindo mais e mais portas para a compreensão da Grande Consciência que nos abriga e que nos torna apenas um com ela, meus irmãos queridos. Este entendimento é o caminho mais curto, se não o único, para o verdadeiro amor, aquele gerador incansável e perene de fraternidade e de paz – demorou-se a olhar para todos ali presentes e para as telas, onde rostos comovidos se multiplicavam. Depois concluiu – vamos em frente meus amigos, pois a vida não cessa e muito trabalho ainda resta para ser feito, não só neste encontro maravilhoso, mas a seguir, por toda a galáxia, onde outros planetas e outros povos esperam por nós. Ide em paz e levem seus corações em festa por onde passarem.

E assim aconteceu. Os missionários continuariam suas

missões pelo cosmos e suas intervenções indiretas na Terra, enquanto os homens do planeta... Bem, quanto a eles, ainda não se sabe qual será sua escolha, pois, no momento conturbado que atravessam, a maioria vive com medo e só pensa mesmo em sobreviver, ignorando por completo que esta não é a verdadeira vida.

20. A grande aventura da vida continua – a voz dos magos

> Uno, através do conhecimento da grande sabedoria universal, o homem não se sentirá mais um ser separado, mas um todo indivisível.
>
> Babajiananda

Reunidos no grande salão, os magos observavam o caminhar assustado e os olhares curiosos das pessoas. Suas incertezas sobre o que fazer a seguir, suas dúvidas, seus pesares, suas alegrias e, infelizmente, também seus desejos. Bilhões de emoções e pensamentos vindos do planeta invadiam as mentes daquelas hierarquias criadoras, que já haviam terminado suas evoluções em cadeias anteriores. Placidamente, os recebiam com generosidade.

Meditavam, sem desconsiderar as dores individuais às quais ainda estavam sujeitos, se seriam os homens da Terra capazes um dia de perceber, por exemplo, que realmente muitos poucos haviam partido em função da pandemia. Num horizonte de bilhões de criaturas, os milhões de desaparecidos representavam uma ínfima porcentagem do total. Perceberiam estes homens queixosos e ainda na ignorância de sua natureza, que aquilo que rotulavam de bem havia vencido?

Dificilmente, pois, passados os primeiros instantes da grande novidade, tão logo se aperceberam de posse da liberdade outrora perdida, muitos países recomeçaram a brigar, iludir, mentir e disputar, esquecidos da linda solidariedade, tão decantada em prosa e verso durante os difíceis tempos de colapso de suas frágeis sociedades. A maioria delas, aparentemente, tão civilizadas e evoluídas, mas ainda incapazes de identificar seus próprios defeitos e lidar com seus medos.

Por outro lado, a aparente felicidade dos homens contrastava com o azedume da farta distribuição de acusações para todos os lados. Queriam também, e imediatamente, o milagre de uma reconstrução de vida, nos diversos sentidos, pronta. Não conseguiam desfrutar do que se convencionou chamar no planeta de "novo normal". Ao menor problema se reportavam ao passado antes da pandemia, aquele tão pisoteado na época em que se chamava presente, como se as coisas de antes tivessem sido espetaculares. Se esqueciam das dificuldades e problemas que existiam anteriormente. Se agora trabalhavam em casa, não mais se lembravam do tempo que sonhavam acordados com essa possibilidade, a qual invejavam e chamavam de mordomia de alguns privilegiados em fim de carreira, por exemplo.

Com milhares de desempregados por toda parte, os que ainda tinham trabalho reclamavam que trabalhar à distância era muito cansativo ou que estavam sendo explorados, ou ainda que não conseguiam conciliar os deveres de casa e do emprego, como se isso representasse um tipo de dupla jornada. Talvez preferissem estar desocupados e sem renda, como muitos, ou, quem sabe, solitários e sem família para cuidar ou amar.

Da mesma maneira, poucos ensinaram às crianças e aos adolescentes que tiveram a oportunidade de ter aulas online e que ainda se queixavam que, além de chatas, tinha sido um tempo vazio e sem amigos, que elas foram privilegiadas num mar de outras que não tinham sequer acesso às redes midiáticas. Isso para não falar daqueles milhões e milhões de jovens que viveram e continuavam a viver num estado de absoluta insegurança alimentar e, muitas vezes, não dispondo sequer de água potável e condições sanitárias mínimas. Jovens que viveram os muitos meses da pandemia aglomerados com uma multidão de parentes, expostos a todo tipo de miséria e assédio.

Nada havia mudado. Os mais humildes se queixavam dos abastados e vice-versa. E todos se queixavam de algum inimigo público número um, que, naturalmente, num mundo polarizado, nunca era o mesmo para todos. Por todo o globo culpas e responsabilidades eram atribuídas a este ou àquele grupo e muitas verdades absolutas surgiam a cada momento, sendo derrubadas a seguir e substituídas por outras. E por aí as coisas caminhavam. Uma infinidade de queixas e nenhuma, ou pouca, gratidão pela vida. Ainda assim as pessoas riam e se divertiam com seus pares e com os que lhes faziam eco, sem atentar para sua postura, muitas vezes, desfocada da realidade. Os magos avaliavam se teriam ao menos aprendido que tudo passa, pois o bem e o mal não existem, sendo apenas partes de uma mesma balança que mensura e distribui o equilíbrio da vida na natureza, à qual todos os homens, desavisados, pertenciam.

Conseguiriam talvez perceber, partindo do pressuposto que vivenciaram pessoalmente, mesmo tendo sido um breve instante, todo drama planetário e sua quase total impotência frente às forças soberanas do universo? Enxergariam que essas forças estão interessadas tão somente na vida e não num objetivo final e que, para tanto, ajudam de forma extraordinária os homens aqui viventes proporcionando a necessária estabilização vibratória para a sobrevivência desta humanidade?

Poderiam um dia questionar que caso o mal existisse e fosse considerado vencedor ou superior, depois de um balanço do grande número de vidas aparentemente perdidas, por que tantos sobreviveram? E numa margem tão expressiva que tornou o número de baixas insignificante na matemática pura. Impulsionados por todas essas considerações, evoluiriam em breve os terráqueos para se declararem mais preocupados com a vida que nunca cessa do que com a morte de seus frágeis e temporários corpos físicos? Esta humanidade caminhará para compreender que não existem vencedores ou perdedores neste jogo de probabilidades, onde apenas o equilíbrio prevalece? Não teria o lado que se convencionou chamar do bem, no final das contas, permitido a continuação de sua evolução no planeta?

Notariam que enquanto o drama humano se desenrolava a natureza seguia normalmente seu curso? Ela inclusive se rejuvenesceu, digamos, sem a presença cotidiana e predadora do homem tido como moderno. Com este homem, todavia, tudo é diferente, pois é a única raça que consegue discernir e decidir o que vai fazer, independente de seus instintos. Ao contrário do resto da natureza, pode fazer escolhas conscientes, isto é, ser criativo, colaborativo. Isso, quando usado apropriadamente, torna o indivíduo uma ferramenta de criatividade, isto é, de solidariedade ativa do universo.

E o tão temido agente da pandemia, o vírus, nada mais

foi que uma ferramenta de mutação do universo. Enganam-se aqueles que pensam que ele veio daqui ou dali, por obra de um acaso ou negligência ou, quem sabe, por este ou aquele motivo escuso ou ainda por um delírio qualquer de superioridade que, às vezes, acomete certos homens e os faz acharem que são deuses. Deuses capazes de determinar o curso da vida de todos os homens e do próprio planeta. Todavia, nada acontece por acaso no cosmos. Neste caso, o tal vírus, assim como outros agentes de destruição antes dele, como os próprios seres humanos, fez seu papel pensado como oportunidade ou mesmo como solução para a modificação da humanidade, por assim dizer, pelo outro grupo de 33 sábios, equivocadamente tido como sombrio. Existiram muitos líderes com mentes doentias na história do planeta. Homens que iniciaram grandes conflitos armados e que terminaram causando mortes em números muitíssimo mais expressivos que os da atual pandemia.

Neste contexto, este segundo grupo de magos, como já foi visto, simplesmente acredita serem estas as melhores formas de promover as transformações e o equilíbrio. Nada é feito por maldade ou crueldade pois, nesse nível hierárquico, essas emoções não existem. Trata-se apenas de intervenções pensadas e ajustadas ao momento e tidas como necessárias e eficientes. Tão-somente estratégias diferentes.

Demonstram seu trabalho com convulsões sociais, guerras e epidemias, por exemplo, visando restaurar o planeta dos desmandos e desequilíbrios da raça humana. Algo tão eficiente quanto a outra maneira, a do amor, do aconselhamento, da intervenção pacienciosa e indireta, na maior parte das vezes. No vai e vem dos povos na Terra, percebe-se que nem sempre as tentativas de restabelecimento do necessário equilíbrio energético foi conseguida por um dos lados. Medidas mais drásticas se fizeram necessárias, como os cataclismos que mudaram a face do planeta desencadeando grandes migrações e até mesmo o desaparecimento de várias civilizações, como vimos nesta jornada de tantos milhões de anos que esta humanidade já percorreu. Eventos programados para empurrarem o homem no caminho de sua evolução.

De qualquer modo, isso significaria então que, no caso dessas grandes tragédias aparentes, o mal venceu? Não. Não só o mal não existe, como a vida, que é o que interessa, sempre continuou, se regenerou, se transformou, mudou de endereço. Todos continuam vivos.

Na grande hierarquia cósmica, como já foi dito, existem muitos outros agrupamentos, com 7 seres em cada um deles, que se sucedem, quase que infinitamente, abaixo destes dois principais, ambos chamados de 33 magos. Todos subordinados a seu grupo original e trabalhando de acordo com a hierarquia, de ambos os lados do equilíbrio necessário do Universo. Os magos refletiam como os problemas das humanidades começam quando aparecem, nas hierarquias inferiores, já muito materializadas, os desejos, que sempre formaram nos planetas as extremas diversidades, isto é, o que se costuma chamar de bem e de mal. Os desequilíbrios refletem, justamente, essas polarizações, que jamais funcionaram, embora continuem a ser a base da maioria das sociedades.

O homem precisa fazer escolhas e parar de evoluir apenas através de crises. A experiência da pandemia mostrou sua fragilidade e, principalmente, seus medos. Medo da morte iminente, medo de sofrer, medo de não ter um refúgio seguro, medo de perder seus amores, medo da perspectiva futura, medo da insegurança financeira, medo de mudanças e, principalmente, medo da imprevisibilidade. Isto tudo acontece porque o ser humano vive, pensa e sofre em cima das expectativas que cria dentro de suas polarizações. Não cria esperanças, precisando se agarrar àquelas providas pelas religiões, pelas crenças, pelos grupos sociais organizados aos quais se associa e por seus condicionamentos, entre outras estratégias. Porém, todas podem ser frágeis ou funcionar apenas como consolos passageiros.

O homem ainda não percebeu que criar expectativas são apenas formas prepotentes de querer controlar partes de um mundo do qual, geralmente, não tem nenhum controle. Como controlar a vida dos outros, suas atitudes ou suas convicções, por exemplo? Como controlar o que autoridades vão decidir ou pior, como controlar o aparecimento e curso de um vírus?

Suas mutações ou letalidade? Até porque, dependendo das circunstâncias, outros podem surgir. E o que dizer das picuinhas do dia a dia que envolvem outras pessoas? Como fazer a vida voltar ao que era antes ou se moldar, exatamente, às suas novas necessidades? E, por fim, como controlar a própria e inevitável finitude daquilo que acredita ser a vida?

Sem esperanças próprias, este homem vai continuar a sofrer e valorizar seus desejos, o que, no fundo, nada tem a ver com a vida. E não as têm pois, no geral, não é altruísta ou repleto de compaixão, o que o impede de desejar algo que não o beneficie direta ou exclusivamente. Não faz contribuições desinteressadas ao universo sem esperar recompensas. Poucos são capazes de desejar, por exemplo, um mundo melhor, de orar ou trabalhar de forma incessante para este fim nas diversas formas de contribuição social ou ativismo construtivo, mesmo sabendo que isto pode jamais vir a acontecer ou que talvez ele próprio jamais veja ou desfrute dos resultados. Mesmo que não esteja desejando nada, objetivamente, sempre espera estar incluído nas recompensas.

Até mesmo após a morte, se houver justiça de avaliação, o homem da Terra espera ir para este ou aquele paraíso onde seu ego, isto é, sua identidade atual seja preservada e, muitas vezes, na maioria delas na verdade, tenta ser bom visando, consciente ou inconscientemente, este resultado. Não consegue abandonar este tipo de condicionamento. Nem sempre compreende que pode ser bondoso e compassivo apenas porque esta é a natureza humana.

Então, ao fim desta experiência, aparentemente, dolorosa pela qual passou, o homem da Terra é livre, apesar de tudo. Pode escolher não abrir mão de seus desejos, de seus medos, de seus defeitos e, em especial, de seu egoísmo. Mas, pode também optar por transformar estes acontecimentos, que lhes foram tão dramáticos, e que vêm se repetindo sistematicamente na esteira dos tempos, em uma oportunidade de aprender a não mais padecer, a ser mais feliz e continuar sua jornada no belíssimo planeta que lhe serve de lar. Basta decidir sair de sua zona de conforto e iniciar sua modificação.

Os 33 magos cogitavam como para esta humanidade podia

até parecer estranho pensar que não estava aqui para evoluir através da aflição, como pregam algumas religiões e sim para colaborar com o todo, com a unidade, com o universo. O sofrimento é totalmente desnecessário. Isso nunca foi programado pelas hierarquias divinas e tampouco pelos mestres siderais que lhes serviram de professores generosos. Acontecimentos angustiantes ao olhar humano, foram apenas consequências passageiras de seus atos, pensamentos e sentimentos.

Felizmente, continua de pé a oportunidade única desta humanidade unida na mesma impotência, pela segunda vez desde o primeiro Projeto Terra, encerrado 21 milhões de anos atrás, de aprender a sofrer cada vez menos, assim como começar a valorizar o caminho coletivo e não o objetivo pessoal. E para isso, cada indivíduo precisará colaborar com o entendimento de que nem tudo pode ou precisa ser do seu jeito, já que o mundo não vai nunca atender suas expectativas. Pretender que tudo à sua volta mude para que se possa ser mais feliz é, sem dúvida, um inútil e pouco inteligente gasto de energia. E se é inútil, só serve mesmo para desorganizar ainda mais a já confusa energia acumulada no planeta.

E não se trata de passividade, trata-se de ocupar a vida com coisas possíveis e mais produtivas para todos. Trata-se de entender, de uma vez por todas, que todos os seres são um com o universo na verdadeira vida da alma ligada à grande consciência universal, fora desta ilusão passageira de suas personalidades. Enfim, trata-se de escolher melhor as lutas que se quer lutar. As hierarquias cósmicas ponderam, continuadamente, como este homem dos chamados novos tempos, compelido a viver com um comportamento diferente no "novo normal", poderia também perceber que a compaixão leva à generosidade, a qual ele mesmo pode precisar um dia, isto é, pensar na unidade e se desapegar. Em prol da coletividade, onde está incluído, obviamente, começar a renunciar aos desejos e defeitos que o colocam à mercê das ações de reequilíbrio do universo. Resumindo, transformar seu pensamento numa poderosa força de ação amorosa, o que contribuiria para a continuação da vida neste lindo planeta.

Tudo isso significaria colocar em ação uma das maiores

lições trazidas pelos missionários estelares, milhões de vezes demonstrada em suas ações. Isto é, aprender a fazer seus próprios milagres, aqueles que o levarão à verdadeira libertação de suas dores, pelos quais tanto clama através de eras sem fim. Milagres, isto é, alterações das leis da natureza operadas por um simples pensamento treinado e direcionado para o amor desinteressado. Milagres que poderiam, em última análise, libertar a todos. Libertar toda humanidade desta roda contínua de agonia, transformando o planeta no paraíso que se espera encontrar apenas após a morte.

É possível? Sim. Nesta jornada até aqui ouvimos falar de verdadeiros paraísos celestes existentes em milhares de outros planetas, lares siderais de missionários e jardineiros cósmicos espalhados por esta e outras galáxias. Lugares onde vivem humanidades que já trilharam o mesmo caminho do povo de Bhumi. É só lembrar de alguns planetas onde vivem ou viveram os mestres que trabalharam durante os Projetos Terra. Seres iluminados que serviram com humildade e passaram.

Para tanto, o ser humano precisa estar consciente como em seu contínuo olhar como se protagonista fosse desta história e deste mundo, terminou por criar, aos poucos, o conceito do bem e do mal. A partir daí, em todas suas experiências fracassadas, incluindo as aparentes tragédias e desaparecimentos dos quais participou, como todas as aqui relatadas, ele sempre relembra a ideia de que esses acontecimentos foram malignos, isto é, representam algo definitivamente ruim.

Tudo o que pode prejudicar suas expectativas, em todos os níveis de ameaça ao que rotula de felicidade ou de vida, é definido como algo pessoal, sem conseguir perceber que esses eventos não são escolhas de fantasiosas forças do mal, como demônios, inimigos das sombras ou magos negros, entre muitos outros conceitos. Às vezes nem percebe, mas vive eternamente como se fosse uma vítima. E da vítima, nada se espera a não ser que sofra mesmo. Se esquece que, em função de também estar vivo, já que a vida nunca cessa, também é responsável por tudo. É parte da mesma engrenagem universal. Se enrolasse seu corpo num barbante notaria que quando mexesse um dedo da mão, mexeria também um dedo do pé.

Também é assim com o universo. Essa é a lei que nos mostra que para qualquer energia liberada aqui, outra será liberada em algum lugar. Nada passa impune ou desapercebido.

Entre os criacionistas, há até quem reivindique a ausência do bem, o que se traduziria por um provável abandono da divindade por sua criação. Não raciocina que essa seria, no mínimo, usando o modelo dualista usual da atual humanidade, uma divindade distraída e imperfeita, pois, de tempos em tempos, estaria deixando lacunas para serem preenchidas pelo mal. Mas, se ele pensar melhor, não seria a divindade pela qual tanto clama parte dele mesmo, como lhe foi ensinado pelos missionários estelares durante milhares de anos? Não seria ele um com o universo? Neste caso, queixar-se de abandono pelo deus no qual acredita, seria como queixar-se de si mesmo, pois apenas não consegue perceber ou encontrar em seu interior a parte divina que o habita.

No fim, como já foi explicado tantas vezes pelos mestres, alternâncias de bonança e dor, são apenas processos de estabilização da vida, ao contrário das práticas humanas, que prejudicam, conscientemente, a natureza e suas espécies, inclusive ao próprio homem. No longo caminhar de todos os seres pelas estradas do cosmos, muitos obstáculos precisam ser retirados, ultrapassados ou até mesmo melhor aproveitados. Caminhos às vezes difíceis, e quase intransponíveis, como as altas montanhas repletas de abismos profundos ou as praias aparentemente paradisíacas, mas, com mares misteriosos. Porém, sempre existem plácidos campos floridos onde é possível descansar sob a sombra de árvore frondosa. De tudo um pouco.

Quando o tempo é uma mera ilusão, todavia, a pressa deixa de existir e cada ser caminha, por mais incrível que isso pareça, sem ser de fato incomodado, pela sua própria trilha, tropeçando às vezes aqui e ali, mas nunca estacionando. Quando conseguir lançar seu olhar cansado para fora desta estrada que chama de realidade e compreender a vida como algo inesgotável, em seu próprio ritmo, o caminhante poderá observar o trajeto percorrido e chegar à conclusão que nunca esteve em lugar nenhum a não ser dentro de si mesmo. Seu pensamento estava desfocado, sem notar a diferença entre sua alma e seus vários egos transitórios.

Quando a impermanência da matéria brotar em sua mente como a única realidade entre as várias vidas e períodos que imagina ter vivido e morrido, compreenderá que esteve, está e estará sempre vivo. Sabendo quem é e qual sua verdadeira natureza, poderá então fazer escolhas conscientes sobre seu papel na consciência universal. Poderá renovar suas vibrações de forma ilimitada enquanto perceber que determinado papel é o mais eficiente para os planos do universo, ou, simplesmente, unir-se à grande consciência, liberto de vestígios de individualidade.

Durante a história do planeta, neste último milhão de anos, muitas e muitas vezes, vozes de diversos mestres se levantaram e sussurraram aos ouvidos dos homens desatentos: "Sois deuses. Podeis fazer o que fazemos!", porém, ninguém acreditou. Uma falsa modéstia os limitava em função de condicionamentos religiosos, medos diversos ou crendices, entre outras coisas. Poucos notaram que os mestres estelares se referiam a si mesmos, ou seja, à maneira como os antigos habitantes da Terra os viam e que perdurou até poucos séculos atrás. Falavam de amor e dos milagres libertadores.

Por conta disso, continuou o homem de Bhumi a rastejar entre um drama e outro, entre um cataclismo e outro sobre o solo cansado de sua generosa casa sideral. Casa esta que, em breve, no tempo do Universo, terá que desalojá-lo. Para onde ele irá? De fato, não importa, pois só o que interessa é a estrada que escolherá trilhar e não o seu destino. Até porque, novamente, como muito já foi dito, estarão sempre todos vivos.

Acomodados no grande salão, aqueles seres celestiais observavam o grande globo ao centro onde o planeta azul se descortinava em toda sua beleza. Tranquilos, notavam a energia criada por suas mentes poderosas pulsando em todos os continentes e em todos os mares, fazendo brilhar explosões de luzes coloridas e magnificas nas auras do planeta. Por toda parte a vida se renova, tanto a da natureza como a dos homens, que dela fazem parte, apesar de sua resistência perene ao amor, sempre duvidando, desconsiderando e se colocando no topo da criação.

Sabem que por muito tempo ainda o homem planetário continuará sua jornada destruindo a natureza de forma predatória e causando extremo sofrimento aos demais seres, como os animais que julga inferiores, por exemplo, dos quais não desiste do prazer de se alimentar, desnecessariamente. Prosseguirá lesando seus semelhantes e disputando ferozmente o poder sobre coisas banais que nutram seu orgulho, sem atinar como tudo isso causa um enorme desequilíbrio vibratório que, como já foi visto, desarranja enormemente a energia planetária.

Avaliam que este homem moderno recebe de volta toda a reverberação dessa energia desconcertada, a princípio, por seus próprios pensamentos, o que favorece todo tipo de desmando e de dor, pois uma das leis universais diz que a toda ação corresponde uma reação. Todavia, como pais fraternos, compreendem o momento de seus jovens filhos e fazem por eles, momentaneamente, o equilíbrio necessário para a continuação da vida. Não podem esquecer, no entanto, que esta situação não poderá durar para sempre, pois mesmo que o tempo seja uma ilusão, a vaga de vida material está em permanente transformação e um dia passará para outro lugar. Ou a humanidade se renova como a natureza ou este ciclo atual deverá terminar antes do previsto.

Sentado numa das poltronas do círculo formado por todo o grupo dos 33 divinos magos, Sa-Hor mantém contato vibratório com o governador galáctico, Hylion, permitindo que sua influência seja ativada e disponibilizada naquele momento, como sempre faz com outros iluminados quando julga necessário, podendo ser compreendido por ele.

Na evolução da humanidade terráquea, tão cuidadosamente planejada por Hylion com a ajuda de milhares de missionários de toda galáxia, cada passo foi pensado e cada ação foi concretizada e plasmada com amor infinito. Os homens do planeta tiveram a oportunidade de conviver com tais mestres siderais de maneira próxima e intensa. Os mesmos que mais tarde seriam chamados de deuses e depois, de avatares, mas que, no princípio, em função do contato natural dos nativos com os planos mais sutis da existência, podiam ser vistos por muitos, possibilitando as interações diretas.

Na medida que essas aberturas foram se fechando para proteção do próprio homem, esses contatos foram rareando. Também usaram corpos vibrados visíveis e, nos últimos milhares de anos, muitos desses avatares já podiam ser pessoas nascidas no planeta e apenas influenciadas pelos mestres. Os últimos já foram vistos como pessoas normais, sem o aspecto da transcendência. Homens que já caminhavam pelo planeta. O que se observou foi que a visão direta foi rareando e as formas de comunicação foram se alterando. Ainda é difícil para o homem planetário entender que tais mestres ou avatares continuam vivos, pois a percepção da vida ainda é limitada para a maioria.

De qualquer maneira é cada vez mais sutil a presença desses seres, formando uma curva que variou muito e agora está numa descendente. A curva começou com líderes visíveis, tidos até como deuses, para depois entrar numa descendente nesse quesito. Cada avatar tentou fazer conexões diferentes nos diversos lugares. Tentaram através do poder e depois pela palavra. E o que se espera neste estágio atual, já que, aparentemente, tais mestres não estão mais disponíveis para tentar guiar os passos da humanidade? Mesmo com os homens criando diversas formas de novos entendimentos desses contatos com os mundos suprafísicos, todos muito longe de ser unanimidade, isto nos leva a outras conclusões.

Se espera que o conjunto dos homens venha a ter as percepções do melhor caminho e não mais que um avatar tenha que voltar ao planeta para direcionar as pessoas. É um processo muito claro. O mesmo que aconteceu anteriormente com os chamados jardineiros cósmicos. Vai chegar a época dos homens aprenderem, definitivamente, a fazerem seus próprios milagres, por assim dizer, pois eles ainda esperam que, de alguma forma, alguém dentro de sua compreensão atual dos planos fora da matéria, traga as mensagens e os direcionamentos. Seja por intuição, seja por qual método for. Para tanto, precisam caminhar para ensinamentos maiores por si mesmos, sem necessitar que outros mestres, dia após dia, digam-lhes as mesmas coisas, as mesmas missivas de amor e compaixão. Muitos escutam atentos, mas, como ainda não é uma convicção própria de suas almas, nem sempre conseguem segui-las. Quando tomarem posse de seus poderes mentais, aí sim farão seus milagres acontecerem e poderão salvar o planeta, envolvendo-o numa chama de solidariedade e união jamais vista.

Isto quer dizer que os mestres não voltarão mais ao planeta, ao menos, não como em tempos ancestrais. Os terráqueos terão que trabalhar de forma coletiva e tudo dependerá do quanto cada ser estará desperto. Isto é, qual será a disposição e eficiência de cada um para fazer as próprias conexões com a grande consciência cósmica, pois isso dependerá de uma profunda modificação interior, com o abandono do mal maior que sempre afligiu todas as humanidades em seu desenvolvimento, o egoísmo. Não poderá mais esperar por um salvador para trazer as soluções para suas dores. A responsabilidade terá que ser distribuída entre todos os humanos.

É a conta final. Atualmente, em vez de se sentirem responsáveis pela vida do planeta que os abriga, as pessoas cuidam apenas de si mesmas, e muito mal, pois só pensam em seus próprios egos, em suas individualidades, e sofrem, o que termina por se refletir no todo. Não se trata, no entanto, de um salvar o outro. Trata-se de trabalhar em conjunto para todos poderem dar o próximo e glorioso passo de seu desenvolvimento, quando iniciarão uma evolução de consciência semelhante às humanidades dos planetas de onde os mestres são oriundos. Seria um estado de felicidade mais que consciente, responsável, pois a felicidade verdadeira já é um estado da consciência, embora sua natureza ainda seja desconhecida pela maioria.

Desta maneira, nenhum homem seria novamente manipulado ou aprisionado em condicionamentos, pois aprenderia a cuidar mais de si, mesmo deixando o eu ou o meu, de lado. Não existe outra possibilidade em seu caminho. Buscar os avatares que estão dentro de si mesmo e fazer os próprios milagres acontecerem, sem interesse pessoal.

Como se observou na Terra, o homem foi sendo tutoreado de uma forma explícita, passando depois por diversos tipos de influência até se aproximar agora da hora de ser autossuficiente, de se auto conduzir, de encontrar e conhecer sua própria alma. Muitas intervenções foram necessárias para manter o equilíbrio e elevar o homem à sua responsabilidade individual neste momento que se inicia. Muitas coisas aconteceram visando, justamente, a diminuição da intervenção externa dos missionários, visando a liberdade de consciência. Do ponto de vista humano, foi um processo demorado até aqui, como também será o próximo passo.

Se acompanharmos a evolução de uma criança, em determinado momento de seu desenvolvimento, os pais precisarão deixar que ela caminhe com suas próprias pernas e tome suas próprias decisões. Para saber se dará certo, a única maneira é deixar ir. O ser precisa exercer seu livre arbítrio, o que significa a não intervenção. Este é o momento da Terra. A ocasião em que seus habitantes já têm todas as informações e elementos para prosseguir neste processo de construção espiritual planetário, ou seja, estarão quase que independentes a partir de agora. O caminho não será mais indicado a cada dia pelos missionários e sim decidido por cada ser que se encontra no planeta.

E, com simplicidade, Sa-Hor e Hylion conjecturam que o que realmente importa para que toda essa transformação aconteça, começa agora, com o homem da Terra conseguindo um breve despertar desse sonho acordado que o faz viver.

FIM

Linha do tempo

Explosão dos planetas Erg e Morg.	Chegada do divino Sanat Kumara, de Vênus, à Lemúria. Primeiras migrações para o planeta.	Sanat Kumara e 250 discípulos iniciam a divisão dos sexos na Lemúria.
1 mil milhões anos atrás	18.000.000 anos atrás	1.500.000 anos atrás
- Milhões de anos depois 1ª semeadura de vida no sistema solar pelos jardineiros cósmicos. - 1ª colonização do planeta Terra por seres (dinastias divinas) das constelações de Órion, Sírius e Plêiades, entre outras. - Depois de seu apogeu esta humanidade termina e se seguem 3.000.000 de anos de silêncio.	- Por milhões de anos acontecem as 1ªs levas de migrações de seres degredados de vários planetas para a Terra (todos hermafroditas e sem consciência de sua própria existência, isto é, sem o mental).	- Milhares de anos depois da separação dos sexos o ser humano da Terra é dotado de mente (nas últimas sub-raças Lemurianas).

Grandes cataclismos levam a profundas mudanças geológicas no planeta.	Os jardineiros cósmicos voltam ao planeta, vindos, especialmente, de Sirius, Plêiades e Órion, retomando a colonização abandonada há milhões de anos.	Aramu-Murú, de Vênus, chega nos Andes com 25 discípulos, na região remanescente de Twantisuius.
990.000 anos atrás	850.000 anos atrás	825.000 anos atrás
- Os Ergs já estão no astral do planeta. - Afunda a primeira parte da grande Lemúria (o ancestral continente de Mu).	- Os Morgs começam a encarnar na Atlântida (se tornam magos negros). - Ascensão da sub-raça Tolteca (na Atlântida). -Ocorrem grandes migrações de Toltecas para os Andes e para região de Nazca. Darão origem às civilizações Tiwanakus e depois, no futuro, os Incas e pré-colombianas. - Fundada a grande cidade de Twantisuius, nos Andes.	- São fundados os 1ºs Templos da Luz no que restou da Lemúria. - A magia negra toma conta da Cidade das Portas de Ouro, na Atlântida. - 25.000 de anos depois afunda o resto da Lemúria (causando mais transformações geológicas no planeta e destruindo a maior parte de Twantisuius). - Os templos da Luz são transferidos para a Atlântida (onde surgem os magos brancos).

Nova leva de migrações colonizadoras, vindas de Capela, Plêiades, Orion e Sírius, chegam à Atlântida (missionários e também degredados).

700.000 anos atrás

- Ergs começam a encarnar no planeta (na Atlântida).
- Surgem rituais nos templos das academias iniciáticas da Atlântida para ajudar a combater a magia negra. Hylion e os 42 ergs partem para Colope.

Seres estelares continuam a conduzir os atlantes pelo planeta, dando continuidade à formação de novas civilizações e raças.

500.000 anos atrás

- Migrações de Atlantes (Toltecas) para a região do Mediterrâneo onde, no futuro, surgirão as civilizações da Babilônia e da Caldeia, entre outros povos.

Outros grandes cataclismos continuam a transformar a face do planeta.

200.000 de anos atrás

- O ancestral continente de Aztlan (Atlântida) se despedaça, formando duas grandes ilhas: Ruta (onde sobrevive a grande cidade de Ramakapura) e Daytia.

Período de grande atividade migratória. Movidos pelos constantes cataclismos, e guiados pelos homens das estrelas, os atlantes transitam pelo planeta formando muitas outras civilizações e raças.

Entre 100.000 e 50.000 anos atrás

- As duas ilhas restantes da Atlântida também vão afundando lentamente.
- Novas migrações de Toltecas para a América do Sul e do Norte.
- Surgem o Império Paititi com a grande cidade de Ophir e suas 6 cidades satélites (nas margens do antigo mar interno da Amazônia) e Itaoca (no Piauí).
- Outros atlantes, da raça branca, que darão origem aos Árias no futuro, se dirigem para as regiões geladas, hiperbóreas, ao norte da Europa.
- De lá grupos civilizatórios surgem na América do Norte, na região do Alasca, descendo até a região dos Grande Lagos, onde darão, no futuro, origem aos povos de pele vermelha (Inuits e indígenas, herdeiros da raça atlante Nhengatú).
- Os toltecas seguem também para a região da Índia e depois se espalham pelo continente europeu.

Payê-Suman, de Sírius, vem da Atlântida para Ibez ajudar no desenvolvimento espiritual dos governantes. Mais mudanças geológicas ocorrem no planeta. Mutações genéticas são introduzidas para o nascimento dos híbridos terrestres.

Entre 50.000 e 40.000 anos atrás

- Surge a Terra das Araras Vermelhas (no litoral do Espírito Santo) e a grande dinastia dos Ay-Mhorés (fruto das migrações atlantes).
- Ruta continua afundando até desaparecer 5000 anos depois.
- Em consequência Ophir e as 6 cidades submergem no Império Paititi.
- Itaoca desaparece.
- É fundada Ibez (na atual Serra do Roncador), para onde se desloca a população de todo o Império Paititi.

Continua a interferência dos seres de outros planetas no desenvolvimento das civilizações .

Entre 40.000 e 38.000 anos atrás

- Daytia sobrevive, mas perde terreno e muda o nome para Poseidon.
- Surge a Terra dos Ay-Mhorés (nas terras altas da Terra das Araras Vermelhas, após a submersão desta).
- Acontece o esplendor e o desaparecimento da dinastia dos Ay-Mhorés (nas duas Terras).
- Seus remanescentes se espalham em tribos e vão dar origem aos indígenas brasileiros no futuro.

Seres de Orion, especialmente, e de outras constelações, conduzem as últimas migrações atlantes. Começa a preparação de uma das mais esplendorosas civilizações que passarão pelo planeta.

A partir de 38.000 anos atrás

- 1ªs migrações dos semitas originais (sub raça atlante) para o vale do Nilo.
- 1ª dinastia divina, formada por seres de Orion, conhecida como Shu, a silenciosa, dura 5.000 anos. Inicia a preparação para a descida dos "deuses" Atuavam apenas intuindo nas decisões dos primitivos homens locais.

Início da interferência desses seres estelares, que ficaram conhecidos como "deuses", na insipiente civilização egípcia.

A partir de 33.000 anos atrás

- 2ª dinastia divina, conhecida como Rá, atuou na chamada Idade das Pirâmides, durante quase 30.000 anos. Sem corpos vibrados no planeta, ficaram conhecidos como reis-deuses, usando como prepostos homens especialmente preparados (os híbridos), para servirem como dirigentes aos olhos do povo. Adensavam os corpos sutis, que possuíam em Órion, para se comunicar com os híbridos no planeta (através de portais dimensionais), ou os intuíam.
- Há 9.780 anos afunda Poseidon.

No vale do Nilo, assim como na maioria dos lugares, os seres estelares começam, lentamente, a delegar aos homens da Terra a condução de seus próprios destinos.

5.200 anos atrás

- Em 3.200 AC começa a transição entre as dinastias divinas e as dinastias terrestres.
- A 1ª dinastia terrestre tem Narmer (ou Menés), ele próprio um híbrido e escolhido pelos "deuses", como o primeiro faraó. É o início do 1º Império, que tenta conduzir o povo panteísta para o monoteísmo, o que durou poucos séculos.
- Aproximadamente dois séculos se passaram até a partida definitiva dos "deuses" locais, com os homens se tornando senhores de seus destinos.
- O 1º Império será seguido por mais dois, com a duração aproximada de 3.000 anos no total, até sua capitulação para os romanos, em 230 AC.
- Nesse meio tempo, em mais ou menos 1.350 AC, outro faraó híbrido, Akhenaton, tenta trazer de volta a crença de um Deus único. Não obtém sucesso, sendo morto.

Cessam as interferências maciças e diretas dos homens das estrelas

2.000 anos atrás

- Durante o Império Romano nasce na Galileia um novo avatar. Seu nome foi Jesus.
- A época de seu nascimento é considerada o ano 1 da era cristã.
- Seus seguidores, através dos séculos, lutaram para a implantação do monoteísmo, que terminou se espalhando por muitas regiões do planeta com sucesso. Surgia o cristianismo, presente até os dias atuais.

Interferências indiretas

600 anos atrás

- No século XV da era cristã, nas proximidades dos Grandes Lagos na América do Norte, nasce Haiawatha, conhecido como o enviado do Grande Espírito.
- Criou a Federação Iroquesa, que, por mais de 200 anos, congregou as nações indígenas dispersas numa só: o grande povo iroquês .
- Considerado um dos maiores sábios da raça vermelha, nhenhatú, oriunda da Atlântida.

Novas interferências indiretas

250 anos atrás

- No final do século XVIII acontece a Revolução Francesa, conduzida dos bastidores pelo iluminado Saint-Germain.
- Embora ignorados pela História corrente, magos e alquimistas, entre outros discípulos de Saint-Germain, todos da Ordem da Cruz de Ouro (com raízes na Atlântida) deram início ao movimento de Fraternidade Universal no planeta.

Livros para consulta

Esta obra conta o melodrama da humanidade como um todo e aqui estão sugestões de livros onde o leitor poderá encontrar os melodramas individuais de muitos personagens que passaram pelos eventos citados. Clicando nos QRCodes poderá ler as sinopses.

33 MAGOS

foi confeccionado em impressão digital, em outubro de 2025

Conhecimento Editorial Ltda

(19) 3451-5440 — conhecimento@edconhecimento.com.br

Impresso em Luxcream 70g. – StoraEnso